Fels · Knabe · Maris

Ins Leben begleiten
Schwangerschaft und erste Lebensjahre

Nicola Fels · Angelika Knabe · Bartholomeus Maris

Ins Leben begleiten

Schwangerschaft und erste Lebensjahre

Verlag Freies Geistesleben

1. Auflage 2003

Verlag Freies Geistesleben
Landhausstr. 82, 70190 Stuttgart
Internet: www.geistesleben.com

ISBN 3-7725-2227-0

Inhalt

Einleitung

Wie können Eltern eine Schwangerschaft erleben, die von der Konzeption an dem Kind ein Zuhause bietet? Wo das Kind von Anfang an im Mutterleibe erfährt, dass es als Mensch empfangen wird?

Wie können wir eine Pädagogik schaffen, in der dieses Kind Schritt für Schritt durch sein erwachendes Bewusstsein das eigene Leben als sinnvoll erfährt?! Wo es später durch sein eigenes Tun spürt, dass es am rechten Platze ist? Wo es nichts in seinem Leben gibt, aus welchen Gründen auch immer, was es zu Sinnlosigkeit zwingt oder gar zu etwas, was sich zum Schaden seiner selbst oder anderer auswirkt? So, dass es als erwachsener Mensch in freiem Tun seine Fähigkeiten und Kräfte für das Gute einsetzen kann?

Diese Forderungen an eine Pädagogik klingen zwar etwas phantastisch, aber wenn man sich in der letzten Zeit die Sinnlosigkeiten und Grausamkeiten betrachtet, zu denen Menschen in der Lage waren und sind, so kommt einem kein anderer Wunsch in den Sinn.

Wie mag er in Erfüllung gehen? Wir werden kaum Veränderungen bewirken können, indem wir uns wieder und wieder am runden Tisch neue Maßnahmen und Regeln ausdenken, sondern wir sollten auch in die Praxis schauen und dort sehr gut wahrnehmen, was ein Kind braucht und was nicht. Diese Erfahrungen sollten wir mit unserem angehäuften theoretischen Wissen in Verbindung bringen und unterfüttern.

Machen wir uns zusammen auf den Weg! Haben wir den Mut, ein Stück Kindheit in uns zu erwecken, uns hineinzufühlen in die Entwicklung des Kindes! Lernen wir uns dabei selbst kennen! Sehen wir das Kind im Sinne von Janusz Korczak: «Das Kind ist von Anfang an eine gleichberechtigte Person.»*

Gilt dies nicht auch schon für die Schwangerschaft? Neben der genetischen Ausstattung und den Einflüssen durch die Umwelt und

---

* Janusz Korczak, *Wie man ein Kind lieben soll*. Göttingen 1998, S. XXIII.

Erziehung hat doch jedes Kind seine ganz eigene Motivation, einen Richtungsimpuls. Jedes Kind hat sein ganz individuelles, sein eigenes Schicksal. Das sollten wir freudig respektieren.

Zum eigenen Schicksal gehört die Art der Schwangerschaft, die Geburt, die Kindheit mit all ihren Freuden und Krankheiten und natürlich das ganze weitere Leben.

Wenn wir uns aber nach dem Sinn dieser individuellen Entwicklung des Menschen fragen, dann kann uns der urmythische Gedanke weiterhelfen, der in vielen Weltkulturen selbstverständlich gepflegt wurde und immer noch gepflegt wird, nämlich der Gedanke der Inkarnation.

Inkarnation heißt Menschwerdung eines göttlichen Wesens, Verkörperung. Maria Montessori schreibt, dass man sich darauf besinnen muss, dass «in dem Körper eines Neugeborenen ein Geist Fleisch geworden ist, um auf dieser Erde zu leben.»* Auch Rudolf Steiner verweist mit noch viel größerem Nachdruck auf diesen Inkarnationsbegriff. Geht man hiervon konsequenterweise aus, hat das Leben auf der Erde und jede damit verbundene Tätigkeit erst einen Sinn. Auch können Lebenszusammenhänge, Begebenheiten und Krankheiten besser verstanden werden. Der Umgang mit Schicksalsschlägen wird besser möglich.

Wenn wir akzeptieren, dass es eine Welt gibt, wo das Geistige zu Hause ist, kann sich auch der Gedanke anschließen, dass von diesem geistigen Zuhause eine Schicksalsführung ausgeht, die das Kind und den späteren Erwachsenen begleitet. Können wir das als eine Möglichkeit sehen, vielleicht auch als Realität anerkennen, so kann das für uns bedeuten, eine Kraft, einen Engel, einen Genius mit einzubeziehen in alle Erziehungs- und Entwicklungsfragen. Können wir diesen unsichtbaren Gefährten annehmen, können wir ihm sogar einiges zumuten, was wir mit unserem reinen Menschenverstand und unserer Kraft nicht schaffen würden, dann kann dies eine große Hilfe für das Kind, aber auch für uns sein. Und somit spannt sich der Bogen unserer Betrachtungen bis in die Zeit vor der Schwangerschaft.

Nehmen wir also die geistige Energiequelle als eine tragende Säule zu den zwei schon bekannten Säulen Erbanlage und Umweltfaktoren dazu! Schauen wir aus dieser Sicht auf die einzelnen Entwicklungsschritte des Kindes, entsteht ein vollkommeneres Bild.

---

* Maria Montessori, zitiert aus: Henning Köhler, *Vom Wunder des Kindseins*, Stuttgart 2000, S. 25.

Ein schönes Bild von dieser geistigen Welt und dem unsichtbaren Begleiter ist in einer Geschichte von Joanne Klink gestaltet, die wir am Ende des Buches aufgeführt haben.

In der heutigen leistungsorientierten Welt wird großer Anpassungsdruck ausgeübt, es wird ein Angliedern an eben dieses Leistungssystem gefordert. Jeder muss schneller, besser, leistungsstärker sein als die anderen, vor allem aber muss er im Trend liegen. Das wirkt sich natürlich auf das Kind enorm aus. Wie soll es da seinen Weg finden? Seinen eigenen, der vielleicht gar nicht im Trend liegt? Wo ist bei dieser Hektik und diesem Stress Gelegenheit, mit dem Begleiter, dem Schutzengel, in Kontakt zu treten?

Unsere Aufgabe wird sein, Lebensräume zu bilden, in denen das Kind von uns geschützt sein Eigenes finden und es verwirklichen kann. Doch wann beginnen wir diese Räume zu bilden – vielleicht schon vor der Schwangerschaft?

Die Hüllenbildung ist das Erste, was für das werdende Kind im Mutterleib geschieht. Ein irdisches Zuhause wird für das Kindeswesen geschaffen, das sich auf die Reise begeben und sein geistiges Heim verlassen hat. Erst danach bildet sich der winzige Leib. Während dieser ersten Monate des Wachstums zeigt der Stil des Schwangerschaftserlebens, der Schwangerenbegleitung und -vorsorge, wie viel Zuversicht wir haben und wie viel demnach dem Ungeborenen an Raum gelassen wird.

Ist das Kind geboren, so wird wiederum das Erste sein, einen angemessenen Raum zu gestalten. Um sich in seinem irdischen Leib zurecht zu finden, benötigt das Kind fast das ganze erste Jahr. Dazu gehört auch das Gleichgewicht zwischen den seelischen und den materiellen Gegebenheiten, das gefunden werden muss. Das eigene Anliegen wird zum Wirken gebracht. Am Ende dieser Entwicklung kann das Kind stehen, manchmal schon gehen.

Im zweiten Jahr wird es verstärkt Beziehung aufnehmen und sich auseinander setzen mit den Menschen, die es umgeben, und den Eigenheiten der irdischen Welt. Es wird lernen, sich darüber auszusprechen und seine Soziabilität anfänglich auszubilden.

Sein Forscher- und Entdeckerdrang wird im dritten Jahr vor allem durch seine inzwischen schon etwas gebildeten Vorstellungskräfte ermöglicht, die es befähigen, sich zu besinnen, über das Erlebte, über schon gesammelte Erfahrungen anfänglich nachzudenken und sie zu verinnerlichen, vielleicht auch schon einiges als eigene Qualität zu gebrauchen.

Auch der Umgang mit Krankheit und Gesundheit lässt das Kind spüren, wie viel Raum es auch für diese oft notwendigen Engpässe seiner

Entwicklung von uns geboten bekommt, wie sehr es uns gelingt, seine eigenen Selbstheilungskräfte wahrzunehmen und zu unterstützen.

Vor diesem Hintergrund wollen wir uns auf den folgenden Seiten mit der wichtigen Zeit bis etwa zum Eintritt des dritten Geburtstages mit dem werdenden Menschen beschäftigen. Kann das Kind in dieser Zeit erleben, dass es durch eigene Aktivität sich Fähigkeiten aneignen kann, die in ihm Selbstvertrauen entstehen lassen, so wird es später seinen Intentionen folgen können und damit letztendlich im Schulalter und im Berufsleben den hohen Ansprüchen gerecht werden und dem zum Teil wirklich massiven Leistungsdruck auf allen Gebieten entgegentreten können.

Wie oft haben wir uns gewünscht, die Begegnung zwischen Pädagogik und Medizin zu verstärken, aber wann und wie? So kam die Frage aus der Kindergartenpädagogik, unter Einbeziehung des Vorgeburtlichen und kinderärztlicher Gesichtspunkte ein Buch über die Entwicklung des Kindes in den ersten Lebensjahren zu schreiben, wie gerufen. Das Kind, wie es sich durch Empfängnis, Schwangerschaft, Geburt, durch Säuglingszeit, Kleinkind- und Kindergartenalter, durch Krankheit und Genesung hindurch seinen Weg ins Leben sucht, dieses Kind braucht Begleitung. (Werdenden) Eltern und ErzieherInnen möchten wir praktische Anregungen sowie umfassende Hintergrundgedanken zukommen lassen, die aus unserer eigenen Erfahrung, aber auch aus der Zusammenarbeit, die während der Reifungszeit des Buches stattfand, erwuchsen.

Bei der Entstehung dieses Buches wurde uns bewusst, wie unvollkommen dieser Versuch ist. Aber angeregt durch den Mut der kleinen Kinder, die sich auch sehr unvollkommen und unbeholfen auf ihren Lebensweg machen, schien es uns doch berechtigt, andere an unseren Überlegungen teilhaben zu lassen.

Unser Dank für die Hilfe bei Schwangerschaft und Geburt dieses Buches gilt vor allem unseren Kindern, von denen wir so viel gelernt haben, sowie Wolfram Knabe, der als Ruhe-Pol in unserem Team einen wesentlichen Beitrag am Gelingen des Projektes hatte. Schließlich möchten wir dem Verlag und insbesondere der Lektorin Frau Maria A. Kafitz für die positive Bestärkung und Ermunterung, die wir immer wieder bekamen, danken.

Krefeld / Weimar 2003

Nicola Fels, Angelika Knabe
und Bartholomeus Maris

Gebet für ganz kleine Kinder,
gesprochen von einem Erwachsenen

In dich ströme Licht, das dich ergreifen kann.
Ich begleite seine Strahlen mit meiner Liebe Wärme.
Ich denke mit meines Denkens besten Frohgedanken
An deines Herzens Regungen.
Sie sollen dich stärken,
Sie sollen dich tragen,
Sie sollen dich klären.
Ich möchte sammeln vor deinen Lebensschritten
Meine Frohgedanken,
Dass sie sich verbinden deinem Lebenswillen
Und in Stärke sich finden
In der Welt,
Immer mehr
Durch sich selbst.

Rudolf Steiner

Endlich kommt zur Erde nieder
Aller Himmel selges Kind,
Schaffend im Gesang weht wieder
Um die Erde Lebenswind,
Weht zu neuen ewig lichten Flammen
Längst verstiebte Funken hier zusammen.

Novalis

Ins Leben begleiten –

von der Empfängnis bis zur Geburt

Die Beziehung zwischen Eltern und Kind fängt nicht erst mit der Geburt an. Auch schon während der Schwangerschaft und sogar noch davor haben die drei viel miteinander zu tun. Ins Leben begleiten beginnt schon sehr früh. Haben die Eltern lange auf das Kind gewartet oder hat es sich «dazwischen geschlichen»? War die Schwangerschaft unbeschwert und harmonisch oder gab es Ängste, Spannungen oder Komplikationen? Wurde das ungeborene Kind engmaschig beobachtet und überwacht oder verlief die Schwangerschaft so, dass eine weniger technische Vorsorge ausreichte?

Die meisten künftigen Eltern werden sich schon während der Schwangerschaft überlegen, wie sie ihr Kind ins Leben begleiten wollen. Dabei sollten sie sich jedoch auch fragen, wie es sich ins Leben begleiten lässt. Wie auch im späteren Leben mit Kindern, decken sich die eigenen Vorstellungen häufig nicht mit dem, was das Kind an Impulsen mitbringt. Wie es bei der Kunst der Erziehung darauf ankommt, wahrzunehmen, was das Kind in sich birgt und mitbringt, um dies in gute Bahnen zu führen, so trifft das auch ähnlich für die Schwangerschaft zu. Die so oft gemachte Trennung zwischen dem Leben vor der Geburt und dem danach ist nur beschränkt berechtigt. Vieles ist eine Fortsetzung unter anderen Umständen. Dieser Zusammenhang zwischen der Art ins Leben zu begleiten, zwischen Empfängnis und Geburt, mit der Art der Begleitung durch Säuglings-, Kleinkind- und Kindergartenalter hindurch, wird versucht im Folgenden zu betrachten.

In diesem ersten Kapitel werden verschiedene Aspekte, die mit den ersten Stufen der Begleitung ins Leben zusammenhängen, besprochen: Empfängnis und ihre Regelung, Schwangerschaft und ihre Vorsorge sowie Geburt und ihre Begleitung.

Dr. med. Bartholomeus Maris

15

«Wo ich herkomme, ist es anders»

«Ich habe dich als Mutter ausgesucht, aber ich weiß es nicht mehr.»
«Mama, es war schwer, zu dir zu kommen. Ein Engel hat mich getragen,
über einen tiefen Abgrund.»
«Wo ich herkomme, ist es anders.»
«Papa, bist du schon mal gestorben? Ich schon, als ich geboren wurde.»[1]

Erfreulicherweise wissen kleine Kinder manchmal noch etwas von der Welt, aus der sie kommen und können uns diese Erinnerungen als kleine Schätze, vielleicht in einem Nebensatz, kundtun. Die zuvor angeführten Zitate stammen von zwei- bis vierjährigen Kindern, die sich noch an Gegebenheiten aus der Zeit vor der Befruchtung, bevor sie den Weg zur neuen Mutter gemacht haben, erinnern. In dem schönen Büchlein von Joanne Klink, *Früher, als ich groß war,* wurden sie gesammelt. Sie lassen ahnen, welche Dimension das Leben vor der Geburt oder auch vor der Empfängnis haben kann.

Auch künftige Eltern erfahren manchmal etwas von der Intention der Ungeborenen. So gibt es viele Frauen, aber auch Männer, die noch vor der Empfängnis von so genannten «Kindesankündigungen» berichten, die sie entweder im Traum oder im Wachzustand wie ein leises «Anklopfen» erleben und als Hinweis auf eine baldige Schwangerschaft verstehen, manchmal ohne dass es in die bewusste «Familienplanung» passt. Auch solche Erfahrungen sind schön in dem Buch *Gespräche mit Ungeborenen*[2] gesammelt worden.

Wie das Leben nach dem Tod für immer mehr Menschen an Bedeutung und Realität gewinnt, so fängt auch das Leben vor der Geburt an, sich zunehmend bemerkbar zu machen. Trotz intensiver Bemühungen, die Fortpflanzung nicht mehr der Willkür, dem Zufall oder dem Schicksal zu überlassen, trotz großer (Fort-)Schritte in der Verhütung einerseits und der Behandlung des unerfüllten Kinderwunsches andererseits, wird immer wieder klar, dass wir es hier mit einem Lebensbereich zu tun haben, der nicht ganz in unserer Hand liegt.

Solche Erfahrungsberichte lassen vermuten, dass die Beziehung zwischen Kind und Eltern nicht nur schon vor der Geburt, sondern schon vor der Empfängnis beginnt.

Manchmal meint man zwar, dass die Beziehung erst richtig wachsen kann, wenn das Kind hört und spricht und sich dann noch einmal steigert, wenn wirkliche Gespräche möglich sind. Aber auf einer gewissen Ebene sind diese ganz frühen Erlebnisse vielleicht noch intensiver. So hat manchmal die erste Begegnung mit dem späteren Lebenspartner eine Intensität, an die man sich später immer wieder gerne erinnert.

Auch während der Schwangerschaft erleben viele Frauen intensive Kontakte mit ihrem ungeborenen Kind und können sich darüber sehr freuen. Was bedeutet dies aber für das ungeborene Kind? Hat es für das Kind überhaupt etwas zu bedeuten, wie die Frau mit ihrem Kind und ihrer Schwangerschaft umgeht? Hat es eine Bedeutung, einen Einfluss, was der Schwangerschaft voranging? Die Art der Empfängnisregelung, die Verhütung, das Beenden der Verhütung, vielleicht eine Therapie wegen Unfruchtbarkeit; spielte sich alles in einer stabilen harmonischen Beziehung ab, war es eine kurze feurige Affäre voller Sehnsüchte, war es völlig ungewollt, gar ein «Unfall»; was und wie waren die Umstände der sexuellen Begegnung zwischen den werdenden Eltern? Auf jeden Fall haben diese Fragen mit den unmittelbaren Voraussetzungen der Schwangerschaft zu tun, sie können davon nicht losgelöst gesehen werden. Dass sie einen Einfluss auf den Schwangerschaftsverlauf haben, lehrt uns die Psychosomatik in der Frauenheilkunde. Dass sie außerdem eine bestimmte Signatur für das sich anbahnende neue Menschenleben darstellen, spricht eigentlich für sich, wird aber meist zu wenig beachtet.

Was ist mit der Schwangerschaft und der Geburt? Wie gestaltet sich die Art der Vorsorge, viel oder kaum Ultraschall; höchste medizinische Absicherung oder viel Vertrauen in den Weg des neuen Menschenkindes; vorgeburtliche Diagnostik, um mittels Fruchtwasserpunktion wissen zu wollen, ob das Kind auch gesund ist; eine Geburt zu Hause oder in der Klinik, per Kaiserschnitt oder in der Badewanne … Es gibt so viele Möglichkeiten, wie eine Schwangerschaft und Geburt verlaufen kann, manche davon haben wir selbst ein wenig in der Hand, andere scheinen wir nur sehr bedingt beeinflussen zu können. Und mitten zwischen diesen Möglichkeiten wächst das Kind heran – ist im gewissen Sinne der Verfassung und den Stimmungen der Mutter und der anderen in der Umgebung ausgesetzt sowie den Untersuchungen, Eingriffen und eventuellen medizinischen Verfahren.

Dann kommt es zur Welt, meist zu einem Zeitpunkt, den nicht wir bestimmen. Manches Kind hat sich vielleicht den hell beleuchteten Operationstisch ausgesucht, ein anderes kommt gemütlich nachts zu Hause, viele kommen im Kreißsaal, einige vielleicht in der Badewanne. Auch die Art auf die Welt zu kommen, hat etwas mit der Art des Kindes zu tun.

Wenn eine Gastgeberin einen Gast erwartet, wird sie sich darauf vorbereiten. Wahrscheinlich hat sie den Gast eingeladen und freut sich auf sein Kommen. Sie wird die Wohnung und vor allem das Gästezimmer in Ordnung bringen, in der Hoffnung, dass ihr Gast sich dort wohl fühlen wird.

Vielleicht lässt der Gast etwas auf sich warten oder kommt früher als erwartet. Sie kann ihn aber nicht zwingen zu kommen, sie hat lediglich eine Einladung ausgesprochen und ist damit abhängig davon, ob und wann und wie er kommt. Wenn er dann da ist, so zeigt sich, dass es nicht leicht ist, eine gute Gastgeberin zu sein. Sie gibt ihren Gast ja nicht nur den Hausschlüssel in die Hand und zeigt ihm Kühlschrank, Toilette und Fernseher, um ihn dann sich selbst zu überlassen. Sie kommt aber auch nicht ständig in sein Zimmer hinein, um zu schauen, was er macht und ob er noch was benötigt. Sie will ihm seine Privatsphäre lassen und trotzdem für ihn da sein, aber nicht im Vordergrund, sondern im Hintergrund. Er soll sich wohl, geborgen, «wie zu Hause» fühlen, ohne das Gefühl zu bekommen, in seiner Eigenheit zu sehr beobachtet und ggf. beurteilt zu werden.

Empfängnis

Die große Frage, wann das menschliche Leben anfängt, gewinnt durch die Fortschritte der medizinischen Technik zunehmend an praktischer Bedeutung. Man denke nur an Prä-Implantations-Diagnostik, embryonale Stammzellen, Klonen usw. Fängt das Leben bei der Verschmelzung von Eizelle und Samenzelle oder mit der Einnistung in die Gebärmutter an, wenn die Organbildung nach drei Monate abgeschlossen ist oder erst mit der Geburt selbst? Es wird kaum möglich sein, auf dieser Ebene zu einer befriedigenden Antwort zu kommen. Wer die Realität der zu Beginn angeführten Zitate der Kleinkinder über ihre Erinnerungen an ihre Bemühungen, aus dem Jenseits in das Diesseits zu kommen, ernst nimmt, kann sagen, dass das menschliche Leben anfängt, wenn zwei Welten zusammenkommen. Ein menschliches Leben beginnt, wenn etwas aus der Welt des Jenseits sich mit der diesseitigen Welt verbindet.

Die Ebene der künftigen Eltern mit den Ei- und Samenzellen, mit den Genen und allem, was damit zusammenhängt, ist die eine Seite. Von dieser Seite aus wird ein Angebot gemacht, eine Einladung ausgesprochen. Menschliches Leben entsteht erst, wenn dieses Angebot angenommen wird, wenn aus dem Jenseits eine Antwort kommt, wenn eine Menschenseele sich mit diesen Eltern, mit diesen Zellen und mit diesen Genen verbinden will.

Erst seit ein paar Jahrzehnten wissen wir Näheres über die Vorgänge der Fortpflanzung auf Zell- und Gen-Ebene. Seit mehr darüber bekannt ist, wachsen auch die Möglichkeiten, in diese Vorgänge einzugreifen, zu fördern, zu hemmen und zu verändern. So wurden die Vorstellungen über die Fortpflanzung immer «diesseitiger» und damit auch immer manipulierbarer. Was früher Schicksal, Fügung oder Zufall war, scheint jetzt planbar geworden. Mit drei Verfahren ist die Fortpflanzung in Bezug auf das Ob, Wann und Wie beeinflussbar gemacht worden: Verhütung, Behandlung bei Unfruchtbarkeit (Fertilitätstherapie) und vorgeburtliche Diagnostik / Selektion. Mit diesen Verfahren wird versucht, die Fortpflanzung unabhängiger vom Zufall zu machen. Doch welche Folgen hat dies für die Eltern und besonders für das werdende Kind – womit wird diese «Planbarkeit» erkauft?

Empfängnis stammt von empfangen. Empfangen kann bedeuten, sich im gewissen Sinne abhängig zu machen von demjenigen, der gibt. Der Empfänger bestimmt in der Regel nicht über das «Ob, Wann und Wie». In einer eher männlich geprägten Gesellschaft, in der wir gerne alle autonom, selbstständig und unabhängig sind, in der Qualitäten wie Vorhersagbarkeit, Berechenbarkeit und Planbarkeit hoch angesehen sind, wird die Fähigkeit einer eher weiblichen Empfänglichkeit (sicher nicht nur in Zusammenhang mit Schwangerschaft!) oft unterschätzt. Die Folge davon ist, dass wir in unsere Gesellschaft nicht gut empfangen können, dafür sind wir Meister im Planen und Fordern.

Schwanger zu werden und Kinder zu bekommen wird nicht mehr nur dem Schicksal oder dem Zufall überlassen. Dies passt zu uns modernen Menschen und hat natürlich seine Berechtigung, da wir kein Naturvolk mehr sind, sondern ein Kulturvolk. Auch Krankheiten nehmen wir nicht einfach so hin, sondern versuchen alles Mögliche, um wieder gesund zu werden. Der moderne Mensch will nicht mehr dem Zufall ausgeliefert sein. Seine so angestrebte und teilweise erworbene Unabhängigkeit – und damit die Möglichkeit (!) zur Freiheit – musste er sich aber erkaufen: Einerseits in Form der nun selbst zu tragenden Verantwortung für seine Handlungen, andererseits mit einem Abgeschnittensein von einer vielleicht doch vorhandenen Fügung oder Führung. So wurde «Nachwuchsbekommen» zur Familienplanung. Die Planungsangebote sind die Verhütungsmethoden, die immer neueren Verfahren der Therapie bei Fertilitätsstörungen (unerfülltem Kinderwunsch) und schließlich die vorgeburtliche Diagnostik, die dazu dienen soll, «unplanmäßige» Fehlbildungen zu entdecken, um dann ggf. abzutreiben. Durch die Verhütung ist Sexualität ohne Fortpflanzung möglich; bei der Fertilitätsbehandlung wird Fortpflanzung ohne Sexualität angestrebt; durch die vorgeburtliche Diagnostik können schon früh in der Schwangerschaft Krankheiten und Behinderungen festgestellt werden. Überall sehen wir, dass der Mensch sich von der Natur emanzipiert. In Bezug auf die Fortpflanzung hat die «Gott-Ergebenheit» oder «Schicksals-Ergebenheit» Platz für die Selbstbestimmung des Menschen gemacht.

Warum wollen wir das, was treibt uns zu solchen Eingriffen? Es ist vor allem unser Streben nach Freiheit. Wir wollen frei, unabhängig und autonom sein. In Bezug auf die Fortpflanzung zeigt sich aber, dass wir die vermeintliche Freiheit mit dem Tod erwerben. Todeskräfte setzen wir ein, wenn nach der vorgeburtlichen Diagnostik ein Kind wegen Downsyndrom oder einer anderen Fehlbildung abgetrieben wird; wenn bei der Fertilitätsbehandlung viele Eizellen befruchtet werden, aber nur sehr wenige zu einer Schwangerschaft auswachsen und der Rest verworfen wird; wenn durch Abtreibung, durch die Pille danach oder durch die Spirale verhütet wird. Die vermeintliche Freiheit, die wir uns in der Fortpflanzung aneignen, erkaufen wir uns mit Todeskräften. Von wem kaufen wir uns eine solche Freiheit?

Wie freilassend oder freiheitsschenkend sind die modernen Methoden in der Geburtsmedizin dann noch? Frei ist erst derjenige, der weiß, was er tut, der die Folgen seines Handelns erkennt und dafür selbst die Verantwortung übernehmen will. Wer aus einem Gefühl von Ungebunden- und Uneingeschränktsein dasjenige macht, was ihm gerade passend und schön scheint, ohne sich um eventuelle Folgen zu kümmern, den muss man eher naiv oder rücksichtslos nennen. Diese spontane Naivität oder auch Beliebigkeit hat nichts mit menschlicher Freiheit zu tun, obwohl dies einen solch herrlich «freien» Eindruck machen kann.

Wie verhält es sich nun bei der Pille, der Spirale, einer Retortenbefruchtung oder einer Abtreibung? Wie sehr können wir da die Folgen unseres Handelns übersehen, wie frei sind wir hier eigentlich? Wie sehr erkennen wir, was wir da mit uns und mit anderen tun? Die Herausforderung der menschlichen Freiheit ist es nicht, in alte Zeiten zurückzukehren, sondern sich zu bemühen, in der Erkenntnis dieser Zusammenhänge derart weiter zu kommen, dass eine freie Entscheidung für oder gegen diese oder jene «Planungsmaßnahme» möglich wird.

Was ist das Wesentliche bei einer Planung? Wer ein Haus bauen will, tut gut daran, die einzelnen Bauabschnitte ordentlich zu planen. Der Tagesablauf während eines schönen Sommerurlaubs dagegen braucht nicht immer geplant zu sein (interessant ist hier der unterschiedliche Planungsbedarf bei Mann und Frau). Der Verlauf einer Ehe oder auch des eigenen Lebens lässt sich nur sehr beschränkt planen. Planbar sind vor allem mechanische Sachverhalte, die logisch oder berechenbar sind, die kein Eigenleben und keine Eigendynamik haben, die nicht zur Unvorhersagbarkeit neigen. Es ist bezeichnend, dass der Begriff «Unberechenbarkeit» in unserer Kultur als negative Eigenschaft angesehen wird, obwohl berechenbare und vorhersagbare Menschen sicherlich eher langweilig sind!

In Bezug auf das Leben – und speziell auf das Leben neuer Erdenbürger – merken wir stets, dass unsere Planungsmöglichkeiten beschränkt sind. Trotz konsequenter Verhütung kann eine Frau schwanger werden. Trotz intensiver medizinisch-technischer Bemühungen bleiben mehr als 50 % der Paare mit Kinderwunsch kinderlos. Trotz sorgfältiger vorgeburtlicher Diagnostik sinkt die Zahl der Kinder mit Behinderungen nicht. Fortpflanzung hat viel mit dem Leben und mit der Unvorhersagbarkeit des Jenseits oder des «Dritten im Bunde» zu tun.

Die Wirklichkeit entsteht aus dem Zusammenfügen von Planbarem mit Unplanbarem, wie das menschliche Leben mit der Verbindung von Jenseits und Diesseits beginnt. Vieles können wir planen, was dann daraus wird, ist eine andere Sache. So können wir die Voraussetzungen und Umstände für eine Empfängnis so optimal wie möglich gestalten, ob jemand auf diese Einladung reagiert, müssen wir abwarten. Genau dieses Abwarten hängt mit der Empfänglichkeit und Abhängigkeit zusammen. Wenn wir dies aber nicht können, wenn zum Beispiel aus der Ergebenheit eines Kinderwunsches ein dringender Wunsch oder gar eine Forderung nach einem Kind wird, dann wartet die Technik der Retortenbefruchtung schon ungeduldig auf ihren Einsatz. Merkwürdigerweise (oder doch nicht?) führt der Versuch einer Retortenbefruchtung aber nur in weniger als 10 % der Fälle zur Geburt eines Kindes.

Wie kaum ein anderer Bereich im Leben wird an der menschlichen Fortpflanzung deutlich, dass im wirklichen Leben sich zwei Welten berühren müssen. Bevor eine Schwangerschaft eintritt, müssen sich die zumindest einigermaßen planbare irdische Welt und die unplanbare geistige Welt gegenseitig «befruchten». Erst wenn die irdischen Umstände und die geistige Intention sich finden, können beide sich zu dem Leben eines neuen Erdenmenschen vereinigen.

Empfängnis und Empfängnisregelung

Es fängt mit der Handhabung der Verhütung und Sexualität an. Sexualität will oft erlebt und gelebt werden, losgelöst von der Fortpflanzung. Die modernen Verhütungsmethoden machen dies (fast) möglich. Es entsteht ein Gefühl von Freiheit, sich ohne Rücksicht auf die Konsequenz einer eventuellen Schwangerschaft nach belieben sexuell betätigen zu können. Dieses Freiheitsgefühl täuscht meist in zweierlei Art. Wer kann schon sagen, dass die sexuellen Bedürfnisse einen frei sein lassen? Jeder wird zugeben, dass es zumindest sehr schwer ist, in Freiheit mit den eigenen sexuellen Kräften und denen des anderen umzugehen.

Sexualität hat natürlich immer etwas mit Fortpflanzung zu tun, wie Essen etwas mit Verdauung zu tun hat. Durch Verhütung kann die Chance auf eine Schwangerschaft verringert werden, aber ausgeschlossen ist sie selten.

Seitdem die Zusammenhänge zwischen dem Funktionieren der weiblichen und männlichen Geschlechtsorgane einerseits und die Befruchtung und Entstehung einer Schwangerschaft andererseits mehr und mehr erforscht und bekannt wurden, standen immer bessere Verhütungsmethoden zur Verfügung: Die Hormonforschung und die synthetische Herstellung boten die Möglichkeit der hormonellen Verhütung mit der Pille; die Kenntnisse über die zyklische Fruchtbarkeit der Frau brachten die so genannte natürliche Familienplanung (zum Beispiel Kalendermethode, Temperaturmethode); die operativen Fortschritte ermöglichten die Sterilisation bei Frau und Mann; ferner erschienen Spirale, Kondom und Diaphragma auf dem Markt.

Verhütungsmethoden

Um die ursprüngliche und natürliche Verbindung zwischen Sexualität und Fortpflanzung aufzuheben, stehen uns einige «Kunstgriffe» zur Verfügung. Man kann drei Gruppen der Verhütungsmethoden unterscheiden: Die erste Gruppe ist jene, in der eine Veränderung im

Körper durch hormonelle Einwirkung (Pille oder Stäbchen), durch Fremdkörperwirkung (Spirale) oder durch die endgültige Sterilisation vorgenommen wird. Bei dieser Gruppe bedarf es keiner Zurückhaltung oder Einschränkung im Sexualleben, da sich die Trennung zwischen Sexualität und Fortpflanzung auf der körperlichen Ebene abspielt. Die zweite Gruppe der Verhütungsmethoden ist die der Zyklusbeobachtung (Temperaturmethoden, natürliche Familienplanung usw.), die die natürlichen Abläufe im weiblichen Körper unberührt lässt, aber dafür eine sexuelle Einschränkung erfordert, die sich nach den fruchtbaren Tagen richtet. Die dritte Gruppe umfasst das Kondom und das Diafragma, bei denen weder die körperlichen Funktionen noch das sexuelle Leben zu sehr beeinträchtigt werden, trotzdem bedarf es hierbei deutlich mehr Disziplin als zum Beispiel bei Pille oder Spirale. Nur das Kondom hat den zusätzlichen Vorteil, dass es nicht nur gegen eine mögliche Schwangerschaft, sondern auch gegen eventuelle sexuell übertragbare Infektionskrankheiten schützt.

Die etwas anderen Nebenwirkungen der Pille

Was tut nun eigentlich die Pille, die Verhütungsmethode, die sicher bei jungen Frauen am meisten verbreitet ist? Abgesehen von all dem, was auf dem Beipackzettel steht (wie Thrombose-Risiko, Wassereinlagerung usw.), gibt es zwei Nebenwirkungen, die kaum bekannt sind. Der normale weibliche Zyklus hat als Besonderheit, dass er in seinem Rhythmus etwas beweglich und damit unvorhersagbar, unberechenbar ist. Der Unterschied zwischen Rhythmus und Takt ist der, dass der Takt leblos, mechanisch und sicher vorhersagbar wie die Uhr ist. Ein Rhythmus dagegen reagiert auf die vielen äußeren und inneren Umstände, ist dadurch etwas unvorhersagbarer und gehört in den Bereich des Lebendigen. Ob Atem, Herzschlag oder eben die Menstruation, nirgendwo ist im gesunden Organismus ein berechenbarer Takt zu finden, überall haben wir es mit einem beweglichen und unberechenbaren Rhythmus zu tun. Eine zweite Besonderheit des weiblichen Zykluses ist der Verlauf, die wellenförmige Bewegung zwischen erster und zweiter Zyklushälfte, die sich wie Ebbe und Flut, wie zunehmender und abnehmender Mond oder auch wie Wachen und Schlafen verhält. Die meisten Frauen erleben diesen qualitativen Unterschied zwischen beiden Zyklushälften sehr deutlich: Die erste Hälfte ist eher geprägt von einer nach außen orientierten Unternehmungslust, während in der zweiten Hälfte (zwischen dem

Eisprung und der nächsten Blutung) die Stimmung eher schwer werden kann und der Bedarf nach Ruhe und Zeit für sich selbst wächst (in ausgeprägterer Form mit entsprechenden körperlichen und / oder psychischen Beschwerden spricht man vom «prämenstruellen Syndrom»). Es ist wie ein monatliches Aus- und Einatmen der Seele.

Genau diese beiden Besonderheiten des weiblichen Zyklus werden bei Frauen, welche die Pille einnehmen, eingeschränkt: Der lebendige Rhythmus wird zum mechanistischen Takt, die Wellenbewegung wird zu einer linearen Gleichgestimmtheit. Es ist nicht mehr der eigene Organismus, der den Zeitpunkt der Blutung bestimmt, sondern es sind die zugeführten Hormone. Damit wird der körperliche und in ihm der seelische Rhythmus berechenbar und auch verschiebbar. So gesehen wird der weibliche Organismus durch die Pilleneinnahme ein bisschen «männlicher» gemacht und den Merkmalen der modernen Gesellschaft angepasst, nämlich Berechenbarkeit und gleichmäßige Stabilität statt ein zyklisches Auf und Ab in einem unberechenbaren Rhythmus. Natürlich ist es, besonders in Urlaubszeiten, ganz praktisch, wenn die Menstruation genau zu planen und ggf. zu verschieben ist. Aber diese praktischen Überlegungen – sowie natürlich die fast sichere Verhütung – haben ihren Preis: Sie werden mit den genannten Veränderungen im Körper der Frau erkauft sowie mit einer Verdunklung der Signale und Ankündigungen aus der angrenzenden Welt der Ungeborenen.

Man stelle sich folgendes Bild vor: 80 Millionen Frauen nehmen weltweit die Pille, sie sind alle durch den Takt der Pharma-Industrie «gleichgeschaltet». Dem könnte ein vielfältig bewegtes Meer von Frauen gegenüberstehen, die alle ihren individuellen Zyklus mit eigenen Variationen haben.

Im Gegensatz zur Pille wird mit der Methode der Zyklusbeobachtung (Temperatur, Cervixschleim usw.) der Körper so belassen, wie er ist – außerdem wird er zudem besonders wahr- und ernst genommen. Auch die Wahrnehmungsfähigkeit für die Welt der Ungeborenen hat hier bessere Chancen. Der natürliche Zyklus bietet fruchtbare und unfruchtbare Phasen an. Diese können beobachtet, erkannt und genutzt werden. In Zeiten, in denen wir sowohl von einer Entfremdung der eigenen Körperprozesse wie auch der «anderen Welt» sprechen können, fördert diese Methode gerade solche Bezüge.

Fragen, die in Zusammenhang mit der Verhütung gestellt werden können und die jeder für seine Situation beantworten kann, sind zum Beispiel: Wie viel Offenheit lässt diese oder jene Methode für die Wahrnehmung, die mit der Fortpflanzungsseite der Sexualität zu tun hat, für die Wahrnehmung einer Kindesseele, die sich vielleicht ankündigen möchte? Wie viel Planung und «Sicherheitsbedarf» erträgt die Sexualität und die damit verbundene Fortpflanzung? Wenn Planung vor allem im Bereich des Leblosen, des Mechanischen funktioniert, was passiert dann, wenn hier zuviel geplant werden will? Könnte es für das Leben eines Kindes und seine Beziehung zu seinen Eltern etwas ausmachen, wenn es «genau nach Plan gemacht» wurde oder ihm bei seinem Kommen ein wenig Spielraum gelassen wurde? Vor allem diese letzte Frage wird uns im weiteren Verlauf dieses Buches beschäftigen.

Sicherheit oder Offenheit?

Wie sorgfältig die Familienplanung manchmal auch betrieben wird, immer wieder lässt die Welt des Jenseits, die Welt der Ungeborenen uns spüren, dass diese irdische Rechnung nicht immer aufgeht. Man kann auch sagen, dass erstaunlich oft der Wunsch eines Paares, jetzt (noch) kein Kind zu bekommen, respektiert wird. Selbstverständlich haben Paare ein gewisses Recht darauf, sicher verhüten zu wollen. Alle drei Beteiligten sollten schließlich ja oder nein sagen können. Die potentiellen Eltern haben deshalb auch eine deutliche Stimme und viele Möglichkeiten, die Tür zu öffnen oder eigentlich geschlossen halten zu wollen. Die Frage bleibt, was sie dafür bereit sind, in Kauf zu nehmen?

Wenn ungeplant eine Schwangerschaft eingetreten ist, ist es zwar möglich, die *Geburt* dieses Kindes zu verhindern, es ist aber damit nicht rückgängig zu machen, dass ein Kind eine bis ins körperliche gehende Verbindung mit zwei Eltern aufgenommen hat. Das menschliche Leben hat schon angefangen. Mit der Abtreibung wird wesentlich tiefer in das Leben des ankommenden Menschen eingegriffen, als mit dem Versuch, die Pforte möglichst geschlossen zu halten. Ein Menschenwesen, das den ersten Schritt seines Erdenlebens begonnen hat, wieder zurückzuschicken – zu töten –, wird es wahrscheinlich schwerer haben, sich neu zu orientieren, als wenn es sich durch Verhütung gehindert sieht.

Die Mitte zwischen Planung und Offenheit für alles, was kommen will, fordert eine innere Beweglichkeit und Aufmerksamkeit. Es bezieht die «Mitte des Menschen» in die Lebensgestaltung mit ein. Der qualitative Unterschied zwischen den Begriffen «Lebensplanung» und «Lebensgestaltung» lässt ahnen, was hiermit gemeint ist. Auch in anderen sozialen Zusammenhängen ist die Kunst gefordert, das wahrzunehmen, was die anderen wirklich wollen, und trotzdem sich selbst innerlich treu zu bleiben.

Es ist nicht leicht, in unserer rationalen und berechnenden Welt diese menschliche Dreier-Begegnung mit dem gebührenden Respekt zu würdigen. Soll man wirklich so viel Respekt vor einem Naturvorgang haben, der bei allen Lebewesen täglich millionenfach vollzogen wird und der nichts weiter ist, als die Verschmelzung zweier Geschlechtszellen? Dieser Vorgang kann heute genau mikroskopisch beobachtet und bei Bedarf sogar technisch unterstützt werden. Ist das wirklich etwas so Besonderes? Rein auf der Ebene der Zellen wahrscheinlich nicht so sehr. Aber man darf und sollte Respekt vor einem Menschen haben, der vielleicht das lange Suchen nach seinen künftigen Eltern zu einem guten Ende bringen möchte (*«Ich habe dich als Mutter ausgesucht, aber ich weiß es nicht mehr»*), der den schweren Übergang von dem leibfreien Sein, umgeben von Engeln, in den ersten Anfängen der Körperbildung, umgeben von Menschen, geschafft hat (*«Mama, es war schwer, zu dir zu kommen. Ein Engel hat mich getragen, über einen tiefen Abgrund»*), der sich neu in der Ordnung von Raum und Zeit zurechtfinden muss (*«Wo ich herkomme, ist es anders.»*) und dessen Geburt aus der Sicht des Jenseits wie ein Sterben erlebt wird (*«Papa, bist du schon mal gestorben? Ich schon, als ich geboren wurde.»*). Respekt zu haben vor dem Wunder der Schwangerschaft sowie vor dem Menschen, der den Mut hat, in dieser Welt leben zu wollen, ist eine heilsame Kraft für den weiteren Verlauf der Schwangerschaft.

Unerfüllter Kinderwunsch und seine Behandlung

Es ist eher die Ausnahme, wenn eine Schwangerschaft «planmäßig» eintritt. Meistens liegt der Zeitpunkt nicht in unserer Hand. Manche Kinder kommen trotz Verhütung, andere aber lassen auf sich warten, obwohl sie sehnlichst erwünscht sind. In Zeiten, in denen das Problem der ungewollten Kinderlosigkeit nicht als ein medizinisches erkannt und behandelt wurde, wurde dies eher als Fügung Gottes oder Schicksal gesehen und angenommen. Heute steht eine Fülle an Behandlungsmöglichkeiten zur Verfügung und jedem steht der Versuch offen, etwas an diesem Schicksal zu ändern.

Etwa 15 % aller Paare haben einen unerfüllten Kinderwunsch, das heißt laut medizinischer Definition, dass sie seit über einem Jahr auf eine Schwangerschaft warten. Die Ursachen hierfür liegen zu einem Drittel beim Mann, zu einem Drittel bei der Frau und zu einem Drittel in der

Kombination oder sind unbekannt. Neben körperlich nachweisbaren Ursachen geht bei mindestens 20 bis 40 % die ungewollte Kinderlosigkeit auf psychische Ursachen zurück. Dass die Seele etwas mit Fruchtbarkeit zu tun hat, ist eigentlich schon lange bekannt. So können zum Beispiel Stresssituationen ausgeprägte Zyklusstörungen verursachen. Aber auch die männliche Fruchtbarkeit ist eindeutig von Stress abhängig. Jeder kennt die Beispiele von Paaren, die sich jahrelang vergebens um eine Schwangerschaft bemühen, dann schließlich aufgeben und ein Kind adoptieren. Nachdem der Erwartungsdruck weggefallen ist, tritt unerhofft doch noch eine Schwangerschaft ein.

Wenn sich ein Paar bewusst wird, dass der Kinderwunsch nicht einfach so in Erfüllung geht und der Vorgang der Fortpflanzung seiner natürlichen Selbstverständlichkeit entbehrt, entstehen oft Zweifel. Bei manchen sind es Zweifel an der eigenen Person, an der eigenen Weiblichkeit oder Männlichkeit, bei anderen vielleicht auch an der Beziehung. Hinzu kommt ein zunehmender Erwartungsdruck, der nicht nur von einem selbst, sondern auch von der Umgebung oder der Verwandtschaft verstärkt wird. Die Folge ist oft, medizinische Hilfe zu suchen. Wenn die üblichen Untersuchungen (wie u.a. Hormonuntersuchung, Eisprungnachweis, Ultraschall, ggf. Bauchspiegelung, Spermiogramm) abgeschlossen sind und vielleicht eine oder mehrere Ursachen gefunden wurden, kann eine entsprechende Behandlung beginnen.

Retortenbefruchtung

Die konventionellen Therapiemethoden können eine Hormonbehandlung zum Auslösen eines Eisprungs oder die künstliche Insemination sein (Sperma wird mit einer Spritze direkt in die Gebärmutterhöhle oder in den Eileiter gebracht), führen aber meist zu der Retortenbefruchtung (IVF – In-vitro-Fertilisation). Hierbei werden zuerst die Eierstöcke hormonell stimuliert, um möglichst viele Eizellen gleichzeitig zur Reifung zu bringen. Diese werden dann unter Ultraschallsicht punktiert. In einer Retorte werden sie zur Befruchtung mit den Spermien des Ehemannes zusammengebracht. Wenn der Mann keine geeigneten Spermien hat, können ggf. Spendersspermien genutzt werden. Seit einigen Jahren wird bei männlicher Sterilität auf Grund zu weniger oder zu schwacher Samenzellen ein Verfahren angeboten, in dem eine Samenzelle herausgesucht oder direkt aus dem Hoden des Mannes punktiert wird, um dann mit einer Mikro-Nadel in die Eizelle hineingespritzt zu werden.

Dieses Verfahren nennt sich ICSI (Intra-cytoplasmatische Spermien-Injektion). Hiermit wird also auch die letzte Wegstrecke zwischen Ei- und Samenzelle mechanisch überbrückt.

Nach der «spontanen» Retortenbefruchtung oder ICSI-Befruchtung werden zwei bis drei befruchtete Eizellen in die Gebärmutterhöhle eingesetzt, in der Hoffnung, dass eine normale Einnistung und Schwangerschaft erfolgt.

Um die belastende Prozedur der hormonellen Stimulation und anschließenden Punktion der Eizellen nicht bei jedem Versuch wiederholen zu müssen, werden mehr Eizellen befruchtet, als in die Gebärmutter eingesetzt. Die Restlichen werden «kryokonserviert» – tiefgefroren aufbewahrt –, um bei Bedarf später eingesetzt oder verworfen zu werden.

Meist reicht jedoch ein Behandlungszyklus nicht aus (die gesetzlichen Krankenkassen bezahlen maximal vier Versuche). Die «Erfolgsrate», gemessen an der Zahl der Geburten nach Retortenbefruchtung, liegt bei knapp 10 %. In Deutschland werden jährlich 4.200 Kinder nach IVF (inkl. ICSI) geboren, Tendenz steigend. Dies sind gut 0,5 % der Gesamtgeburtenzahl.

Was hier in aller Kürze beschrieben wurde, ist in der Praxis für das Paar ein langer Weg mit großem seelischem und körperlichem Stress, begleitet von Erwartungen und immer wieder sich einstellenden bitteren Enttäuschungen. Das Leben kann sich monate- oder sogar jahrelang nur noch um den unerfüllten Kinderwunsch drehen. Auch das Sexualleben wird davon natürlich stark beeinflusst.

Das Geschilderte eröffnet neue Fragen: Was können solche «Ausgangsbedingungen» für die Entwicklung eines Kindes bedeuten? Hat es einen (bleibenden) Einfluss auf das spätere Leben, wenn die Befruchtung in einer Retorte im hellen Labor, gar mit der Spritze unter dem Mikroskop geschieht oder im dunklen Mutterleib nach einer freudigen sexuellen Vereinigung? Was geschieht eigentlich, wenn wir versuchen, «dem Schicksal ein wenig behilflich zu sein» und uns mit allen Möglichkeiten ein Kind herbeiwünschen? Kann man nicht sagen, dass es doch für das Kind sicherlich gut ist, wenn es so erwünscht ist? Wir leben doch in einer Zeit, in der solche Methoden angeboten werden. Wenn es ein Kind dieser Zeit werden will, dann ist es doch nur zeitgemäß, mit der vorhandenen Technik zu helfen, wo es nötig erscheint. Und außerdem will man sich später nicht vorwerfen, nicht alles versucht zu haben!

Die meisten dieser Fragen werden wir nicht oder nur ansatzweise beantworten können. Trotzdem ist es wichtig, sich solche Fragen überhaupt zu stellen, auch wenn die Antwort vielleicht noch viele Jahre reifen muss. Ohne dass eine Frage gestellt wurde, kann eine Antwort sicherlich nicht reifen!

In Bezug auf die künstliche Befruchtung ist zu bedenken, dass sich Kinder – Gott sei gedankt – nicht herbeizwingen lassen. Eine Kindesseele wird sich nicht, ohne dass sie das will, mit einem auf diese Weise entstandenen Menschenkeim verbinden. Allein schon die vielen Fehlversuche weisen darauf hin. Trotzdem ist es eher unwahrscheinlich, dass jemand sich diesen Start ins Leben als «erste Wahl» ausgesucht hat. Es ist vielleicht vorstellbar, dass an der Grenze zwischen Himmel und Erde, zwischen der Welt der Ungeborenen und unserer Welt, in Zeiten der Verhütung, aber auch der Abtreibungen, ein gewisses Durcheinander entstanden ist. Die Wahl- und Lenkungsmöglichkeiten der Ungeborenen werden wohl beschränkt sein. So könnte es denkbar sein, dass Kinder auf eine zweite oder dritte Wahl «ausweichen». Und dennoch wäre es eine völlige Überschätzung der eigenen Macht, zu meinen, wir könnten durch medizinisch-technisches Eingreifen eine Schwangerschaft erzeugen. Ohne Antwort aus dem Jenseits würden aus den Fertilitätskliniken keine Erfolgsmeldungen kommen.

Auch wenn dem so ist, sind natürlich die Umstände der In-vitro-Befruchtung zweckorientiert und berechnend, sie entbehren der direkten warmen Umhüllung. Natürlich würde man sich die Anfangsumstände eines Menschenlebens etwas inniger wünschen, aber vielleicht kann die innere Anteilnahme der Eltern etwas ausgleichen.

Die Argumentation, dass wir eben in einer Zeit leben, in der es diese technischen Möglichkeiten gibt und man diese dann auch nutzen sollte, übersieht, dass der menschliche Verstand und seine technischen Fähigkeiten zwar viele Verfahren entwickeln und zur Verfügung stellen kann, das ethische Urteil darüber, ob und für welche Zwecke diese Verfahren eingesetzt werden sollen, nicht aber aus der Technik selbst kommen kann. Ebenso wenig entspringt dies dem menschlichen Verstand, sondern muss – oder sollte – aus dem menschlichen Herzen kommen. Mit dem Herzen haben wir zu prüfen, ob dasjenige, was wir uns mit unserem Verstand ausdenken und technisch realisieren, sich für das menschliche Leben eignet. Dass wir Menschen solche subtilen Reproduktionstechniken entwickeln konnten, bedeutet noch nicht, dass wir sie auch für die menschliche Fortpflanzung anwenden müssen. Das Entwickeln einer Technik und das Urteil über die Art der Anwendung sind zwei grundverschiedene Sachverhalte.

Die Wege, auf denen Kinder manchmal zu ihren Eltern kommen, können rätselhaft sein. Es kann sogar der (Um-)Weg einer Adoption dafür nötig sein. Umso schwerer ist es, sich ein Urteil über die Anwendung der beschriebenen Techniken zu bilden. Wird eine Frage des Kindes gehört, ist eine Offenheit für die Welt der Ungeborenen vorhanden, so kann vielleicht unterschieden werden, ob ein Kind kommen will oder ob der Kinderwunsch «nur» ein Wunsch des Paares ist.

Wie Eltern nicht von «mein» Kind als ihrem Besitz sprechen können, sondern sich der Entwicklung ihres Kindes so gut es nur geht zur Verfügung stellen sollten, so ist auch Empfängnis und Geburt als das Bereitstellen eines Gefäßes zu denken, welches von einem Kind dankbar genutzt werden kann. So wenig wie Kinder Besitz der Eltern sind, so wenig haben Paare Anspruch auf ein Kind.

Ob ein Paar sich letztendlich zu einer Fertilitätsbehandlung entschließt, ist deshalb eine ganz persönliche Angelegenheit. Wie schwer es auch ist, es ist notwendig, selbst zu einem Urteil über die innere Verfassung und die äußere Technik zu kommen, bevor mit der Behandlung angefangen wird. Sonst folgt auf den ersten Schritt unaufhaltsam der nächste und schon dreht sich die Mühle, aus der es manchmal schwer ist, sich wieder zu befreien.

Vorbereitung auf eine Schwangerschaft

Aus dem zuvor Geschilderten ist schon ersichtlich geworden, wie die Vorbereitung einer Schwangerschaft aussehen kann. Nur manchmal wird eine solche Vorbereitung bewusst in die Hand genommen, weil oft genug eine Schwangerschaft unerwartet kommt.

Es ist wie bei der Gastgeberin, die einen Gast erwartet oder zumindest eingeladen hat. Sie macht ihr Haus und vor allem das Gästezimmer in Ordnung. Sie sorgt dafür, dass sie die notwendige Zeit und Ruhe hat, sich auf den Besuch einzustellen. Und sie achtet darauf, dass sie genügend «Speis und Trank» im Haus hat, um den Besuch zu verköstigen.

Ähnlich kann die eine Seite der Vorbereitung auf eine Schwangerschaft aussehen. Das Aufräumen des Hauses beinhaltet, dass sowohl auf körperlicher als auch auf seelischer Ebene Unruheherde geklärt und geordnet werden. Dies kann zum Beispiel ein Besuch beim Frauenarzt, Zahnarzt oder HNO-Arzt bedeuten oder auch, dass die Beziehung zur Schwiegermutter oder zum vorherigen Partner möglichst zur

Zufriedenheit gelöst oder ins Reine gebracht wird. Wenn zu viele oder zu heftige Beziehungsknoten in die Schwangerschaft hineingetragen werden, besteht erstens ungenügend seelischer Freiraum, sich auf das Schwangersein einzustellen, zweitens kann das nicht selten u.a. eine Ursache für Komplikationen wie vorzeitige Wehen sein.

Viele Frauen ändern, sobald sie schwanger sind, ihre Essgewohnheiten, verzichten auf Kaffee, Schwarztee und Alkohol, hören mit dem Rauchen auf und achten bei der Ernährung mehr auf biologische Qualität, regelmäßige Mahlzeiten und abwechslungsreiche Zusammenstellung der Speisen. Es spricht eigentlich für sich, mit diesen Dingen schon dann zu beginnen, wenn die Einladung ausgesprochen wird. Nur dann ist das Gästezimmer wirklich empfangsbereit. Diese Essgewohnheiten bedeuten eigentlich das Aufräumen des Körpers auf der vitalen Ebene des Stoffwechsels und sorgen für die Umgebung und «Stoffwechsellage», in der das Kind empfangen wird.

Ähnliches gilt für den Lebensrhythmus. Kleinkinder bringen vielen Eltern einen rhythmischen und gesunden Tagesablauf bei, geregelte Mahlzeiten, Mittagspause, nicht zu spätes Ins-Bett-Gehen usw. Diese Eigenschaften sind eher in Familien mit Kindern als bei Singles oder kinderlose Paare anzutreffen. Aber auch schon während der Schwangerschaft merkt die Frau, dass ein geregeltes Leben mit genügend Pausen und Mahlzeiten ihrem Wohlbefinden sehr zu Gute kommt. Deshalb empfiehlt es sich, auch dies schon in die Vorbereitung auf den Empfang aufzunehmen.

Was haben wir dem Kind als geborgene Atmosphäre zu bieten? Wie viel Ruhe, Gesundheit und Lebenskraft können wir ihm zur Verfügung stellen? Wie sehr sind wir wirklich bereit, die so genannten Freiheiten des kinderlosen Daseins aufzugeben und uns einzulassen auf die Anforderungen, unausgesprochenen Wünsche der Kinder und auch auf die Verantwortung für sie? Diese Fragen gehören zu der Vorbereitung einer Schwangerschaft, wenngleich sich die Antworten letztlich erst im konkreten Moment wirklich aussprechen.

Trotzdem sei nochmals betont, dass eine solche Vorbereitung sich essenziell von einer Planung unterscheidet. Bei der Planung steht das Ziel schon fest, bei dieser Vorbereitung wird eine Einladung ausgesprochen und die Bereitschaft gezeigt, sich auf Lebensumstände einzulassen, die vielleicht eine ganz eigene Dynamik entwickeln werden und sich noch nicht deutlich überschauen lassen. Nicht wenige Kinder bringen eine völlig unvorhersagbare und ungeplante Bewegung in das Familienleben hinein. Die Einladung beinhaltet eine Offenheit und den Wunsch, neue

Verbindungen einzugehen. Eine solche Offenheit in Verbindung mit einer warmen Lebensatmosphäre ist sicherlich für die Welt der Ungeborenen einladend.

Hinzu kommt noch die schon angesprochene Einstellung diesen ungeborenen Kindern gegenüber sowie der Respekt vor deren Entscheidungen. Ob, wann und wie ein Kind zur Welt kommen wird, hat für dieses Kind wesentlich größere Konsequenzen als für die Eltern. Allein schon deshalb ist es nicht angebracht, wenn wir aus unserer Sicht darüber zu viel entscheiden wollen.

Die anderen Umstände

Viele Frauen beschreiben den Zustand ihrer Schwangerschaften als besonders schöne und herausragende Zeiten ihres Lebens. Nicht nur die Vorfreude auf das Leben mit einem Kind oder die erwartungsvolle Spannung auf die Geburt, sondern die gesamte Lebensverfassung, die eine Schwangerschaft mit sich bringt, kann eine gewisse Leichtigkeit und Helligkeit bewirken. Es scheint, als ob sie mit ihrem Kopf in den Wolken und nicht ganz bei der Sache sei, so beschreiben manchmal Schwangere ihren Zustand. Natürlich ist sie in den Wolken oder dem Himmel etwas näher, um dem Kind beim Empfang etwas entgegen zu kommen. Natürlich ist sie nicht ganz bei den irdischen Sachen, weil ihre innere Aufmerksamkeit anderweitig beansprucht wird.

Vor schwangeren Frauen haben viele Menschen freudigen Respekt, sie haben etwas Unantastbares. Sie strahlen etwas von der Stimmung aus, die auch im Zimmer eines Neugeborenen zu spüren ist, etwas Heiliges, Sonniges.

Was ist es, das sich durch die anderen Umstände von Körper und Seele verändert? Es ist in erster Instanz die Gegenwart eines Menschenwesens, das dabei ist, sich mit einem neuen Körper zu verbinden. Dieses Menschenkind ist aber noch nicht *in* diesem kleinen Embryo zu denken, wie wir uns in unserem Körper erleben. Man kann sogar nachempfinden, dass, je kleiner der Körper ist (dies gilt auch für die Zeit nach der Geburt), sich das Seelisch-Geistige noch um diesen Körper herum befindet. Dieses Seelisch-Geistige, welches noch stärker im Umfeld ist, kann von denjenigen, die dafür aufmerksam und offen sind, als Ausstrahlung wahrgenommen werden. So ist die Ausstrahlung eines Neugeborenen viel stärker als die eines Dreijährigen, obwohl auch er noch etwas Sonniges verbreitet, was beim Siebenjährigen schon wesentlich geringer wird. Bei Jugendlichen ist oft noch eine lebhafte, aber viel persönlicher gewordene Ausstrahlung zu bemerken. Erwachsene dagegen wirken in ihrer Ausstrahlung im Vergleich zu Kleinkindern eher mager. Nur manch alter Mensch, der der geistigen Welt schon wieder viel näher kommt, kann manchmal etwas Helles verbreiten, was nicht nur von dieser Welt zu stammen scheint.

Während der Schwangerschaft gilt dies noch deutlich stärker. Das Wesen dieses Kindes umgibt vielmehr seinen werdenden Körper und bewohnt ihn noch nicht. Wie von außen bemüht es sich, unterstützt von Kräften der Mutter und des Kosmos, seinen Körper zu gestalten und wachsen zu lassen. Diese atmosphärisch-seelische Stimmung, die die werdende Mutter etwas aus der Schwere des irdischen Lebens hebt, wird sowohl von ihr selbst als auch von Außenstehenden als wohltuend erlebt. Schwangere Frauen empfinden sich als nicht mehr alleine stehend, ständig werden sie von einem Menschenwesen umgeben oder begleitet, das noch größtenteils himmlisch ist. Frauen, die eine Fehlgeburt erleiden, berichten nicht selten davon, dass sie sich seit einigen Tagen wieder so auf sich selbst gestellt fühlten, dass das leicht machende Schwangerschaftsgefühl schon wieder verschwunden war, noch bevor die Fehlgeburt geschah oder entdeckt wurde.

Gelockerte Umstände

Das ist die eine Seite der anderen Umstände. Die andere hängt mit der Konstitution der Schwangeren selbst zusammen. Hier sei erneut das Bild der Gastgeberin aufgegriffen: Die Gastgeberin hat ein Zimmer vorbereitet und zur Verfügung gestellt, indem sie sich selbst aus dem Zimmer zurückzog. Um dem Gast Raum für sich selbst zu geben, muss sie sich etwas zurücknehmen. Sie wird nicht ständig hineinkommen, um zu schauen, was er macht und wie es ihm geht, aber sie wird ihn natürlich auch nicht nur sich selbst überlassen. Sie ist für ihn da, aber im Hindergrund. Dies ist die wahre Kunst einer Gastgeberin, die richtige Mitte zwischen aufdringlicher Überversorgung und unpersönlicher Beherbergung zu finden.

In der Verfassung einer Schwangeren ändert sich das Verhältnis zwischen dem Seelisch-Geistigen und dem Körperlich-Leiblichen schon sehr bald. Die Frau kann ihren Körper nicht mehr so «bewohnen» wie sie es gewohnt war, sie kann und darf sich nicht mehr so behaupten wie früher, weil sie innerlich für ihren Gast Platz gemacht hat. So kann man sagen, dass eine gewisse Lockerung zwischen dem Seelisch-Geistigen und dem Körperlichen auftritt, diese Lockerung erklärt wiederum einige der so genannten Schwangerschaftssymptome. Körperliche Folgen dieser weniger engen Verbindung sind zum Beispiel, dass die Spannung verschiedener Muskelgruppen nachlässt. So wird der Darm entspannter und dadurch träger, auch die Muskeln der Bauchdecke geben nicht mehr so viel Halt, ebenso die der Rückenmuskulatur (was Rückenprobleme verursachen kann). Speziell entspannt sich natürlich die Gebärmutter. Diese kann nur wenig Spannung, Verkrampfung oder Wehentätigkeit ertragen. Weiter zeigt sich, dass der Körper wässriger wird, d.h. der Gehalt an Wasser im Gewebe nimmt zu, später kann dies zu deutlich erkennbaren Wassereinlagerungen in Beinen und Händen führen. Auch das Blut wird etwas dünner und wässriger, und da der Aufwärtstrieb abnimmt, neigt das Blut eher zur Schwere, sodass Krampfadern entstehen können. Ein weiteres körperliches Symptom der schwächeren Selbstbehauptung ist der niedrigere Eisengehalt im Blut. Frauen haben generell etwas weniger Eisen im Blut als Männer, Schwangere wiederum weniger als andere Frauen. Eisen wird im Blut für den roten Blutfarbstoff gebraucht und damit für die Sauerstoffversorgung. So ist es das Metall, das vom Geistigen im Menschen gebraucht wird, um aktiv in den Körper eingreifen zu können. Es ermöglicht die Tätigkeit (Sauerstoffverbrauch) des Körpers. Eisen ist auch außerhalb des Körpers jenes Metall, woraus der Mensch sich Werkzeuge und Fahrzeuge herstellt, um in die Welt eingreifen und in ihr arbeiten zu können. In früheren Zeiten, aber auch in der modernen Esoterik und Geisteswissenschaft, werden die sieben Metalle Blei, Zinn, Eisen, Gold, Kupfer, Quecksilber und Silber in Verbindung mit den sieben Himmelskörpern Saturn, Jupiter, Mars, Sonne, Venus, Merkur und Mond (auch die sieben Planeten genannt) gebracht. Jeder Planet – und somit jedes Metall – steht für eine bestimmte Seelenqualität. So stellt das Eisen und damit der «männliche» Planet Mars eine starke kämpferische Selbstbehauptungskraft dar. Anders ist es beim Kupfer, dieses ist während der Schwangerschaft im Blut vermehrt vorhanden. Kupfer steht für die weibliche, umhüllende, verbindende Venus-Qualität. Die Polarität weiblich vs. männlich spiegelt sich in Kupfer und Eisen, wie in Venus und Mars.

Es ist, als ob der schwangere Körper noch weiblicher wird als er schon war. Die Rundungen werden mehr betont, die Brüste werden praller, der runde Bauch wächst stetig und sogar das Verhältnis zwischen Eisen und Kupfer ändert sich zugunsten des Kupfers.

Auch das Immunsystem gerät in eine Ausnahmesituation. Ist es doch normalerweise die Aufgabe des Immunsystems, die Grenze zwischen Innen- und Außenwelt zu gestalten und zu bewahren, das Fremde vom Eigenen zu unterscheiden und dies ggf. abzuwehren, so lässt es während der Schwangerschaft zunehmend große Mengen Fremdeiweiß zu. Das Embryo als «fremder Organismus» wird nicht nur toleriert, sondern auch noch ernährt und behütet. Das Immunsystem nimmt das Ungeborene nicht als *fremd* wahr, es wehrt sich nicht, es kommt nicht zu so genannten Abstoßungsreaktionen. Das Immunsystem könnte man auch das körperliche Selbstbehauptungssystem nennen («Hier bin ich, und hierhin gehört nichts Fremdes!»). Seine Geste ist, kritisch prüfend wahrzunehmen und wenn nötig abzuweisen. Es hat etwas Antipathisches und Abwehrendes. Während einer Schwangerschaft wird diese körperliche Selbstbehauptung deutlich weniger ausgesprochen, sie tritt in den Hintergrund und lässt nun vorübergehend jemand anderes aussprechen. Trotzdem bleibt sie natürlich für den weiteren Organismus tätig.

Im nicht schwangeren Zustand steht der Körper dem Seelisch-Geistigen des Menschen wie ein Instrument zur Verfügung. Ist er optimal individualisiert, das heißt, sind beide gut aufeinander abgestimmt (ist das Instrument «gestimmt»), dann kann die eigene Musik erklingen. Hierzu muss der Körper intensiv von seinem Musiker durchdrungen werden und es sollten so wenig wie möglich Fremdeinflüsse in ihn einwirken und fremde Töne mitspielen.

Ist eine Frau schwanger, dann ist ihr Körper vorübergehend nicht mehr so individualisiert, er steht nicht mehr nur dem eigenen Seelisch-Geistigen zur Verfügung – es soll nicht nur die eigene Musik erklingen. Der schwangere Körper ist wie das Orchester, das im Hintergrund zur Unterstützung und Begleitung eines Gast-Solisten spielt, sodass dieser so gut wie möglich gehört werden und in Erscheinung treten kann.

Die Schwangerschaft ist die einzige Situation, in der der Körper nicht nur dem eigenen Individuum zur Verfügung steht, sondern bis ins Organische die Geste der Sympathie zeigt. Im Gegensatz zur antipathisch abwehrenden Geste des Immunsystems (Eisen) lebt der schwangere Organismus in Sympathie und Umhüllung (Kupfer). Uneigennützigkeit im Sinne eines wirklich sozialen «Daseins für den anderen» wird in der innersten körperlichen Existenz gelebt und damit vorgelebt. Diese körperliche Ausnahmesituation zeigt die eigentliche Verfassung, die für eine

Schwangerschaft optimal ist. Es ist nicht die kritische Wahrnehmung, sondern die bedingungslose Aufnahme; es ist nicht die Verteidigung der Eigenheit, sondern die Hingabe an ein anderes Wesen. Man kann sich gut vorstellen, dass dies eine Atmosphäre bildet, die für ein sich näherndes Menschenkind sehr wohltuend ist. Es kann sich wirklich willkommen fühlen. Das Kind braucht sich keinen Raum zu erobern, es ist eingeladen und wird bedingungslos aufgenommen.

Aber es ist nicht ohne Risiken, sich so in einer Sympathiegeste auf den anderen einzulassen, ohne mit dem antipathisch gefärbten Selbsterhalt für sich aufzukommen. Dies zeigen die manchmal lebensgefährlichen Komplikationen, die mit Schwangerschaft und Geburt zusammenhängen und die sicher früher für die hohe Sterblichkeit der Mütter verantwortlich waren. Dabei ist nicht nur an das gefürchtete Wochenbettfieber oder an heftige Blutungen nach unvollständiger Lösung des Mutterkuchens zu denken, sondern auch an die Schwangerschaftsvergiftung oder sogar die früher manchmal tödliche Eileiterschwangerschaft. Dank den modernen medizinischen Möglichkeiten kommen die genannten Komplikationen nur noch sehr selten vor und sind meist gut zu behandeln. Trotzdem zeigen diese Situationen, wie nah sich Geburt und Tod sein können.

Die Sympathiegeste ist eine Qualität, die zu der weiblichen Venus passt: aufnehmen, umhüllen, für andere da sein. Die Antipathiegeste passt zum männlichen Mars, der sich selbst behaupten und durchsetzen will und anderes gewaltsam abwehrt. Wie schon erwähnt, wird in der Schwangerschaft das Weibliche der Frau nochmals betont, auch auf dieser Ebene.

Auch die Seele erlebt diese anderen Umstände. Die so genannten weiblichen Eigenschaften, wie Offenheit für die Umgebung, das Denken in Bildern statt in logischen Zusammenhängen, einen Sinn haben für Stimmungen, ein erhöhtes Bedürfnis nach Religion oder andersartigen Momenten der Ruhe, Einkehr oder Besinnung, all diese Eigenschaften sind meist verstärkt vorhanden. Eher männliche Seeleneigenschaften, wie geordnete Planung, klare Orientierung, Selbstbehauptung usw., sind nicht mehr so dominant. So wird für manch schwangere Frauen Berichten zu Folge zum Beispiel das Autofahren im Stadtverkehr viel anstrengender, weil das schnelle Wahrnehmen und Reagieren oft schwer geworden ist. Andere Frauen, die zum Beispiel in der EDV-Branche arbeiten, berichten, dass ihnen das klare EDV-Denken während der Schwangerschaft schwerer fällt.

Das Verbindende, Umgebungsorientierte, Offene, steht mehr im Vordergrund, das Zentrierte, Abgegrenzte, Zielstrebige ist in den

Hintergrund gedrängt. Auch hier sind es die weiblichen Eigenschaften, die im schwangeren Zustand noch verstärkt werden.

Im Alltag kommt vor allem in den ersten drei Monaten noch eine Müdigkeit hinzu. Obwohl der Kopf sagt, dass die Schwangerschaft doch eigentlich erst so kurz besteht und der Bauch noch nicht mal sichtbar ist und deshalb kaum «Recht» auf Müdigkeit bestünde, sieht der Bauch das ganz anders. Während der ersten Wochen und Monate der Schwangerschaft leistet der Organismus der Frau die größte Aufbauarbeit. In dieser recht kurzen Zeit wird aus zwei Zellen ein kompletter, vollständiger menschlicher Körper.

Embryologie

Die Frage, wann das menschliche Leben beginnt, wurde schon ange-
sprochen: Dann nämlich, wenn zwei Welten zusammenkommen. Die
irdische diesseitige Welt macht mit Hilfe der Keimzellen der werdenden
Eltern ein Angebot. Wenn aus dem Jenseits dieses Angebot beantwortet
wird und eine Menschenseele sich mit diesem Erdenkeim verbindet,
kann man dies als Beginn des menschlichen Lebens bezeichnen. Das
biologische Leben gab es schon vorher, die Keimzellen leben ja auch
– insofern ist dieses biologische Leben ein durchgehender *unendlicher*
Strom. Es ist aber von dem *menschlichen* Leben zu unterscheiden. Das
menschliche Leben hat einen *Anfang* und ein *Ende*. Ein neues menschliches Leben beginnt erst, wenn das Seelisch-Geistige des Menschen sich
mit dem Irdisch-Körperlichen der biologischen Natur verbindet. Es hat
auch ein Ende, wenn mit dem Tod das Seelisch-Geistige sich endgültig
vom Körper trennt und dieser auch biologisch zu seinem Ende kommt.
Möglicherweise wurde aber zuvor für eine Fortsetzung dieses Lebens in
Form von Nachkommen gesorgt.

Keimzellen

Was ist das Spezifische der menschlichen Keimzellen? Wenn ein Kind
geboren wird und in den darauf folgenden Jahren seinen Körper zunehmend bewohnt, ihn zu seinem eigenen Körper macht, findet ein Prozess
der Individualisierung statt. Wer in eine neue Wohnung umzieht, wird
diese zuerst renovieren wollen, nach seinem Stil gestalten und einrichten, bevor er sie als *seine* Wohnung erleben kann, in der er sich wohl
und zu Hause fühlen wird. Manche Renovierungskünstler machen das
sehr gründlich, sodass anschließend kaum noch erkennbar ist, wie es
vorher war. Andere fügen sich gerne den gebotenen Gegebenheiten und
wollen oder können sich nicht so viel Arbeit machen, alles zu ändern.
Die Eltern haben ihrem Kind ihre genetische körperliche Grundlage
vererbt, haben ihm einen so genannten «Vererbungskörper» gegeben.
Dieser wird von dem «neuen Bewohner» vor allem während den ersten
sieben Lebensjahre «renoviert». Manche Kinder scheinen sich intensivst
mit der vererbten Substanz auseinander zu setzen, durchkochen sie in

hoch fieberhaften Kinderkrankheiten, häuten sich wie eine Schlange, wenn die Haut sich anschließend an den Fiebertagen schuppig löst. So versuchen sie, aus dem vererbten Körper ihren eigenen individualisierten Körper zu machen. Im Laufe der Zeit wird der ganze Körper zunehmend – bei manchen mehr, bei anderen eben weniger – zum eigenen werden. Trotzdem bleibt ein kleiner Bereich von dieser Renovierung oder Individualisierung unberührt. Die Keimzellen (Ei- oder Samenzellen) bilden diese Ausnahme. Diese stehen nämlich nicht dem eigenen Leben und dem eigenen Organismus zur Verfügung, sondern existieren «nur» für die Weitergabe an das nächste Geschlecht. Die Keimzellen bleiben in dem Stadium der biologischen Vitalität stehen, in dem der ganze Embryo war, bevor die Individualisierung anfing. Sie sind von den Eltern als Teil des vererbten Körpers empfangen worden, werden dann aber nicht in das eigene neue Leben aufgenommen, sondern dienen nur der Fortsetzung der vererbbaren Lebensgrundlage und des biologischen Lebens. In jedem Menschen, ob Frau oder Mann, wird in diesem Sinne etwas allgemein Menschliches (im Gegensatz zum Individuum) aufbewahrt, das nicht für ihn bestimmt ist, das er nicht selbst nutzen, sondern das er nur verwahren und im richtigen Moment wieder abgeben darf. Vielleicht ist es mit einem Stafettenlauf zu vergleichen, wobei die Flamme stets unverändert einem neuen Läufer weitergegeben wird.

Alle «normalen» Zellen stehen damit im Dienste des Individuums und werden spätestens mit ihm auch sterben. Keimzellen dienen diesem Individuum nicht, sondern den Nachkommen, sie sterben nicht, sondern werden weiterleben. Sie sind im embryonalen Stadium zurückgehalten und haben deshalb ihre volle Vitalität bewahrt, sie sind eigentlich nie geboren und werden demnach auch nicht sterben.

Typisch für Keimzellen ist außerdem, dass sie nur halb so viele Chromosomen haben wie sonstigen Zellen. Normale Körperzellen besitzen 2 x 23 Chromosomen, das heißt, jedes Chromosom ist doppelt vorhanden. Die Ausnahme bilden die Geschlechtschromosomen beim Mann, nämlich XY, bei der Frau sind sie normal gepaart, also XX. Bei einer einfachen Zellteilung (Mitose) wird jedes Chromosom verdoppelt, sodass die Tochterzellen wieder 46 Chromosomen haben. Bei der Keimzellteilung (Meiose) wird die Chromosomenzahl auf 23 reduziert, sodass die Chromosomen nicht mehr doppelt vorhanden sind. Während eines bestimmten Stadiums dieser Keimzellteilung kann ein so genanntes «crossing-over» stattfinden, das heißt, die noch doppelten Chromosomen tauschen – scheinbar willkürlich – Teile des Chromosoms aus, bevor es zu der Teilung in den eigentlichen Keimzellen kommt. Bei diesem Vorgang treten «zufällige» Neukompositionen des genetischen Materials auf, die auf den Nachkommen übergehen. Die genetische Zusammensetzung der jeweiligen Keimzellen ist deshalb nicht sicher vorhersagbar. Bei der normalen Zellteilung (Mitose) gibt es kein «crossing-over». Damit ist die Genetik der Tochterzellen identisch mit der der Mutterzellen und deshalb vorhersagbar. So bleibt die Struktur eines Körpers einheitlich. Bei der Zellteilung der Keimzellen ist dies nicht nötig, da ist anscheinend etwas Spielraum gegeben. Anders gesagt: Ein bisschen Chaos scheint für die Fruchtbarkeit erforderlich.

Zwei Geschlechter

Aber es gibt noch etwas Besonderes an diesen Zellen: Jede für sich ist zu nichts imstande. Es gibt keinen größeren Gegensatz als den zwischen Eizelle und Samenzelle. Nirgendwo sind Frau und Mann verschiedener als in ihren Keimzellen. Die Eizelle ist die größte Zelle, die es gibt, die Samenzellen hingegen die kleinste. Die Eizelle ist unbeweglich, liegt groß und rund, einsam und abwartend da. Die Samenzellen bemühen sich, in großen Mengen mit ihren Schwänzchen schnell vorwärts zu kommen. Die Eizelle, nur eine pro Monat, überlebt ca. drei bis sechs Stunden; die Samenzellen, zig Millionen pro Tag, haben die Ausdauer, um drei bis sechs Tage zu warten, bis vielleicht doch noch eine Eizelle befruchtet werden kann.

Die Eizelle kann als Bild für das ewig Kosmische gesehen werden, sie ist das Runde, Allumfassende, Unbewegliche. Die Samenzelle steht dagegen für das Irdische, das Verdichtete, zum Gliedmaß Ausgestreckte, millionenfach Vorhandene. Beide Prinzipien haben ihre ins Extreme ausgearbeitete Einseitigkeit. Aber sie sind dazu verurteilt, in dieser Einseitigkeit zu verharren, sie können nicht in einen Prozess oder eine Entwicklung aufgenommen werden, wenn sie sich nicht gegenseitig aus ihren Verbannungen befreien. Einsam gefangen in der Einseitigkeit, nicht zugänglich für Veränderung, Entwicklung, Metamorphose, warten sie auf die Erlösung durch den anderen Pol. Da dämmern schon die Märchenbilder, von Dornröschen etwa, die aus ihrem Schlaf geküsst werden muss. Zeitlos lange (hundert Jahre) schlief sie, ohne eine Entwicklung durchzumachen, und wartete ... Viele versuchten sie zu befreien, nur einem ist es gelungen, den stacheligen Weg zu gehen und sie wieder aus ihrer Einseitigkeit zurück in den Strom der Zeit zu holen.

Die Befruchtung von Eizelle und Samenzelle ist gleichzeitig die Überbrückung und die Aufhebung dieser großen Polarität und damit die Voraussetzung einer neuen Entwicklung. Die Qualitäten, die beide mitbringen, werden jetzt aus dem statisch Unberührten, Zeitlosen herausgeholt und in den Entwicklungsstrom hineingestellt. Aus den beiden Bereichen, die nicht individualisiert waren, in denen das allgemein Menschliche bewahrt wurde, kommen jetzt zwei zusammen, die in ihrer Vereinigung eine neue Individualisierung ermöglichen, eine neue Entwicklung zur Einzigartigkeit.

Gezeugt oder geklont?

An dem modernen Verfahren des Klonens bei Tieren – und vielleicht auch bei Menschen – lassen sich viele der Besonderheiten der geschlechtlichen Fortpflanzung deutlich machen.

Viele Blütenpflanzen kennen sowohl die geschlechtliche (generative) als auch die ungeschlechtliche (vegetative) Fortpflanzung. Die geschlechtliche Fortpflanzung geschieht über die Blüte: Der Blütenstaub des Staubblatts wird von Insekten oder vom Wind auf den Stempel und so zum Fruchtanfang gebracht, wo sich die Früchte oder die nackten Samen entwickeln. Mit der Blütenbildung beginnt die Entwicklung des polaren Gegensatzes zwischen Staubblatt und Stempel, zwischen dem Männlichen und dem Weiblichen. Die Befruchtung beinhaltet die Überbrückung dieses Gegensatzes, der Bereich der Pflanze muss für einen Moment verlassen werden, es muss ein kleiner Sprung durch die Luft vorausgehen.

Viele Blütenpflanzen kennen aber auch die vegetative Fortpflanzung, zum Beispiel über Wurzelstockausläufer oder Ableger. Manche Pflanzen bevorzugen sogar diese Art der Fortpflanzung, man denke nur an die Erdbeere, die Brennnessel u.a. Das Prinzip hierbei ist, dass sich ein Teil der wachsenden Körpersubstanz vom Ursprungsorganismus ablöst und ein Eigenleben anfängt. Dies ist somit kaum als Fortpflanzung zu bezeichnen, es ist vielmehr eine Vermehrung und eine Teilung.

Warum bleibt es in der Evolution nicht bei dieser einfacheren vegetativen Fortpflanzung? Was könnte der Vorteil oder der Sinn der viel komplizierteren und umständlicheren geschlechtlichen Fortpflanzung sein? Rudolf Steiner sagte 1908 dazu: «Wenn es möglich gewesen wäre, dass sich die Menschheit ohne die zwei Geschlechter hätte fortpflanzen können, dann würde sie nicht in die Individualisierung eingetreten sein. Dem Zusammenwirken der Geschlechter ist es zu verdanken, dass die heutige Art der Verschiedenheit der Menschen eingetreten ist.»[3]

Das Prinzip des Klonens ist vergleichbar mit der vegetativen Fortpflanzung, Ableger entstehen. Der lange umständliche Weg der Geschlechtertrennung, Keimzellbildung, Überwindung von Gegensätzen sowie der Unvorhersagbarkeit und Unplanbarkeit des genetischen Ergebnisses wird abgekürzt – vielmehr wird das Bestehende direkt als Fortsetzung reproduziert.

Beim Klonen wird aus einer ausgewachsenen und damit individualisierten Körperzelle der Zellkern entnommen und in den zuvor entkernten Zellleib einer Eizelle verpflanzt. Mit elektrischen Reizen wird die nun diploide (d.h. mit 2 x 23 Chromosomen) Eizelle zur Teilung angeregt, wie sie es auch nach einer «normalen» Befruchtung tut.

Bei der geschlechtlichen menschlichen Fortpflanzung gibt es sowohl bei der Meiose-Teilung wie auch bei dem Zusammenkommen der beiden Keimzellen genügend Unberechenbarkeiten, die dafür sorgen, dass die genetische Struktur eines Nachkommens weder planbar noch vorhersagbar ist. Es ist, als ob die festgelegten genetischen Strukturen einen kurzen Moment lang in Bewegung kommen, als ob ein bisschen Chaos herrscht. Die geschlechtliche Fortpflanzung lässt auf dieser Ebene eine gewisse Offenheit, einen Gestaltungsfreiraum für den neuen Menschen. Nur so ist es möglich, dass auch genetisch jeder Mensch einmalig ist.

Beim geklonten Nachkommen ist das anders. Seine genetische Struktur ist die direkte Fortsetzung seines Ursprungsorganismus (oder kann man Vorfahren sagen?), er ist planbar, vorhersagbar und nicht einmalig. Er hatte keinen Gestaltungsfreiraum bei der Konzeption.

Beim Thema des Klonens muss man sich deshalb mehrere Fragen stellen: Macht es etwas aus, wenn ein Kind aus zurückgehaltenen Keimzellen oder aus einer individualisierten Körperzelle hervorgeht? Was bedeutet es für das Kind, wenn seine genetische Struktur vorhersagbar und identisch mit seinem Spender ist? Welche Auswirkung mag es haben, wenn es seinen Ursprung in der sexuellen Verbindung einer geschlechtlichen Zweiheit hat (mit dem Ur-Sprung wird dieser Gegensatz überwunden) oder wenn es die geplante Fortsetzung einer Einheit ist?

Wenn mit dem Klonen eines Menschen nicht die übliche Voraussetzung zur Individualisierung gegeben ist, wäre es dann überhaupt möglich, einen Menschen zu klonen, und wenn ja, was würde das für die Entwicklung eines solchen Menschen bedeuten?

Rudolf Steiner wies zu Beginn des 20. Jahrhunderts schon auf das

Phänomen des Chaos' in Zusammenhang mit der Befruchtung hin. Auch bei Pflanzen beschrieb er, wie bei der Samenbildung ein kleines Chaos entsteht: «... und dann beginnt das ganze umliegende Weltenall auf den Samen zu wirken und drückt sich in ihm ab und baut aus dem kleinen Chaos das auf, was von allen Seiten durch die Wirkungen aus dem Weltenall in ihm aufgebaut werden kann ... Wenn wir überhaupt den Kosmos zur Wirkung bringen wollen in seinen Kräften innerhalb unseres Irdischen, dann ist dazu notwendig, dass wir das Irdische möglichst stark ins Chaos hineintreiben.»[4]

Auch bei den menschlichen Befruchtungsvorgängen kann man den Eindruck bekommen, dass die beschriebene «Chaotisierung» und dadurch Unvorhersagbarkeit auf genetischer Ebene eine Art «Öffnung» für das Kosmische bietet, das auf das Irdische einwirken kann. Anders gesagt: Es bietet sich eine Öffnung für das Seelisch-Geistige des Menschen, das sich mit dem irdischen Strom der Fortpflanzung verbinden will.

Die ersten Tage

Wenn nun viele Samenzellen mit einer Eizelle zusammenkommen, geschieht etwas, das es sonst im Organismus nie gibt. Überall sehen wir, dass aus einer Zelle zwei werden, dann vier, acht und so weiter. Bei der Befruchtung geschieht die große Ausnahme, nämlich aus zwei Zellen wird eine, und dabei sind diese zwei Zellen sich so grundlegend fremd! Sie haben eigentlich nichts miteinander zu tun, werden aber dennoch eine neue Einheit. Damit haben sie sich gegenseitig aus ihrer Einseitigkeit befreit. Es ist eine neue, absolut einmalige Körperzelle mit nun wieder 2 x 23 Chromosomen entstanden. Bei ihrer Entstehung wurde die feste genetische Struktur etwas chaotisch aufgelockert, sodass das neue Menschenkind sich plastisch an seiner neuen Grundlage beteiligen konnte.

Diese befruchtete Eizelle beginnt sich nach ca. 1,5 Tagen zu teilen. Sie wird zweizellig, vierzellig, achtzellig usw., ohne jedoch in der Gesamtgröße zuzunehmen. Sechzehnzellig ist sie so groß wie es die Eizelle alleine war, was bedeutet, dass die einzelnen Zellen immer kleiner werden. Während dieser Zeit wird sie langsam von den rhythmischen Bewegungen im Eileiter in Richtung Gebärmutter bewegt. Dieser Weg (ca. 7 cm) dauert etwa sechs Tage. Eine direkte Verbindung zwischen der befruchteten Eizelle und dem mütterlichen Körper besteht in dieser

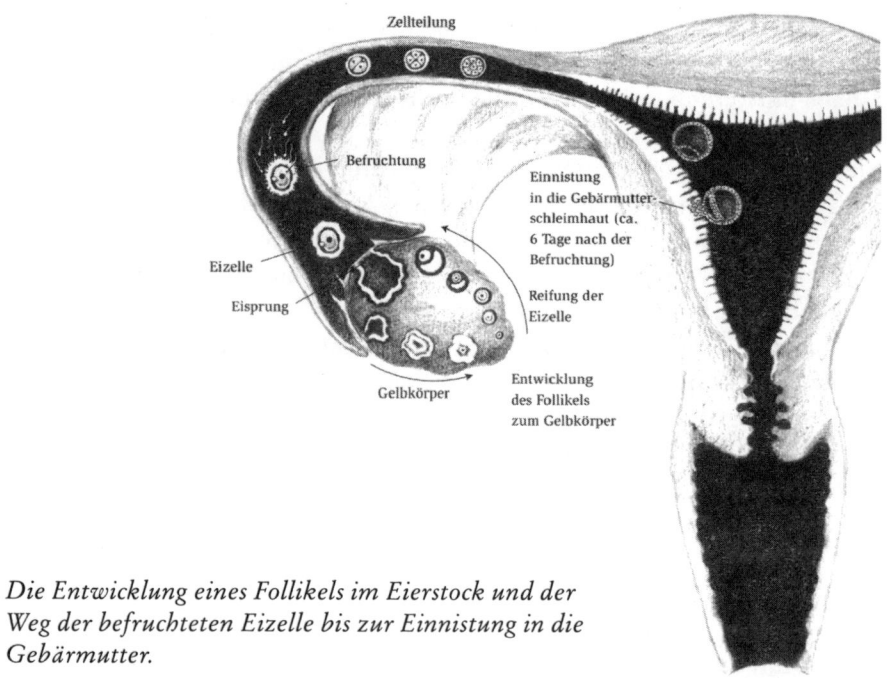

Zellteilung

Befruchtung

Einnistung
in die Gebärmutter-
schleimhaut (ca.
6 Tage nach der
Befruchtung)

Eizelle

Reifung der
Eizelle

Eisprung

Entwicklung
des Follikels
zum Gelbkörper

Gelbkörper

*Die Entwicklung eines Follikels im Eierstock und der
Weg der befruchteten Eizelle bis zur Einnistung in die
Gebärmutter.*

Zeit noch nicht. Die Nahrung für die Tätigkeit des sich Teilens stammt
aus der Eizelle. Die Samenzelle hat keine Reserven als Proviant für diese
Reise mitgebracht, sondern sich dafür auf die Eizelle verlassen.

Bis zum dritten Tag sind alle so entstandenen Zellen gleich, es gibt
noch keine Differenzierung zwischen den Zellen. In dieser Phase kann
es deshalb noch zu der Entstehung eineiiger Zwillinge kommen. Die
Zellen sind totipotent, es kann noch alles daraus werden. Werden im
Vierzellstadium alle vier Zellen einzeln voneinander getrennt, kann aus
jeder Zelle wieder ein ganzer Organismus wachsen.[5]

Aber schon bald kommen die ersten Differenzierungen zwischen den
mehr innen liegenden Zellen und der äußeren Schicht. Damit wird ein
neues Element hinzugefügt, nämlich die Entstehung einer Höhle in der
Mitte dieses Zellhäufchens. Diese Höhle ist mit Flüssigkeit gefüllt und
die Zellen der äußeren Schicht (Trophoblasten) bilden ihre Umhüllung.

Die Trophoblasten teilen sich nun viel schneller als die mehr innen
gelegenen, so genannten Embryoblastzellen. Dies ist der Zeitpunkt, an
dem die Verbindung mit dem mütterlichen Organismus gesucht wird,
die Einnistung findet statt. Die Blastozyste (so nennt sich dieses frühe
embryonale Stadium) nistet sich aktiv in die schon gut vorbereitete
Gebärmutterschleimhaut ein, bis sie ganz von ihr umgeben ist.

In diesem Stadium weiß noch niemand, es sei denn durch Ahnung, etwas von der Schwangerschaft, da die Regelblutung noch nicht ausgeblieben ist. Es ist erst der 22. bis 24. Tag nach der letzten Blutung. Eine Schwangerschaft ist in dieser Phase weder mit einem Schwangerschaftstest noch mit Ultraschall nachzuweisen.

Hüllenbildung

In den nun folgenden Tagen entwickelt sich aus der äußeren Schicht der Trophoblasten ein feines Gewebe, aus dem später der Mutterkuchen wird. Gleichzeitig vergrößert sich die Chorionhöhle und eine zweite, bald auch eine dritte Höhle entsteht im Bereich der Anhäufung der Embryoblastzellen.

Es ist sehr bemerkenswert, dass während der ersten zwei Wochen der Embryonalentwicklung die meiste Aktivität der Bildung von Hüllen gewidmet wird. Von einer Embryonalanlage ist höchstens eine kleine Anhäufung sich flach ausdehnender Zellen erkennbar, aber die Vorbereitungen der Bildung des Mutterkuchens sowie die Bildung der Hüllen und Höhlen ist schon in vollem Gang. Das Embryo bildet also zuerst seine eigene Umgebung sowie sein eigenes Ernährungsorgan (der Mutterkuchen, der übrigens gar nicht der Mutter gehört, sondern ausschließlich aus embryonalem Gewebe aufgebaut ist und somit eigentlich «Kindeskuchen» heißen müsste). Es verlässt sich nicht auf seine Gastgeberin, sondern erschafft sich in der von ihr zur Verfügung gestellten Umgebung (Gebärmutter mit Schleimhaut) seinen eigenen kosmisch-runden Schutzraum, seine eigene Welt. Erst wenn es sich darin sicher fühlt, traut es sich, die nächsten Entwicklungsschritte zu machen.

Etwas losgelöst von der Wand, mittels eines Haftstiels noch verbunden, bilden sich die schon genannten beiden nächsten Höhlen. Diese kann man sich wie zwei ungleich große Luftballons vorstellen, die ein wenig gegeneinander gedrückt werden, sodass eine runde Fläche entsteht, die aus zwei Schichten aufgebaut ist.

Der kleinere Ballon ist die Amnionhöhle, der größere der Dottersack. Das Gewebe der Scheibe der Berührungsfläche ist deutlich dicker als der Rest der Ballonwand. Zuerst ist sie noch rund, dann wird sie ovalförmig. Als nächster Schritt kommt Bewegung zwischen die beiden Schichten, es bewegen sich Zellen von der zur Amnionhöhle liegenden Schicht in den Zwischenraum, sodass bald von drei Schichten, drei Keimblättern

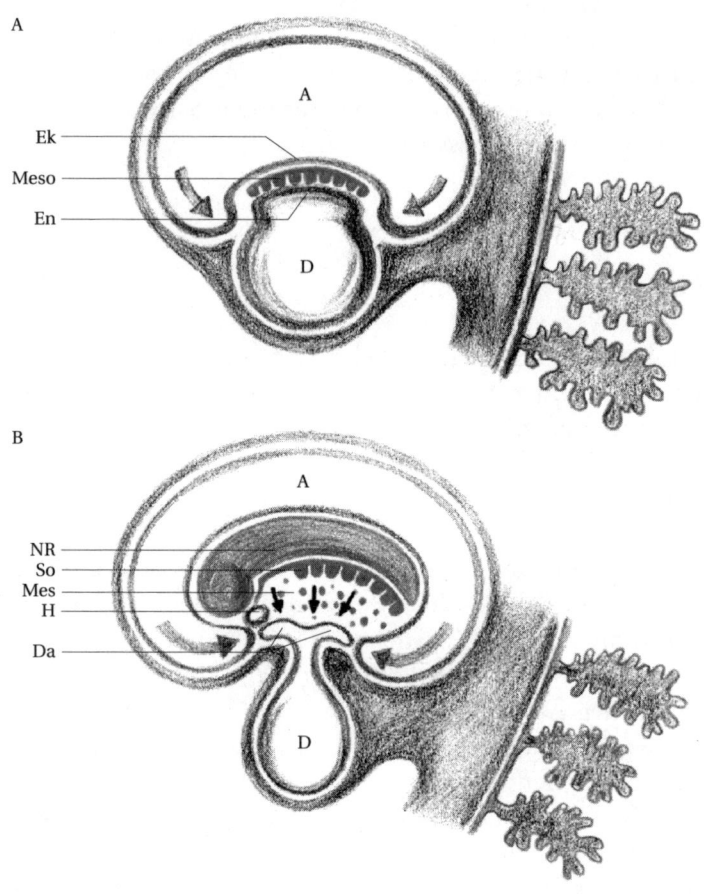

A = Amnionbläschen; En = Entoderm; Ek = Ektoderm; D = Dottersackbläschen;
Mes = Mesenchym; Meso = Mesoderm; Da = Primitives Darmrohr; NR = Neuralrohr; H = Herzanlage; So = Somiten

Bildung des Embryonalkörpers durch Zerfall der Somiten
*(So) und Bildung von embryonalem Bindegewebe, Mesenchym (Mes), das
sich in dem Zwischenraum zwischen Ektoderm (Ek) und Entoderm (En) aus-
breitet (Pfeile). Die anfangs flächige Keimscheibe (Bild A) hebt sich durch die
Mesenchymbildung von der Unterlage ab (große Pfeile) und wird zu einem
körperlichen, dreidimensionalen Gebilde (Embryo).
A = Etwa 18. Tag, B = etwa 20. Tag.*

gesprochen werden kann. Dieses Gebilde der drei Keimblätter ist die eigentliche Embryo-Anlage, die bis dahin nur in der Fläche, in das Zweidimensionale ausgedehnt ist.

An dieser Stelle sei auf einen typischen Unterschied zwischen Pflanzen und den Organismen von Mensch und Tier hingewiesen, nämlich, dass diese Letzteren Innenräume oder Hohlräume haben und weniger an die Umgebung gebunden sind als Pflanzen. Diese leben vor allem im Zweidimensionalen, in der Fläche also, und haben statt Innenraum eher Außenraum und Umgebung. Die Pflanze hat ihre Organe nach außen gerichtet und verbindet sich darüber mit ihrer Umgebung. Tier und Mensch tragen ihre Organe nach innen, haben ein eigenes Zentrum, eine Innenwelt und sind von ihrer Umwelt getrennt.

Die zweite Woche der Schwangerschaft wird von dem vitalen Wachstum, der Zelldifferenzierung und der Entwicklung der zweidimensionalen Ebene geprägt. Man könnte somit sagen, dass die Merkmale des pflanzlichen Lebens in dieser Woche vorherrschend sind.

Innenraum- und Organbildung

Mit der dritten Woche nach der Befruchtung tritt dann die dritte Dimension in Erscheinung. Damit wird der Übergang von der pflanzlichen in die animalisch (innenraumbildend) geprägte Phase eingeläutet. Ein sehr dynamisches und kompliziertes Zusammenspiel von Krümmungen und Einstülpungen findet statt. Es ist, als ob plötzlich ein neues Gestaltungselement eingreift und die Regie übernimmt. Was Umgebung war, wird nun nach innen genommen, eingestülpt, zum Innenraum gemacht. Diese Geste vollzieht sich in beiden Schichten der Keimscheibe, wobei aus dem Amnion sowie aus dem Dottersack etwas Außenwelt «umarmt», aufgenommen und schließlich einverleibt wird. Dies bedeutet, dass die Flächenbildung aufgegeben und die Vorläufer der inneren Organe geschaffen werden, indem Außenwelt nach innen genommen wurde. Dieser Dimensionensprung ist von großer Wichtigkeit!

Aus dem zur Amnionhöhle gehörenden Keimblatt, Ektoderm genannt, entstehen später unter anderem die Haut sowie die Organe des Nervensystems. Das Keimblatt zum Dottersack hin, das Entoderm, bildet später den Magendarmtrakt und die wichtigsten Stoffwechselorgane. Die Tätigkeit, aus der Umgebung etwas nach innen aufzunehmen, ist sowohl die Aufgabe des späteren Nervensystems mit den Sinnesorganen (es werden Eindrücke und Wahrnehmungen von außen aufgenommen, um

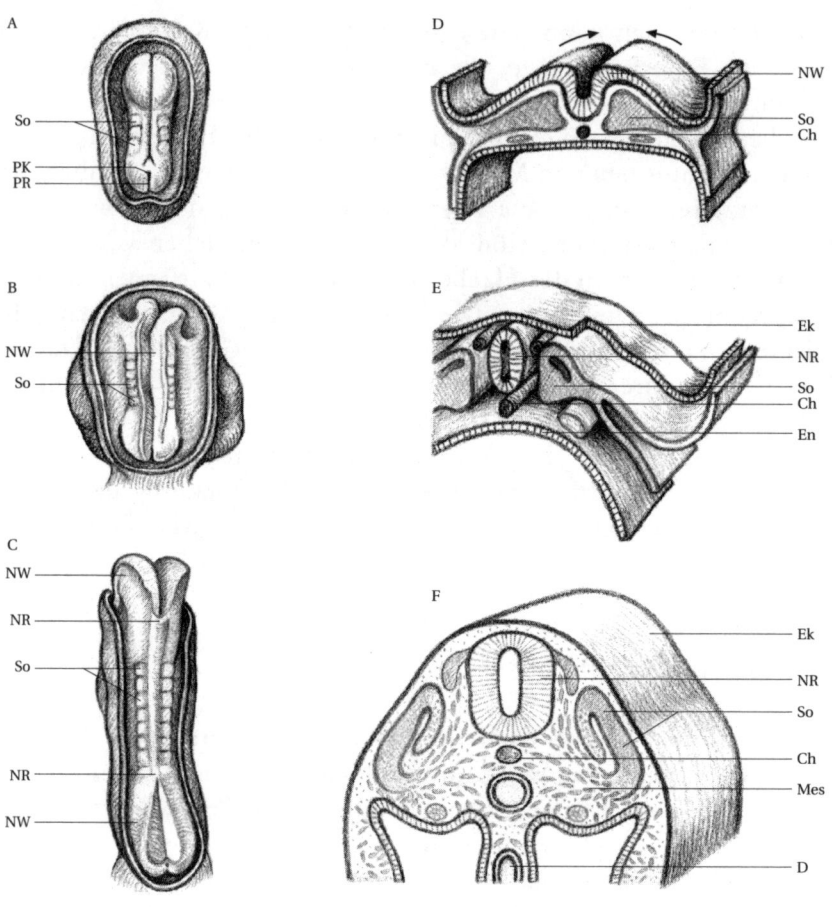

Entwicklungsstadien des Mesoderms und Bildung des Embryonalkörpers mit den Anlagen der drei elementaren Funktionssysteme: Nervensystem (aus dem Ektoderm), Darmsystem (aus dem Entoderm) und Zirkulations- und Bewegungssystem (aus dem Mesoderm). Durch Auflösung der Somiten (Bild F) entsteht embryonales Bindegewebe (Mesenchym) und damit die dreidimensionale Körperlichkeit des Embryos. Konstituierung der Vorne-Hinten-Dimension.
Ch = Chorda dorsalis (primitiver Achsenstab);
D = Darmrohr (aus Entoderm entstanden);
Ek = Ektoderm; En = Entoderm; Mes = Mesenchym;
NR = Neuralrohr; NW = Neuralwülste (falten sich auf, siehe Pfeile, und bilden das Neuralrohr = Anlage des gesamten Nervensystems);
PK = Primitivknoten (verschwindet am Ende des Umstülpungsprozesses);
PR = Primitivrinne (wird kürzer und verschwindet)
So = Somiten oder Urwirbel (lösen sich auf und bilden Mesenchym).

in der eigenen Innenwelt, im Innenleben zu erscheinen) als auch die der späteren Stoffwechselorgane, die Nahrungsmittel aus der Umgebung aufnehmen und verarbeiten. Die embryologische Geste der Einstülpung und Innenweltbildung ist somit eine Vorbereitung auf die spätere Organtätigkeit. Die embryonale Bewegung macht räumlich vor, was die Organe später funktionell nachmachen.

Gleichzeitig mit dieser Einstülpung von Ektoderm und Entoderm wächst die Amnionhöhle und umhüllt die ganze Embryoanlage, sodass dadurch wiederum ein Innenraum entsteht und das Ektoderm (spätere Haut) das Embryo umschließt. Mit der Entstehung der Vorläufer der Sinnesorgane wird also gleichsam die Außenwelt (Amnionhöhle) größer. Auch das ist eine Vor-Andeutung der Wirkung der Sinne: Je mehr von der Außenwelt wahrgenommen wird, desto größer wird sie. Anders ist es mit dem zuerst größeren Dottersack, dieser wird von der Einstülpungsbewegung des Entoderms fast vollständig verschlungen, nur ein kleiner gestielter Dottersack bleibt bestehen.

Das mittlere, mehr bewegliche Keimblatt, das Mesoderm, bildet u.a. die Vorläufer der Bewegungsorgane, also Muskeln, Knochen und Knorpel, aber auch das Herz, die Blutgefäße und das Blut. Die Reihenfolge bei der Entstehung von Blut, Herz und Gefäßen ist sehr aufschlussreich: Zuerst finden sich viele kleine so genannte Blutinselchen, die sich hauptsächlich außerhalb der eigentlichen Embryoanlage, nämlich in der Wand des Dottersacks, in dem Haftstiel und in der noch ringsherum liegenden Plazenta-Anlage (Chorionzotten) auftun. Gleichzeitig bildet sich die erste Herzanlage, aber auch diese befindet sich noch außerhalb, oberhalb von dem Bereich nämlich, der später der Kopf sein wird. Innerhalb von ca. acht bis zehn Tagen bewegt sich diese Herzanlage mit einem Krümmungsvorgang zu dem Ort, an dem wir das Herz normalerweise kennen. Gleichzeitig verbinden die Blutinselchen sich miteinander und das Blut beginnt zu strömen, noch bevor das Herz schlägt, noch bevor es überhaupt Blutgefäße gibt. Diese Letzteren werden vom Blut selbst gebildet, sodass Adern, Schlagadern und ein Kapillargefäßnetz entstehen. Ende der vierten Woche (das ist eine Woche nach Ausbleiben der Menstruation und wird üblicherweise die sechste Schwangerschaftswoche genannt, da es sechs Wochen nach dem ersten Tag der letzten Blutung ist) ist dann eine pulsierende Bewegung des Herzens wahrnehmbar, und das Blut fließt in einem fein differenzierten Gefäßnetz von der Peripherie des Mutterkuchens zum Herzen, durch den werdenden Körper und wieder durch das Herz zurück zum Mutterkuchen.

Wie wir auch schon bei der Bildung der Hüllen sahen, fällt auch jetzt ins Auge, dass der Organismus des Embryos wesentlich größer ist, als die Embryo-Anlage im engeren Sinne. Der ganze Mutterkuchen gehört dazu, wie auch die verschiedenen anderen Hüllenorgane.

Ein Zweites fällt bei der Entwicklung des Herz-Gefäß-Systems auf: Was bei der Einstülpung von Ektoderm und Entoderm zur Bildung der Anlagen des Nervensystems (oberes Organsystem) bzw. des Magendarmtraktes (unteres Organsystem) geschah, nämlich dass Außenwelt aufgenommen und zur Innenwelt gemacht wurde, um später diese Geste funktionell in der Organtätigkeit zu wiederholen, das spielt sich auf ganz andere Art bei der Bildung des mittleren Organsystems, dem Herzen mit seiner verbindenden Tätigkeit, ab. Das Herz als Sonnenorgan wird vom Bereich oberhalb des Kopfes dahin geholt, wo es das obere Nervensystem vom unteren Stoffwechselsystem trennt – in die Mitte des Organismus – und gleichzeitig beide Bereiche über das Blut wieder miteinander verbindet. Aber auch das Blut selbst wird von außen nach innen geholt. Von den vielen peripheren Blutinselchen wird es zu einem rhythmisch fließenden Organ, das aufnimmt, abgibt, ausgleicht und verbindet. Es gleicht die Einseitigkeiten aus, die mit der Art der Außenweltaufnahme über die Sinne und Nerven zusammenhängt, also das Wahrnehmen, Vorstellen und Denken. Ferner jene, die an die Art der Außenweltaufnahme über den Darm – die Voraussetzung der willentlichen Tätigkeit – gekoppelt ist. Diese Einseitigkeiten werden rhythmisch ausgeglichen durch ein Geben und Nehmen, durch ein Sonnen-Organsystem, das von außen nach innen genommen wurde und sich zwischen dem Oberen und dem Unteren einstellt und einen eigenen Innenraum für sich beansprucht, ein Innenraum, in dem ausgleichende, verbindende und trennende Gefühle walten können.

Dieses mittlere Organsystem lebt in seiner Entstehung sowie in seiner Funktion die Qualitäten des menschlichen Gefühlslebens vor (trennen, verbinden, ausgleichen). Das obere Organsystem mit dem Nervensinnesbereich bildet in seiner Entstehung (Einstülpung, aber auch die gesamte Abrundung und Umhüllung des Organismus) sowie in seiner Funktion die Qualitäten des menschlichen Denkens und Vorstellens ab (wahrnehmen, trennen, sich ein inneres Bild machen). Das untere Organsystem mit den Stoffwechselorganen macht in seiner Entstehung (die Umgebung – Dottersack – geht fast vollständig in der Einstülpung auf) und Funktion (eine direkte stoffliche Verbindung mit und Verarbeitung von der Umwelt) vor, was die Willenstätigkeit des Menschen später vollzieht.

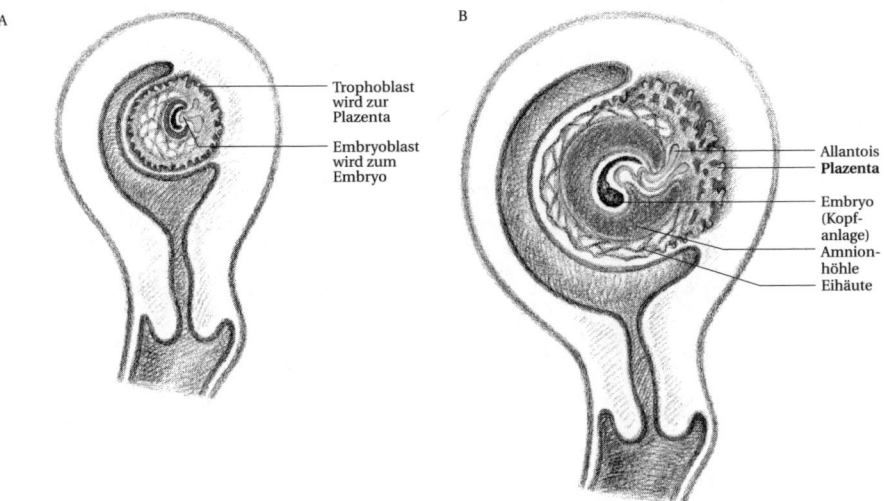

A
- Trophoblast wird zur Plazenta
- Embryoblast wird zum Embryo

B
- Allantois **Plazenta**
- Embryo (Kopf-anlage)
- Amnion-höhle
- Eihäute

Weitere Entwicklung des Trophoblasten, der anfangs den Embryoblasten wie ein Strahlenkranz allseitig umgibt, sich dann aber im Bereich der Uteruswand konzentriert und sich hier zur Plazenta differenziert. Die übrigen Abschnitte des Trophoblasten bilden dann mit der Uterusschleimhaut (Decidua) und dem Amnion zusammen die Eihäute.
A = 21 Tage alter Keim; B = etwa vier Wochen alter Embryo.

Die Streckung des Menschen

Stand in der zweiten Woche das vegetativ-pflanzliche Prinzip im Vordergrund der Entwicklung, in der dritten Woche mit der Einstülpung, Innenraum- und Organbildung das animalische, so werden die vierte und fünfte Woche von einem wiederum ganz neuen Element geprägt, nämlich der Streckung. Auf die Krümmung und «Ein-wicklung» der dritten Woche folgt die Streckung und «Ent-wicklung», die nun spezifisch für den Menschen ist.

Nur bei der menschlichen embryonalen Entwicklung ist diese Streckung über die ganze Länge der Wirbelsäule zu beobachten. Sie ist die Vorübung und die Voraussetzung für die spätere Streckung, die dem Menschen den aufrechten Gang erlaubt. Die Aufrechte ist Ausdruck der Befreiung von, oder Überwindung der Erdenschwere. Die folgende Abbildung zeigt, wie sehr der Affe an die Schwere gebunden ist. Der aufrecht gehende Mensch hat seine Arme und seinen Kopf frei für andere Tätigkeiten, er muss sich nicht mehr abstützen. In der Gestalt des Menschen zeigt sich eine

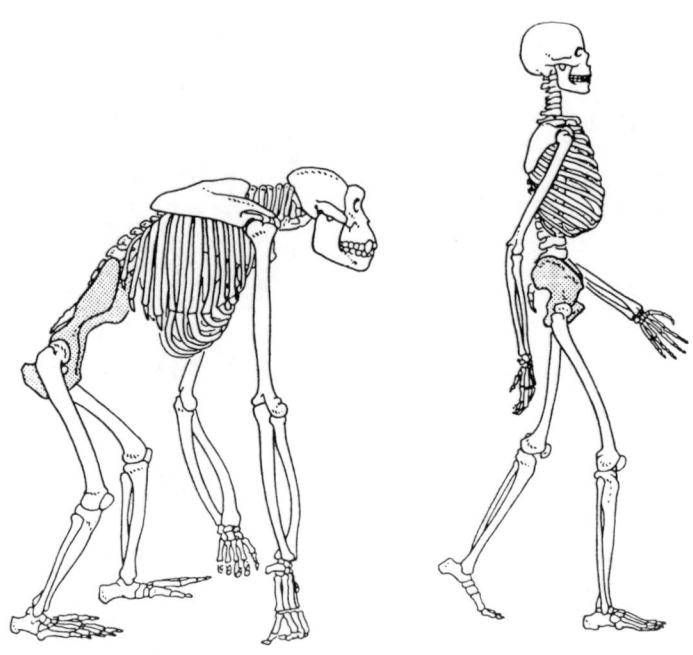

Skelett des Gorillas und des Menschen in typischer Gehhaltung.

optimale Balance zwischen «Himmel und Erde», der Mensch verbindet sich zwar mit der Erdenschwere, aber lässt sich nicht von ihr bestimmen, ebenso verbindet er sich mit dem Gestaltungselement des Kosmischen und Lichten, ohne sich davontreiben zu lassen. So ist er Ausdruck eines harmonischen Ineinanderwirkens – von der Erdenschwere über die gestreckten Gliedmaßen hochsteigend und von der kosmischen Kraft über die sphärische Schädelbildung herunterkommend. Wo beide sich begegnen, finden wir den rhythmischen Bau des mittleren Menschen, mit der teils sphärischen, teils sich streckenden Form der Rippen und des Brustkorbs.

Mit der Streckung in der vierten und fünften Embryonalwoche findet gleichzeitig die so genannte Segmentierung der späteren Wirbelsäule statt: Die einzelnen Wirbelkörper und die entsprechende Gliederung des künftigen Rückenmarks bilden sich. Die gestreckte Wirbelsäule, die es dem Menschen später ermöglicht, aufrecht zu gehen, ist also nicht starr und gerade, sondern sehr fein räumlich-rhythmisch gegliedert und dadurch beweglich und geschwungen. Die Aufrechte ist nicht fest, sondern eine ständige beweglich-dynamische Errungenschaft.

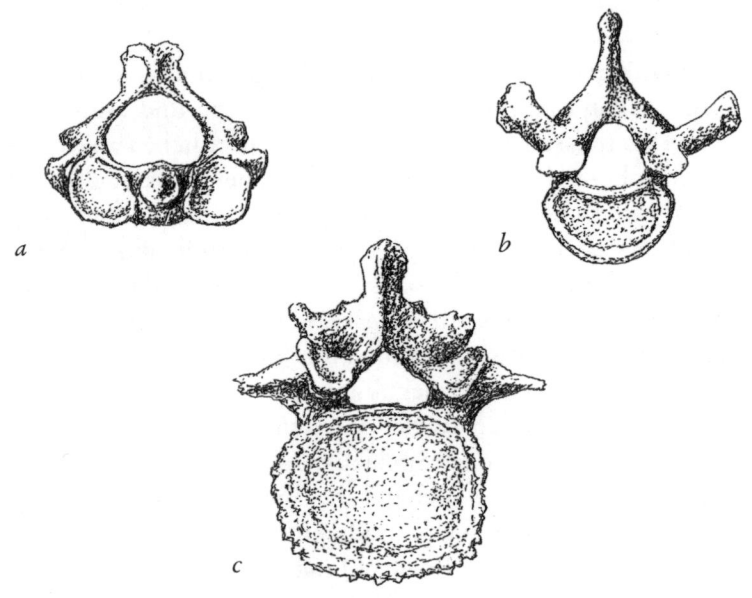

(a) Zweiter Halswirbel, (b) mittlerer Brustwirbel, (c) Lendenwirbel.

Während Herz und Blut im vorderen Bereich des Menschen oben und unten funktionell trennen und mit einem zeitlichen Rhythmus beweglich verbinden, so bildet sich im hinteren Menschen ein räumlicher Rhythmus in der Segmentierung dessen, was später eine flexibel-statische Verbindung zwischen oben und unten herstellen muss. Wer die einzelnen Wirbelkörper – vom Halswirbel, über einen Brustwirbel, bis zu einem Lendenwirbel – genau ansieht, wird staunend vor diesem Kunstwerk stehen und die Metamorphose der schweren irdischen Lendenwirbel zu den leichten, lichten und runden Halswirbelkörper verstehen können.

In den darauf folgenden Wochen ist eine zunehmende Differenzierung zu beobachten, sowohl die äußeren Gliedmaßen wie auch sämtliche inneren Organe bilden sich. 70 Tage nach der Befruchtung ist im Wesentlichen die Gestaltung des kleinen Körpers abgeschlossen. Danach muss er im Schutze des Mutterleibes weiter wachsen und reifen, bis er so weit ist, dass er seine eigenen Hüllen nicht mehr braucht, seine Organe benutzen will und die Seelenkräfte immer mehr in den Körper einziehen wollen.

Durch die Charakterisierung der Entwicklungswochen kann es so erscheinen, als ob der Embryo zuerst die pflanzliche und animalische Phasen durchlaufen muss, um dann erst in der menschlichen ankommen zu können. Bei näherer Betrachtung zeigt sich aber, dass er doch von Anfang an eine menschliche Entwicklung durchläuft, indem er das pflanzliche und das tierische Prinzip in sich aufnimmt und es weiterführt. Typisch für die menschliche Gestalt ist nämlich, dass sie nicht, wie zum Beispiel das Tier, spezialisierte Hände, Füße oder Kiefer hat. Ein Tier kann dasjenige, was es kann (zum Beispiel graben wie der Maulwurf, springen wie der Steinbock, klettern wie der Affe oder nagen wie der Biber), viel, viel besser als der Mensch. Der Mensch bräuchte dafür Gerätschaften. Das Tier ist Spezialist in dieser einen Tätigkeit, kann aber kaum etwas anderes. Anhand der spezifischen Gestalt eines Tieres ist zu erkennen, worin seine besonderen Fähigkeiten liegen.

Während der embryologischen Entwicklung (aber auch noch danach) wird sichtbar, dass eine ständige Zurückhaltung der Gestaltung daran hindert, sich in dieser oder jener Richtung einseitig zu spezialisieren. Die Schädel- und Gesichtsform eines neugeborenen Menschen und eines neugeborenen Affen zeigt diesen Unterschied überdeutlich. Das Affenbaby hat ein Gesicht, welches am ehesten einem erwachsenen Menschen gleicht, je älter es wird, je mehr es sich durch eine einseitige Entwicklung davon entfernt. So gesehen, macht das Tier zuerst eine dem Menschen ähnliche Gestaltentwicklung durch, um sie dann in diese oder jene Spezialisierung zu verlassen. Die menschliche Gestalt zeigt überall eine Zurückhaltung, die Hand kann im Vergleich zum Tier nur sehr wenig, kann vieles nur in Ansätzen. Gleiches gilt für die Füße und den Kiefer. Die einzige Spezialisierung des Menschen ist der aufrechte Gang.[6]

So kann die Embryologie eine Fundgrube werden, das Wesen des Menschen besser zu verstehen und immer mehr Respekt und Achtung vor seinem weisheitsvollen Werdegang zu bekommen.

Schwangerenvorsorge

Eine Schwangerschaft braucht Begleitung. Obwohl ältere Frauen immer wieder verwundert sind, wenn sie hören, wie viel Aufwand um eine Schwangerschaft betrieben wird, wurden sie doch früher auch kaum begleitet und gingen vielleicht ein- oder zweimal zum Arzt oder zu einer Hebamme. Aber die Zeiten sind anders, und der Anspruch an das Gesundheitswesen hat enorm zugenommen, das Absicherungsbedürfnis bei den Schwangeren wie bei den Ärzten ebenso. Hinzu kommen die oben beschriebenen gesellschaftlichen Umstände, die es einer Frau schwer machen, sich auf die Empfänglichkeit sowie die schwanger-schaftsentsprechende Stimmung einzulassen. Es ist in einer Kultur, in der Selbstbehauptung, Planung und Autonomie hoch angesehen sind, nicht leicht, einfach und unkompliziert schwanger zu sein. Die Geschwindigkeit des Alltags nimmt keine Rücksicht auf die der wer-denden Mütter, die Anforderungen bei der Arbeit oder die selbst auf-erlegten Ziele einer Ausbildung, eines Studiums, einer beruflichen Karriere sind auch nicht immer schwangerschaftsgerecht. Dies führt dazu, dass der oben beschriebene Zustand der Lockerung mit der etwas verträumten und verlangsamten Stimmung, der Platz für eine ungestörte Entwicklung des Ungeborenen macht, nicht immer genügend gelebt und erlebt werden kann. Stress bei der Arbeit (oder auch im Privatleben), Konflikte, Anspannung, Druck – alle diese Faktoren können einen kom-plizierenden Einfluss auf den Schwangerschaftsverlauf haben, weil die Frau zu sehr anderweitig beansprucht wird und ungenügend «einfach schwanger» sein kann. Dies kann zu Schwangerschaftskomplikationen, wie zum Beispiel vorzeitigen Wehen, führen. Wehen sind Anspannungen oder Krämpfe der Gebärmuttermuskulatur, die berechtigt sind, wenn es zur Geburt kommen soll. Vorzeitige Wehen sind häufig als Zeichen von körperlichem oder seelischem Stress zu verstehen, die frühzeitig entdeckt und entsprechend behandelt werden müssen.

Aus diesen Gründen – und weil die meisten schwangeren Frauen sich nicht der Begleitung schwangerschaftserfahrener Familienmitglieder anvertrauen wollen oder können – ist eine professionelle Schwangeren-vorsorge sinnvoll und notwendig.

Das natürliche Vertrauen, eine Schwangerschaft sei etwas Selbst-verständliches und Normales, ist bei den meisten modernen Frauen nicht mehr da. Stattdessen gibt es Verunsicherungen und zugleich das Bedürfnis, sich bewusst mit der Schwangerschaft auseinander zu setzen. Auch wenn es sich nicht um die erste Schwangerschaft handelt, so haben viele Frauen – und auch Männer – immer wieder Ängste um das Kind oder vor der Geburt. Angst und Zweifel sind aber weder durch Gespräche, noch durch Untersuchungen allein zu überwinden. Wenn es nicht gelingt, einen inneren Bezug zum ungeborenen Kind zu bekommen und ihm mit wärmendem Vertrauen zu begegnen, kann von außen nur kurzfristig Sicherheit geboten werden. Die Pflege der Beziehung mit dem Wesen des Kindes, die innere Zuwendung ist die Voraussetzung für echtes Vertrauen.

Natürlich gehört eine Vorsorge mit sorgfältigen Untersuchungen und kompetenter Begleitung ebenso dazu, wie die Bemühungen, inneres Vertrauen und Zuversicht zu entwickeln oder zu fördern. Das Dilemma der modernen Vorsorge ist, dass diese fast ausschließlich in einem medizinisch-fachärztlichen Rahmen stattfindet, wodurch vieles auf medizinische Probleme reduziert wird. Der Satz: «Wie geht es dir?» – «Ich weiß es noch nicht, habe morgen erst den Vorsorgetermin!», charakterisiert leider zu oft die heutige Situation. Wenn die Frage nach dem Wohlbefinden des Kindes immer wieder vom Ultraschallgerät beantwortet wird, dann gelingt es immer weniger, diese Frage nach innen zu stellen. Keine technisch-medizinische Untersuchung kann jemals garantieren, dass alles gut gehen und ein gesundes Kind geboren werden wird.

Das Problem ist aber nicht die Technik an sich, sondern der Umgang mit ihr. Die moderne Geburtsmedizin hat enorme Vorteile gebracht, die Ultraschalluntersuchung ganz sicher ihre Berechtigung in der Vorsorge, vorausgesetzt, sie wird kritisch eingesetzt. Die Zeit der Schwangerschaft ist, wie oben schon beschrieben, in vielerlei Hinsicht eine anfällige Ausnahmesituation, in der es sowohl bei der werdenden Mutter wie beim Ungeborenen immer mal zu Einseitigkeiten, Entgleisungen oder Komplikationen kommen kann. Deshalb ist die sorgfältige Kontrolle der Gesundheit von Mutter und Kind sehr wichtig. Die meisten Komplikationen, wie Wachstumsverzögerung, vorzeitige Wehen, Infektionskrankheiten, Blutdruckprobleme, Wassereinlagerung oder Blutarmut, sind aber schon mit einfachen Methoden rechtzeitig zu entdecken.

Was ist das Ziel der Schwangerenvorsorge? Dies kann wie folgt formuliert werden: Ziel ist es, den Empfang eines neuen Erdenbürgers (dies umfasst Schwangerschaft, Geburt und Wochenbett) so festlich, würdig und sicher wie möglich zu gestalten, sowohl für die Mutter wie für das Kind.

Dazu ist es sehr wichtig, der vielleicht unsicheren Frau viel Vertrauen in ihren eigenen Körper zu vermitteln, und ebenso mit großer Fachkompetenz die Entwicklung der Schwangerschaft zu verfolgen und mögliche Hinweise auf Komplikationen früh zu bemerken. So ist die oft gestellte Frage, was noch gemacht werden darf, ob Schwimmen, Sauna, Fahrrad fahren, Reiten, Ski laufen noch erlaubt ist, von außen gar nicht zu beantworten. Nur wer die Fähigkeit entwickelt, genügend nach innen zu horchen, kann hören was einem gut tut und was zu viel oder verkehrt ist. Die Schwangere ist dann die Expertin, sie kann selbst beurteilen, was in dem Moment für sie gut und was (zu) belastend ist, vorausgesetzt, sie kann ihre eigene Körpersprache wahrnehmen und richtet sich danach, statt nach ihrem Kopf. Wer im Kopf zu wissen meint, dass sechs Stunden Arbeit doch nicht zu viel sind, oder dass Fahrrad fahren doch gesund ist, dabei aber nicht zuhört, wie der Körper darauf reagiert, der bekommt Probleme.

Die Praxis der Schwangerenvorsorge kann sehr vielfältig aussehen. So ist es möglich, dass der ganze Prozess von Schwangerschaft, Geburt (zu Hause, in einem Geburtshaus oder in einer Belegklinik) und Wochenbett von einer Hebamme durchgehend betreut wird. Dazu ist sie ausgebildet und befähigt und erfreulicherweise gibt es immer mehr niedergelassene Hebammen (entweder alleine oder in Gemeinschaftspraxen), die dies anbieten. Das Übliche aber ist, wenn die Vorsorge beim niedergelassenen Frauenarzt durchgeführt wird, die Geburt in der Klinik (mit Klinik-Hebammen und Klinik-Arzt) stattfindet und das Wochenbett ggf. von einer niedergelassenen Hebamme betreut wird. Dieser Wechsel der Zuständigkeit ist für viele Frauen ein Nachteil. Es gibt auch andere Kombinationsmöglichkeiten: Abhängig von den Bedürfnissen der Frau oder des Paares kann die Vorsorge gemeinsam (zum Beispiel im Wechsel) von einer Hebamme und einem Arzt, die eng zusammenarbeiten, durchgeführt werden, oder primär von der Hebamme und nur bei Problemen vom Arzt oder auch umgekehrt. Wenn eine solche Kombination fruchtbar sein soll, ist eine gute Zusammenarbeit und gegenseitige Wertschätzung von Hebamme und Arzt notwendig. Dies gibt es leider noch nicht überall.

So ist die Art der Vorsorge und auch der Geburt etwas, worüber die Frau, besser noch das Paar, sich bewusst Gedanken machen und selbstbewusst entscheiden und lenken sollte. Sie sollte sich gut überlegen, wie, von wem und mit welchem technischen Aufwand sie dies gestaltet haben will. Niemand braucht sich heute mehr einem bestimmten Stil ausgeliefert zu fühlen, es liegt in der eigenen Entscheidungsfreiheit, die Vorsorge so zu gestalten, dass sie zu einem passt.

Wehenschreiber und Ultraschall

In der üblichen ärztlichen Routine-Vorsorge haben sich einige Unsitten eingeschlichen, die weder einen wissenschaftlich belegten Sinn haben, noch in den offiziellen Richtlinien zur Vorsorge so festgelegt sind. Diese werden zwar nicht mehr von allen Praxen so gehandhabt, aber leider noch in der überwiegenden Zahl. Es handelt sich um die regelmäßige vaginale Untersuchung, die zu häufige Ultraschalluntersuchung und die CTG-Kontrollen (der so genannte Wehenschreiber) spätestens ab der 30. Schwangerschaftswoche. Dies sind Untersuchungen, die in keinem anderen Land der Welt in der Routine-Vorsorge zu finden sind, nur in Deutschland werden sie hartnäckig gepflegt. Die Begründung der vaginalen Untersuchung bei jeder Vorsorge ist, zu prüfen, ob der Muttermund noch geschlossen ist und ggf. ob eine Scheideninfektion vorliegt. Ein paar kurze Fragen können aber in der Regel genügend Aufschluss darüber geben, ob große Anspannung und Stress vorliegt, ob Unterleibsziehen angegeben und ob über Juckreiz und verstärkten Ausfluss geklagt wird. Obwohl es sogar Studien gibt, die den negativen Einfluss der häufigen vaginalen Tastuntersuchungen belegen, die natürlich für die Frau eine gewisse Belastung bedeuten, ist diese ärztliche Tradition und Neigung, alles unter Kontrolle und abgesichert haben zu wollen, anscheinend nur schwer zu ändern. Anders ist dies im Allgemeinen bei der Vorsorge durch eine Hebamme, die nur selten einen Muttermundsbefund braucht, um zu wissen, wie es Mutter und Kind geht. Wenn ein aktueller Verdacht oder ein akutes Problem vorliegt, sollte natürlich sorgfältig untersucht werden.

Mindestens so überflüssig und gleichzeitig belastend für die schwangere Frau ist das Routine-CTG in der Vorsorge. Auch hierfür fehlt jede wissenschaftliche Grundlage (nicht zu verwechseln mit dem CTG während der Geburt). Bei dem Wehenschreiber werden eventuell vorhandene Wehen registriert sowie mit Ultraschall-doppler-Verfahren die Herzfrequenz des Kindes gemessen und grafisch dargestellt. Währenddessen muss die Frau 20 bis 30 Min. still liegen oder sitzen. Die Begründung ist, ob nicht doch unbemerkt Wehen vorhanden sind und ob der Herzfrequenzverlauf des Kindes keine Anzeichen von Mangelversorgung zeigt. Beide Vermutungen lassen sich fast immer mittels sorgfältiger Nachfragen (zum Beispiel nach Ziehen im Unterleib sowie nach Kindsbewegungen) und Wachstums- und Größenüberprüfung durch das Abtasten des Bauches klären.

Die Ultraschall-Untersuchung bedarf besonderer Erwähnung. Die Richtlinien für die Vorsorge sehen vor, dass dreimal während der Schwangerschaft (ca. in der 10., 20. und 30. Woche) eine Ultraschalluntersuchung gemacht werden soll. Damit steht Deutschland im weltweiten Vergleich an erster Stelle. In der Praxis wird aber im Schnitt ca. achtmal geschaut, «wie es dem Kind geht». Welche Bedeutung hat das Hinsehen und das Gesehenwerden? Und wie steht es mit eventuell vorhandenen Nebenwirkungen oder schädlichen Einflüssen, worüber immer wieder berichtet wird, aber noch nie Eindeutiges bewiesen wurde.

Ganz im Verborgenen wächst etwa 38 Wochen lang ein neues Menschenkind. Die ersten Monate bemerkt die Schwangere zwar viele Veränderungen in ihrem Körper und ihrem Befinden, von dem aber, was da eigentlich wächst, ist noch kaum direkt etwas zu spüren. Erst im dritten bis vierten Monat wird der Bauch etwas dicker und die ersten Lebenszeichen kommen etwa zwischen der 16. und der 20. Woche. Die werdende Mutter spürt ihr Kind, sieht es aber noch nicht. Es ist verborgen in dem besten Versteck des Körpers, tief im Unterleib, in einem dicken Muskelorgan und umgeben von den eigenen Eihäuten. Es wächst und gedeiht in der *Geborgenheit des Verborgenen*.

Die Schwangere ist in «Erwartung», sie erwartet jemanden, den sie noch nicht kennt und noch nie gesehen hat. Sie hat Kontakt mit ihm oder ihr, sie fühlt, dass sie nicht mehr alleine ist, sondern sie ständig jemand begleitet. Sie verinnerlicht ihre Aufmerksamkeit und bekommt Antwort. Später merkt sie auch, dass das Kind auf ihre Stimmung oder Verfassung, zum Beispiel mit Bewegungen, reagiert, manchmal auch um Ruhe und Entspannung bittet.

Durch Ultraschall, aber auch dank der Embryologie, können wir uns heute detaillierte, bildhafte Vorstellungen über das verborgene Leben in der Gebärmutter machen. Eindrucksvolle Farbaufnahmen vermitteln Eindrücke von den Entwicklungsvorgängen des Embryos. Das, was lange verborgen war, ist heute sichtbar geworden. Das Unsichtbare bekommt Konturen, bekommt ein Gesicht. Werdende Eltern können über die kleinen Händchen mit Fingern ihres zehn Wochen alten Kindes staunen. Manchmal scheint die Beziehung zu dem Ungeborenen dadurch intensiviert zu werden. Viele werdende Eltern berichten begeistert, wie gut es tut, immer wieder bei der Vorsorgeuntersuchung im Ultraschall zu sehen wie das Kind aussieht, sich entwickelt und bewegt.

Aber bekommt ein Blinder nicht manchmal einen intensiveren Kontakt zu seiner Umgebung als der, der sehen kann? Und wenn zwei Geliebte sich längere Zeit nicht sehen können und sich nur Briefe schreiben, kann dadurch nicht eine Vertiefung der Beziehung entstehen?

Es scheint für uns einfacher, über das Sichtbare eine Verbindung aufzubauen, als über das Unsichtbare. Aber mit den Augen erfassen wir nur das Äußere der Erscheinung. Dies kann uns sogar davon abhalten, eine innere Verbindung zu vertiefen. Wer sich mit dem Sichtbaren zufrieden gibt, warum sollte er dann das Unsichtbare suchen? In einer Kultur, in der fast alles visualisiert und darüber erfasst wird, warum sollte da vor der Schwangerschaft Halt gemacht werden?

Dieses Sichtbarmachen des noch im Verborgenen wachsenden Lebens kann für die werdende Mutter jedoch auch andere Auswirkungen haben, als die Freude die Entwicklung des Kindes zu sehen, wie im Folgenden die Geschichte einer jungen Frau verdeutlicht:

Eine 30-jährige Frau war zum ersten Mal schwanger. Sie freute sich sehr und fühlte sich getragen von einer frohen erwartungsvollen Stimmung. Das innere Bild, das sie von dem Kind hatte, war sehr groß, strahlend, leuchtend farbig und ohne scharfe Konturen. Sie hatte keinerlei Ängste wegen ihres Kindes oder ihrer Schwangerschaft.

In der zehnten Woche ging sie zur ersten Vorsorgeuntersuchung. Ihre Ärztin machte, ohne vorher zu fragen oder sie darüber aufzuklären, eine vaginale Ultraschalluntersuchung. Sie zeigte auf den Monitor und sagte «Sehen Sie, das ist Ihr Kind.» In dem Moment schrumpfte das über-dimensionale farbig-strahlende Bild ihres Kindes, welches sie im Inneren trug, zu dem äußeren schwarz-weißen Flimmerkastenbild zusammen. Sie wurde traurig und fühlte sich etwas verletzt. Es dauerte einige Zeit, bis sie wieder Kontakt mit ihrem Kind hatte.

Prof. Barbara Duden macht sehr treffend auf den Unterschied zwischen dem Gesehenen und dem Gezeigten aufmerksam.[7] Das Ungeborene verbirgt sich, lebt in der Geborgenheit der Verborgenheit, es zeigt sich ganz lange gar nicht. Aber mit dem Ultraschall respektieren wir seine Verborgenheit nicht, sondern schauen durch alles hindurch und sehen das Kind (das meinen wir zumindest), ohne dass es sich zeigt.

Ist eine Schwangere noch in Erwartung, wenn sie schon weiß, was es wird (Junge oder Mädchen); wenn sie schon weiß, wie groß es ist, wie es da liegt, wie seine Organe und Gliedmaßen gebildet sind, usw.? Ist sie noch in Erwartung, wenn sie es schon gesehen hat?

Die Erwartungsstimmung hat noch keine festen Konturen, lässt frei und offen – es ist noch vieles möglich. Mit dem Sehen kommen die Konturen, kommt das Messen und Urteilen.

Die Fähigkeit der Unbefangenheit hat viel mit der offenen Erwartung zu tun. Unbefangen heißt, ich versuche so lange wie möglich die festen Vorstellungen und Urteile über einen anderen Menschen zurückzuhalten und versuche so unvoreingenommen wie möglich zu sehen, wer dieser Mensch ist und wer er wird. So ermögliche ich ihm, in seiner Entwicklung nicht von meinen festen Vorstellungen gehindert oder geprägt zu werden und lasse ihn sich frei nach seiner Art entfalten.

Diese innere Haltung einem anderen Menschen, einem eigenen – vielleicht noch ungeborenen – Kinde gegenüber zu haben, ist heutzutage nicht ganz einfach. Ein schnelles Urteil fällen und eine festlegende Vorstellung bilden, das können wir. Wenn wir einem uns fremden Menschen begegnen, wollen wir meist schnell wissen, in welche Schublade er passt. Wie schwer ist es, ein Kind ohne eigene Anforderungen oder Vorstellungen zu sehen, ihm nur mit der Frage-Stimmung zu begegnen: Wer bist du, was bringst du mit, wo willst du hin? Wenn es schon in der Frühschwangerschaft mit dem fest konturierten Bild oder Vorstellung anfängt, wenn da schon mit Norm-Tabellen verglichen wird, die Fantasie oder der Blick für das Unsichtbare von den scheinbar exakten Ultraschallbildern verdrängt wird, welche Voraussetzungen werden darin für die weitere Beziehung zwischen Eltern und Kind angelegt?

Die Frage der Nebenwirkungen und Risiken des Ultraschalls auf physischer Ebene lässt sich nicht eindeutig beantworten. Zumindest ist nicht bewiesen, dass die Schallwellen keine schädlichen Auswirkungen haben. Eine Wirkung auf das embryonale Gewebe ist nachweisbar, aber bis jetzt wurde nicht eindeutig belegt, dass dies negative Folgen für die Weiterentwicklung des Kindes hat. Festgestellt wurde, dass die vom Fruchtwasser weitergeleiteten Schallwellen einen lauten akustischen Reiz bewirken, worauf manche Kinder schreckhaft zu reagieren scheinen.

Selbstverständlich ist der Ultraschall aus der modernen Schwangerenvorsorge nicht mehr wegzudenken und die früheren Zeiten der Vorsorge sind sicher nicht zu verherrlichen. Bei bestimmten Fragestellungen, Komplikationen oder Situationen ist der Ultraschall eine wertvolle diagnostische Hilfe, von der die Geburtshilfe eindeutig profitieren konnte. Auf das Maß und die Motive der Anwendung kommt es jedoch an. Wenn der Ultraschall absolute Routine bei fast jeder Vorsorge ist, wird er missbraucht, was nicht am Ultraschall selbst, sondern am Umgang damit liegt.

Routine-Medikamente in der Schwangerschaft

Ein anderer Aspekt der Schwangerenvorsorge ist die routinemäßige medikamentöse Behandlung der Schwangeren. Den meisten Frauen wird ab Beginn der Schwangerschaft Folsäure, Jod, Eisen und ggf. Magnesium gegeben. Folsäure soll das Risiko auf ein Kind mit offenem Rücken verringern, Jod soll Schilddrüsenstörungen beim Ungeborenen verhindern, Eisen ist gegen die Blutarmut, die so vielen Schwangeren attestiert wird, und Magnesium soll die Spannung und Verkrampfung wieder lösen. Wenn es uns an irgendetwas fehlt, wird es isoliert als Tablette ersetzt. Dies ist das alte, fast mechanistische Denken, womit der schwangere Körper behandelt wird. Natürlich braucht dieser Körper während der anderen Umstände besondere Vorsorge, er ist anfälliger und es muss sorgfältig auf die Ernährung geachtet werden. Folsäure, Eisen, Jod und Magnesium sowie viele andere Substanzen sind aber etwas ganz anderes, wenn sie Bestandteil eines gesunden Nahrungsmittels oder als isolierter Stoff, pharmazeutisch aufbereitet, dem Körper zugeführt werden. Eine ausgewogene Ernährung, vollwertig und biologischer oder biologisch-dynamischer Qualität, enthält in der Regel alles, was eine Schwangere braucht. Es ist etwas anderes, ob wir dem (ungeborenen) Kind eine in der Natur gewachsene Komposition an Nahrungsmitteln anbieten oder eine Schnellkost, die mit so genannten Nahrungsergänzungsmitteln aufgewertet wurde. Hier beginnt schon die Einstellung, die wir der Natur des Körpers und der Natur der Ernährung gegenüber haben, eine Rolle für das Kind zu spielen! Ernährung und Erziehung sind eng miteinander verknüpft.

Trotzdem gibt es Situationen, in denen wir froh sein dürfen, dass es Medikamente gibt, die bei Mangelsituationen gegeben werden können, manchmal auch Eisen, Jod oder Magnesium. Aber häufig sind hierbei Mittel aus der Naturheilkunde oder der anthroposophisch erweiterten Medizin ebenso geeignet. Die Verschreibung der genannten Mittel an fast alle Schwangeren hat aber nichts mit solchen Situationen zu tun, sondern folgt eher dem so genannten «Gießkannenprinzip». In einer Welt, in der wir auf die Individualität der einzelnen Menschen eingehen sollten, müssten solche Maßnahmen besser abgelehnt werden.

Zusammenfassend muss noch einmal betont werden, dass eine gute Vorsorge während der Schwangerschaft sehr sinnvoll und hilfreich ist. In erster Instanz, um die Schwangerschaft zu begleiten und Komplikationen rechtzeitig zu bemerken und ggf. zu behandeln, aber auch, um der Schwangeren dabei zu helfen, sich optimal auf die geänderten Umstände einlassen zu können und sich auf die Geburt und die Zeit danach vorzubereiten. Da das Angebot in der Art der Vorsorge sehr breit ist (von der High-Tech-medizinischen Absicherung, bis zur blauäugigen Variante: «Alles ist in Ordnung, und du sollst nur Vertrauen haben.»), ist eine sorgfältige Prüfung, wie und von wem die Schwangerschaft begleitet werden soll, sehr zu empfehlen.

Vielleicht kommt es irgendwann soweit, dass wir, wenn wir einen geladenen Gast empfangen, diesen zuerst in das Vorportal eintreten lassen, ihn durch den Türspion genauestens anschauen, ob er auch unseren Vorstellungen entspricht, ihm Blut abnehmen lassen, um zu prüfen, ob er keine gefährlichen Infektionskrankheiten mitbringt, um ihn dann erst wirklich herein zu bitten und willkommen zu heißen. Was würde dieser Gast erleben, wenn er sich schon lange darauf gefreut hätte, die Einladung anzunehmen und jetzt endlich ankommen zu dürfen? Erlebt er das als normalen Vorgang oder schreckt er zurück («Bin ich hier wohl richtig?»), ist er enttäuscht, erlebt er Kälte und Distanz? Und was erleben die Gastgeber, die ihre Freude darüber, dass der Gast nun endlich gekommen ist, so lange unterdrücken wollen oder müssen, bis sie geprüft haben, ob er auch wirklich willkommen ist und bleiben darf? Geht dadurch etwas von der Begegnungsfreude verloren? Und was passiert mit der Beziehung zwischen Gastgeber und Gast, wenn diese erste Begegnung nur eine kritische Prüfung mit selektionierender Absicht ist, wenn der Gast nur unter Vorbehalt vorläufig aufgenommen wird, bis klargestellt ist, dass alles in Ordnung ist? Wirft diese erste Begegnung-unter-Vorbehalt ihren Schatten auf den weiteren Verlauf der Beziehung? Und nach *wessen* Ordnung wird eigentlich geprüft? Schließlich bleibt noch die letzte entscheidende Frage: Was passiert, wenn das Ergebnis der Prüfung für den Gast negativ ausfällt? Wird er dann wieder vor die Tür gesetzt, zur Not gewaltsam? Womit belasten die Gastgeber sich, wenn sie tatsächlich so handeln?

Viele schwierige Fragen, die sich direkt in Zusammenhang mit der vorgeburtlichen Diagnostik stellen lassen.

Aber wann kommt es im Leben vor, dass wir uns völlig vorbehaltlos auf eine intensive Beziehung mit einem uns fremden unbekannten Menschen einlassen? Bevor wir heiraten, prüfen wir doch mit Herz und Kopf, ob dieser andere Mensch tatsächlich der Lebenspartner für uns ist. Bevor wir als Arbeitgeber einen Bewerber annehmen, wird er auch auf Fähigkeiten und gelegentlich sogar mit einem Gesundheitszeugnis geprüft, ob er sich für die Firma eignet.

Was ist das Besondere an dem Verhältnis zwischen Kindern und Eltern? Warum gehört diese Prüfung und dieses Auswahlverfahren nicht in diese Beziehung?

Vielleicht muss man die Blickrichtung ändern. *«Mama, ich habe dich als Mutter ausgesucht, aber ich weiß es nicht mehr»*, sagt das dreijährige Mädchen. So wie wir kleinen Kindern manchmal eine größere Unbefangenheit zusprechen können, als wir sie selbst haben, so haben Kinder vor der Geburt und vor der Befruchtung diese womöglich auch. Aus der Perspektive des Jenseits hat das Kind die Mutter ausgesucht. Es hat die unbefangene «jenseitige» Fähigkeit und damit auch die Berechtigung, seine Eltern auszusuchen. Wenn es seine Eltern gefunden hat und diese für eine Schwangerschaft offen sind, dann wagt es sich in die völlig verletzbare Situation des Ungeborenen und später des kleinen Kindes. Es bringt ein solches Urvertrauen mit, dass es sich auf den ganzen Prozess der Schwangerschaft, Geburt und Erziehung vertrauensvoll einlässt und sich alldem ausliefert. Es ist dabei auch schon bald nicht mal mehr gestärkt von der Erinnerung an das Jenseits, an die Motive, aus denen es sich für dieses Leben entschieden hat. *«Ich habe Dich als Mutter ausgesucht, aber ich weiß es nicht mehr.»* Das Vergessen lässt die Erinnerungen an das Jenseits verblassen, um den Blick und das Interesse zunehmend auf das Diesseits zu lenken.

Dagegen wäre einzuwenden, dass, wenn Kinder sich ihre Eltern aussuchen dürfen, warum Eltern dann nicht die Berechtigung haben sollten, ihre Kinder nach *ihren* Kriterien (Fehlbildungen, Krankheitsveranlagungen, vielleicht auch Geschlecht und andere Merkmale) auszusuchen?

Das ungeschützte ungeborene Kind ist aber den prüfenden und selektierenden Handlungen hilflos ausgeliefert und muss im Falle einer nicht bestandenen Prüfung mit dem Tod bezahlen. Für das Kind ist es also eine Frage von Leben und Tod, für die Eltern eine Frage von töten oder leben lassen.

Aus diesem Grunde können wir froh sein, dass die Kinder aus dem Jenseits noch etwas kosmische Weisheit in der Wahl ihrer Eltern mitbringen und die Eltern bis vor kurzem nicht die Möglichkeit hatten, nach beschränkten irdischen Überlegungen über das Wie ihres Kindes selektierend zu entscheiden. Auch hier kommt es auf die Qualität der Geste des Empfangens an. Empfangen heißt, sich vorbehaltlos und ohne vorherige Prüfung auf das einzulassen, was einem geschenkt wird. Was aber bis vor kurzem noch normal war, ist es seit einigen Jahrzehnten nicht mehr. Jetzt ist es eher eine Ausnahme, wenn eine 37-jährige Frau die Fruchtwasserpunktion ablehnt, weil sie ihr Kind so empfangen will, wie es zu ihr kommen möchte. Noch seltener sind Frauen oder Paare, die keinen Ultraschall machen lassen wollen, weil sie nicht nach Fehlbildungen oder Abweichungen suchen lassen möchten oder weil sie Respekt vor der Verborgenheit des Kindes haben.

Welche Auswirkungen hat dieser skeptisch-kritische klinische Blick, mit dem die schwangere Frau oder das Paar ihr ungeborenes Kind untersuchen lassen, für das Kind, für die Eltern und für die Beziehung? Diese so genannte «Schwangerschaft auf Probe» hilft beim Start ins Leben nicht dabei, gestärkt in eine Welt geboren zu werden, in der die warmen Herzenskräfte es ohnehin sehr schwer haben und die berechenbare, kaltkritische Mentalität im Vordergrund steht.

Noch schwieriger ist die Frage, was mit den Kindern passiert, die im Rahmen der so genannten gesetzlichen Fristenlösung oder speziell nach einer Untersuchung im Rahmen der vorgeburtlichen Diagnostik abgetrieben werden? Die Kinder, die mit einer Behinderung oder Krankheit auf die Welt gekommen wären, hätten von ihrer Umgebung wesentlich mehr Betreuung, Schutz, Begleitung und Wärme benötigt als andere. Sie wurden nun aber gerade deshalb zurückgewiesen und nicht, weil überhaupt kein Kind erwünscht war (Fristenlösung). Vielleicht hatten sie sich ein solches Leben ausgesucht, vielleicht hatten sie für sich selbst und für die direkte Umgebung eine solche Aufgabe gewählt. Der Weg hatte schon angefangen und doch wurde das Kind wieder zurückgeschickt, abgetrieben. So entsteht Verwirrung an dem Übergang zwischen Jenseits und Diesseits. Manche Kinder erreichen nicht mehr die Eltern, die sie sich sorgfältig ausgesucht hatten. Was sollen sie tun, wo gibt es dann eine Möglichkeit, sich in einem Menschenleben weiterzuentwickeln?

«Das Gespräch»

Goethe lässt in seinem *Märchen von der grünen Schlange und der schönen Lilie* einen König fragen: «Was ist erquicklicher als Licht?». Die grüne Schlange antwortet: «Das Gespräch».

Was macht ein Gespräch so erquicklich, warum sollte es noch erquicklicher als Licht sein? Licht ist doch so strahlend und belebend. Was ist das Geheimnis eines Gesprächs?

Ein Gespräch kann zu einer Atem- oder Wellenbewegung werden, ein rhythmisches Zusammenspiel von Zuhören und Aussprechen. Hört der eine Gesprächspartner richtig zu, kann der andere manchmal mehr aussprechen, als er vorher selbst geahnt hat. Durch das Zuhören kann eine so von Vertrauen und Zuversicht getragene Atmosphäre entstehen, dass sich darin eine neue Gedankenbildung entfalten kann. Der Zuhörer nimmt seine eigenen Vorstellungen und Gedanken zurück und lässt sich – vorübergehend – unbefangen auf seinen Gesprächspartner ein. Er macht innerlich Platz für den anderen, um dasjenige, was dieser mitteilen will, richtig verstehen zu können. Er lädt ihn ein, sich in seiner Seele zu äußern.

Ein Gespräch ist eine Wechselbewegung zwischen einem Sichzurücknehmen und Raumschaffen für den anderen und dem Bedürfnis, sich selbst auszudrücken, sich zu offenbaren. Jemand kann seine Wünsche oder Ideen nur dann zum Ausdruck bringen, wenn ein anderer fragend, einladend zuhört.

Leider sind Gespräche heute nicht immer so erquicklich. Können wir heute überhaupt noch so zuhören, dass der andere sich durch unsere Aufmerksamkeit geborgen und geschützt fühlt, dass er sich aussprechen kann? Oder sorgen unsere schnellen Urteile, scharfen Einwände und kritischen Bemerkungen dafür, dass viele Gespräche unerquicklich werden und viele Menschen sich nicht verstanden und ungenügend wahrgenommen fühlen? Wie das Empfänglichsein heute schwer geworden ist, so gilt Gleiches für die Qualität des richtigen Zuhörens und Ausredens (siehe hierzu auch das Kapitel «Hören und Verinnerlichen» ab Seite 134).

Wenn ein Kind zu uns kommen will, müssen wir innerlich schweigen und zuhören, um verstehen zu können, was er aus dem Jenseits für uns mitbringt, was er uns sagen will. *«Mama, es war schwer, zu dir zu kommen. Ein Engel hat mich getragen, über einen tiefen Abgrund.»* Wenn ein Kind merkt (und welche Kinder merken so etwas nicht?), dass die Mutter nichts von Engel hält, würde es so nicht gesprochen haben.

Sich vollkommen der neuen leiblichen Welt anvertrauen, das tut ein Ungeborenes aber noch nicht. Wie zuvor schon beschrieben wurde (siehe hierzu das Kapitel «Hüllenbildung» ab Seite 45), ist das Erste, was nach der Befruchtung geschieht, die Hüllenbildung. Das Kind bildet sich seine eigene Höhle innerhalb seiner eigenen Hüllen, es nimmt auf diese Weise etwas von dem Sphärisch-Kosmischen mit. So kann es noch einige Zeit innerhalb seiner eigenen Grenzen sein und sich über den eigenen Mutterkuchen ernähren lassen. Es breitet sich zuerst sphärisch aus, um dann in diesem Schutz seinen neuen Erdenkörper entstehen und wachsen zu lassen. Dazu nistet es sich erst tief in die vorbereitete Schleimhaut der Gebärmutter ein. Gibt es ein besseres Versteck im Körper als tief in der Schleimhaut, hinter einer dicken Gebärmutter-Muskelwand, unten im Bauch unter und hinter Darmschlingen und anderen Organen? Die Geste ist: Ich bilde zuerst meine eigene schützende Hüllen-Umgebung und dann verstecke ich mich in dem mich tragenden, schützenden und ernährenden Mutterorganismus. Aber kein Versteck ist so gut, dass es nicht doch mit der modernen Medizintechnik gefunden werden kann. Mit Ultraschall wird vor der Privatsphäre des Ungeborenen kein Halt gemacht, sondern es wird da schon an den Standards der irdischen Realität gemessen. Die Punktionsnadel für die Fruchtwasseruntersuchung oder die Plazentabiopsie entnimmt kindliche Zellen oder Gewebe zur genetischen Analyse. Die Geborgenheit der Verborgenheit wird nicht respektiert.

Das Ziel einer modernen Schwangerenvorsorge kann, wie schon erwähnt, wie folgt formuliert werden: Den Empfang eines neuen Erdenbürgers (ein Prozess, der Schwangerschaft, Geburt und Wochenbett umschließt) so festlich, würdig und sicher wie möglich gestalten, sowohl für die Mutter als auch für das Kind.

Das Ziel der vorgeburtlichen Diagnostik dagegen ist: Bei (oder nach) dem Empfang eines neuen Erdenbürgers beurteilen, ob dieser wirklich willkommen ist und angenommen werden kann oder wieder gewaltsam vor die Tür gesetzt werden muss.

Diese beiden Ziele passen nicht zusammen, dass ist eines der großen Probleme der heutigen Vorsorge.

Wie kommt es, dass die heutige Gesellschaft einen so fruchtbaren Boden für die Verbreitung der vorgeburtlichen Diagnostik und ihre Konsequenzen bietet? Es sind nämlich nicht nur die medizinisch-technischen Angebote, sondern auch das gesellschaftliche Klima, die die heutige Entwicklung möglich gemacht haben. Wie werden in unserer Gesellschaft Krankheit und Kranke akzeptiert, wie werden behinderte oder kranke Menschen erlebt? Die moderne Medizin vermittelt den Eindruck, die vermeintliche Sicherheit, dass es möglich sei, die Geburt vieler behinderter Kinder zu verhindern. Dadurch haben Schwangere jetzt die Wahl (es ist nicht länger «Schicksal», sondern eigene Wahl), ob ein solches Kind geboren oder verhindert wird. Von einer Schwangeren wird *nur* verlangt, dass sie über das Leben ihres ungeborenen Kindes entscheidet, über lebenswert oder lebensunwert. In der Seelenverfassung einer Schwangeren, die ohnehin nicht sehr entscheidungsfreudig ist, muss unter Zeitdruck über eine der schwersten ethisch-philosophischen Fragen der Kultur entschieden werden. Die Ärzte und Politiker drücken sich vor einer Stellungnahme und sagen tolerant, dass natürlich die Frau darüber selbst entscheiden dürfe. Aber in Freiheit und ohne Druck kann sie nicht entscheiden, da die Einflussnahme von Umgebung, Gesellschaft, Ärzten und nicht selten auch vom Partner meist in Richtung einer Abtreibung gehen.

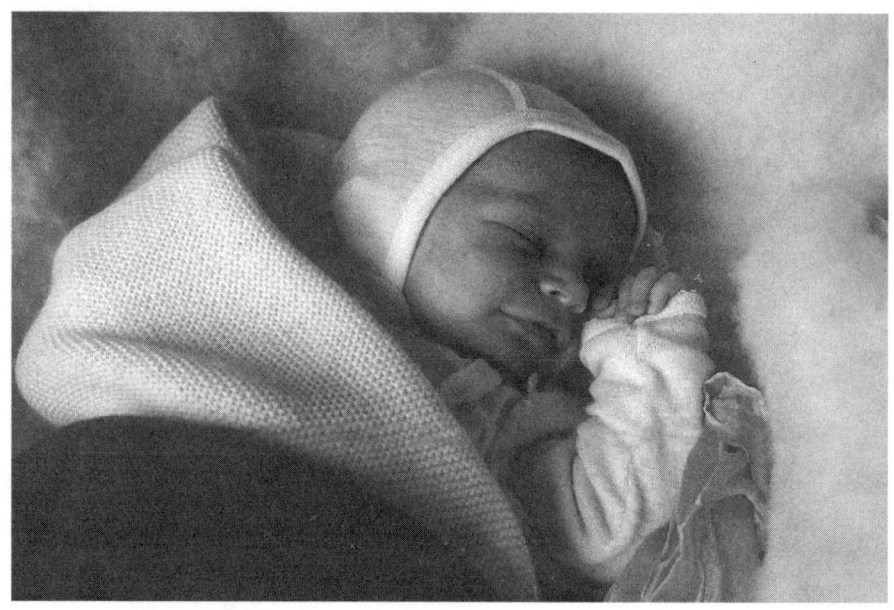

Vorgeburtliche Diagnostik und die eventuelle später selektierende Abtreibung sind die logischen und konsequenten Folgen einer Kulturentwicklung, in der das menschliche Leben ausschließlich diesseitig erklärt wird. Wenn der Mensch *nur* die Folge seiner genetisch vererbten Struktur ist und Krankheit und Behinderung *nur* vermeidbare sinnlose Fehler dieser Struktur sind, dann ist es konsequent, diese Fehler möglichst früh und genau zu diagnostizieren und die Schwangerschaft im Falle einer derartigen Diagnose zu beenden.

Wenn die Empfangsstimmung von der Einstellung «Du bist nur ...» geprägt wird, ist wenig von Respekt und Achtung zu spüren. Dann brauchen wir den werdenden Menschen nicht «ausreden zu lassen», weil er sowieso noch nichts zu erzählen hat. Wie anders kann ein Kind sich entwickeln, wenn seine Eltern sich bemühen, auf seine Sternenbotschaft zu hören, wenn es sich aussprechen kann.

Geburt

Mit der Geburt wird das Kind sichtbar ...

Wie viele Jahre oder Jahrzehnte lang aber werden manche Eltern sich fragen: «Wer ist dieses Kind, was will es uns erzählen, was bringt es mit?». Es bleibt noch so vieles unsichtbar.

Eine werdende Mutter ist in «Erwartung». Darin drückt sich die schon mehrfach angesprochene Empfangsstimmung aus. Sie lebt in einer unbefangenen Erwartung auf das, was kommt. Ist es wirklich so, dass sie nach der Geburt nicht mehr in Erwartung ist? Kann man nicht sagen, dass die Eltern die ganzen Jahre bis zum Auszug aus dem Elternhaus in Erwartung sind und das Kind in dieser Zeit erst allmählich geboren wird? Immer mehr wird es sichtbar, tritt in Erscheinung. Und immer wieder gibt es schmerzhafte Geburtswehen und muss eine andere Nabelschnur durchtrennt werden.

«Was ist erquicklicher als Gold?», fragte der König und erhielt als weisheitsvolle Antwort: «Das Gespräch.» – Zuhören, ausreden lassen. Dies waren die Begriffe, die die Überlegungen zur Schwangerschaft begleitet haben. Welche Vorstellungen haben wir über, welche Erwartungen an das ungeborene Kind und was hat das für Konsequenzen für die Art der Schwangerenvorsorge, der vorgeburtlichen Diagnostik und ggf. für eine Abtreibung? Kann das Kind in Erscheinung treten, wenn wir zu sehr unsere eigenen Vorstellungen sehen? Vielleicht ist es die Kunst der Erziehung, die Erwartungsstimmung der Schwangerschaft nicht mit der Geburt abzulegen, sondern noch viele Jahre in uns zu tragen.

Die Art der Vorsorge und die Art der Vorstellungen über das Ungeborene (es ist *nur* die Folge der vererbten Gene, Krankheit ist *nur* ein vermeidbarer Fehler usw.) hat womöglich einen großen Einfluss auf unsere Einstellung zum Kind in den nachfolgenden 18 bis 20 Jahren.

Mit der Geburt wird das Kind sichtbar – ein kleiner Aspekt dieses Kindes wird sichtbar, den Rest müssen wir noch immer behüten und umhüllen, bis auch er geboren und sichtbar wird. Mit der Geburt wird das Kind leiblich geboren. Bis dies auch seelisch und geistig geschieht, dauert es noch viele Jahre. Immer wieder wird es auf einer neuen Ebene geboren und löst sich von der Umhüllung der Eltern. Während der Schwangerschaft hatten wir die Möglichkeit, mit Ultraschall unsere Neugierde zu befriedigen, indem wir das Kind auf dem Bildschirm sichtbar gemacht, es ausgemessen, verglichen und geprüft haben. Es gibt aber kein Ultraschallverfahren, womit der «unsichtbare Mensch» des Neugeborenen, des Kleinkindes oder des Schulkindes sichtbar gemacht werden kann. Während der Schwangerschaft wurde der Ultraschall auch hauptsächlich benutzt, um das ungeborene Kind an unseren Vorstellungen und Anforderungen zu messen. Auch nach der Geburt gibt es viele Vorstellungen über und Anforderungen an das Kind, die es ihm sehr schwer oder gar unmöglich machen können, sich auszusprechen, sichtbar und weiter geboren zu werden. Die innere Offenheit, die auch zur Empfängnisstimmung gehört, bleibt weiterhin von Bedeutung. Eine Unvoreingenommenheit und freudige Erwartungsstimmung helfen dem Kind, auch seine weiteren Geburten gut zu meistern.

In vielen Facetten setzen sich Tendenzen der gängigen Schwangerenvorsorge in modernen medizinischen und pädagogischen Ansichten fort. So schwer es uns in der Schwangerschaft fällt, wirklich unbefangen in Erwartung zu sein, so schwer kann es sein, dem eigenen Kind gegenüber wirklich offen zu sein und darauf zu hören, was er zu berichten hat und wer es werden will. Man denke allein nur an die Impfungen (Krankheiten sind nur sinnlose und vermeidbare Fehler der Natur) und den Fernsehmissbrauch, bei dem aus dem Kreis der Familie ein Halbkreis vor dem Fernseher geworden ist – wer hört da dem Kind zu, gibt Antworten auf seine Fragen? In diesem Sinne können wir vielleicht als Eltern und ErzieherInnen noch vieles von den Gesten der Schwangerschaft für den Umgang mit schon geborenen Kindern lernen.

Der Geburtsbeginn

Noch ist nicht endgültig geklärt, woher der Impuls zum Beginn der Wehen kommt. Vieles deutet darauf hin, dass er vor allem vom Kind ausgeht. Das Kind gibt den Zeitpunkt an, wann es den ersten Schritt in die Unabhängigkeit machen will. Hatte es während der Schwangerschaft seine wesentlichen Lebensorgane um seinen eigentlichen Körper herum ausgestreckt, die Eihäute und den Mutterkuchen, so ist jetzt die Zeit gekommen, wo es diese verlassen und abstoßen will, um in seinen Körper einzuziehen. Der Mutterkuchen war über viele Monate das wichtigste Stoffwechselorgan, es nahm viele Aufgaben wahr, die bei der Geburt auf Darm, Lungen, Nieren und manche Drüsen übergehen. Die Aufnahme der Nährstoffe, der Austausch von Sauerstoff und Kohlensäure, die Ausscheidung von Stoffwechselprodukten, die

Bildung und Abgabe von Hormonen, all dies wurde von dem wichtigsten und so vielseitigen Organ des Ungeborenen, dem Mutterkuchen, geleistet. Aber dieses Organ bildete die Umgebung des Kindes, war seine Peripherie, sein Umkreis. Auch die Eihäute waren nicht nur eine abschließende Hülle für das Kind, sondern sie zählten auch zu seinen peripheren Organen, indem sie aktiv an der Bildung und Zusammensetzung des Fruchtwassers beteiligt waren.

Am Anfang der Schwangerschaft wurden zuerst die Hüllen gebildet (siehe Seite 45 f.), danach trat erst im Zentrum dieser so entstandenen Höhle die eigentliche Embryo-Anlage in Erscheinung. Darin ist eine Bewegung von außen nach innen, von der Umgebung hin zum Zentrum zu erkennen. Mit der Geburt wird diese weitergeführt. Die wichtigen Umgebungsorgane verlieren ihre Aufgabe, sie werden verlassen und ihre Tätigkeit wird vom zentralen Organismus übernommen. Die Lebensprozesse der Atmung, Ernährung, Ausscheidung und Regulierung ziehen aus der Peripherie in den Körper ein. Dies ist als ein Umstülpungsprozess zu verstehen, indem das, was vorher von außen nach innen gewirkt hat, nun im Innern tätig ist und seine Auswirkung nach außen strahlen lässt. Die ins Auge springende Folge dieser Umstülpung ist die Entfaltung der Lunge und die Umstellung der Zirkulation. Um ins Innere einziehen zu können, muss ein freier Innenraum gebildet werden. Die erste Einatmung ist deshalb als Bild für diesen Einzug zu sehen. Mit dem ersten Atemzug wird ein Freiraum in der Mitte des Körpers geschaffen, es entsteht ein rhythmisch beweglicher Innenraum.

Die genannten Umgebungsorgane haben stets dafür gesorgt, dass die Gebärmutter sich nicht zusammenzieht. Der Mutterkuchen (als Organ des Kindes!) hat Hormone gebildet, die auch ins mütterliche Blut abgegeben wurden und über diesen Weg für eine Entspannung der Gebärmutter sorgten. So schützte das Ungeborene sich selbst, indem sein eigenes Hüllen-Organ während der ganzen Monate verhinderte, dass es durch vorzeitige Kontraktionen und Wehen gefährdet wurde. Gegen Ende der Schwangerschaft lässt diese Tätigkeit nach, die Kraft von Mutterkuchen und Eihäuten wird schwächer, manchmal fängt eine Geburt sogar mit dem so genannten Blasensprung an, d.h. die Eihäute halten das Fruchtwasser nicht mehr, die Umstülpung von außen nach innen beginnt. Ansonsten wird die Folge dieses Signals sein, dass die Mutter Wehen bekommt.

Auch für den mütterlichen Organismus wird das «Schwangersein» langsam etwas mühsam. Viel länger wird sie diese gelockerte Verfassung nicht mehr aushalten können. Hinweise dafür können zunehmende Wassereinlagerung, Erschöpfung oder auch Komplikationen, wie u.a. Bluthochdruck, sein. Auch die Mutter war, wie das ungeborene Kind, eher «außer sich», umgebungsorientiert und wenig zentriert. Die geschwächte Selbstbehauptung, mit den besprochenen Folgen für das Immunsystem zum Beispiel, war davon ein Ausdruck. Gegen Ende der Schwangerschaft vollzieht sich bei der Mutter eine ähnliche Bewegung wie beim Kind. Sie will wieder in ihren Körper einziehen, sich wieder zentrieren und behaupten können. Dafür muss sie sich auf organischer Ebene von ihrem Kind trennen, was viel Kraft beansprucht und Schmerzen bereitet.

Eine Wehe ist ein starkes Zusammenziehen der Gebärmuttermuskulatur, dies macht wach, ebenso wie der Schmerz. Am Ende der eher träumenden Stimmung der Schwangerschaft kommt das Erwachen. *«Hier bin ich, wir beide müssen aus dem träumenden Umgebungsdasein zu uns kommen, sodass wir uns von Mensch zu Mensch, als Du und Ich begegnen können, dafür muss ich mich von dir trennen, dass ist für beide schmerzhaft und anstrengend, aber wenn wir zu uns kommen wollen, geht das nicht anders.»*

Der manchmal lange Geburtsvorgang ist eine rhythmische Abwechslung von schmerzhaften aufweckenden Wehen und einer anschließenden Entspannung, in der die Gebärende oft eine zunehmende Erschöpfung erfährt und nicht selten allen versucht klar zu machen, dass sie nicht mehr kann, dass die Erschöpfung und der Schmerz zu groß werden. Es ist ein wellenartiges Geschehen, auf das sie selbst kaum Einfluss hat, sie wird quasi von den Wehen überrollt und fühlt sich wie ausgeliefert. Gegen Ende, wenn es auf die Presswehen ankommt, ist ihre volle kräftige und konzentrierte Mitwirkung gefordert. Wie eine Steigerung muss sie sich jetzt noch aktiver von ihrem Schwangersein befreien und damit sich und ihr Kind zu sich bringen. Mit ihren letzte Kräften entlässt sie gezielt, aber behutsam, ihr Kind fürs Erste in die Welt.

Das Kind ist geboren

Wenn das Kind da ist, ist die Müdigkeit und Erschöpfung meist verschwunden. Die Mutter ist hellwach und betrachtet das kleine, vielleicht laut schreiende Kind. Beide sind jetzt wieder oder erstmalig bei sich, sind wach, voneinander getrennt und haben dadurch nun die Möglichkeit, sich gegenseitig wahrzunehmen. Die enge Verbindung zwischen Mutter und Kind verhinderte dies nämlich. Auch wir merken täglich, dass eine gewisse Distanz erst eine gute Wahrnehmung erlaubt. Wenn wir zu eng mit jemandem zusammen sind, ist es schwer, ihn wirklich zu sehen. Wenn eine solche Verbindung bis ins Organische geht und die Stimmung umgebungsorientiert und verträumt ist, berühren beide sich vielleicht in der Peripherie; eine irdische Ich-Du-Begegnung ist erst möglich, wenn beide sich getrennt voneinander gegenüberstehen können.

So bedeutet die Geburt für die Frau ein Ende der Ausnahmesituation ihres schwangeren Zustandes, für das Kind das Verlassen seiner eigenen sphärisch-kosmischen Umgebung. Nebst diesem Schutz verlässt es auch seine aus der Peripherie auf es einwirkenden gestaltenden und belebenden Kräfte des Mutterkuchens und der Eihäute, diese Umgebungsorgane sterben. Bei der Geburt stirbt das Organ, das dem kosmischen Wesen des Menschen für die Zeit der Schwangerschaft einen irdischen Halt geboten hat. – *«Papa, bist du schon mal gestorben? Ich schon, als ich geboren wurde.»*

Die Nachgeburt

Einige Zeit nach der Geburt des Kindes kommt die Nachgeburt (meistens innerhalb von 30 Min.) zur Welt. Diesem nun gestorbenen Ur-Organ wurde und wird in vielen Kulturen eine große Bedeutung zugesprochen. Wenn wir uns noch einmal der vielen Aufgaben besinnen, die es geleistet hat, dann ist die Ehrfurcht vor diesem Organ verständlich. Es ist der Leichnam des unsichtbaren Menschen. Zeremonielle Bestattungen der Nachgeburt gab und gibt es fast überall in der Welt. Es ist auch heute angemessen, sich Gedanken darüber zu machen, was mit der Nachgeburt geschehen soll. Soll sie einfach vom Krankenhaus «entsorgt» werden, oder ist eine «Bestattung» im eigenen Garten oder an einer besonderen Stelle nicht angebrachter? Immer mehr junge Eltern nehmen auch nach einer Klinikgeburt die Nachgeburt mit nach Hause, um sie unter einem Baum oder Rosenstrauch zu beerdigen.

Bei dem Wie der Geburt hat der Kaiserschnitt eine Sonderstellung. Der meist mühsame Weg durch den engen Geburtskanal hindurch ist wie ein erstes intensives Tasterlebnis zu verstehen. Bis zur Geburt konnte das Kind sich in seinem eigenen Fruchtwasser fast schwerelos bewegen, zwar hatte es gegen Ende der Schwangerschaft immer weniger Bewegungsfreiraum, aber ihm war noch kein anderes Gewebe als die glatte Oberfläche der Eihäute begegnet, keine Enge, keinen Druck hatte es erlebt. Die Geburt bedeutet, dass das Kind dem rhythmischen Druck der Wehen über viele Stunden ausgesetzt ist. Dann folgt das meist langsame Tieferkommen in und schließlich der Durchtritt durch den engen Geburtskanal der Mutter mit der sich so anders anfühlenden Schleimhaut der Scheide. Dies alles sind enorm intensive Tasterlebnisse – Grenzerfahrungen und Widerstände, die überwunden werden.

Das «Kaiserschnitt-Kind» hat diesen Widerstand, diese Tasterfahrung nicht in dem Sinne bekommen. In der modernen Entwicklungspsychologie der Kinder wird zunehmend auf die Bedeutung der frühen Entwicklung des Tastsinns hingewiesen. Wenn einem Kind seine erste intensivste Erfahrung nicht so gegeben werden kann (weil ein Kaiserschnitt dringend notwendig war), kann es sinnvoll sein, darauf zu achten, den Tastsinn in den ersten Lebensjahren vermehrt zu berücksichtigen (siehe Seite 84 f.). Wenn ein Kaiserschnitt zu umgehen ist (der so genannte «Wunsch-Kaiserschnitt»), sollte dieser Aspekt zumindest bedacht werden.

Seit einigen Jahren gibt es zunehmend Kliniken, die es den Schwangeren selbst überlassen wollen, ob sie ihr Kind per Kaiserschnitt oder auf vaginalem Wege gebären wollen. Da inzwischen die Risiken für die Mutter beim Kaiserschnitt sich nur noch gering von denen der «normalen» Geburt unterscheiden, sollte es der Frau freigestellt werden, wie sie entbindet, meinen einige Geburtshelfer. Es gibt Frauen, die die Belastung und den Schmerz einer vaginalen Entbindung umgehen wollen oder die meinen, das Kind dadurch weniger Risiken auszusetzen und sich deshalb lieber geplant operieren lassen wollen. In Fachkreise wird diese Tendenz (noch) kontrovers diskutiert, obwohl viele Kliniken sich als Dienstleistungs-Anbieter verstehen und auf möglichst viele Wünsche ihrer Patienten eingehen. Als Trend passt der Wunsch-Kaiserschnitt in die leidfreie Gesellschaft, die eine schmerzfreie Geburt ermöglichen möchte.

In der modernen Geburtshilfe ist für den zuvor genannten Aspekt der Geburt wenig Platz. Die Geburt gilt als ein komplexes und risikoreiches Geschehen, das sorgfältig kontrolliert, gelenkt und ggf. geführt werden muss. Geburtseinleitung, wehenfördernde Mittel, Dauerüberwachung, Schmerzlinderung, Kaiserschnitt oder Wunsch-Kaiserschnitt sind Themen, die für diese Medizin prägend sind. Selbstverständlich ist es ein Segen, dass uns das Spektrum der modernen medizinischen Möglichkeiten zur Verfügung steht. Es kommt aber sehr darauf an, wie mit diesen Möglichkeiten umgegangen wird. An die Stelle des sich folgsam der medizinisch orientierten Schwangerenvorsorge blind Anvertrauens, sollte eine kritische, aber nicht dogmatische Prüfung der Geburtsoptionen treten. Niemand braucht sich dem Stil bestimmter Krankenhäuser ausgeliefert zu fühlen, da wir den Luxus der Wahlmöglichkeit haben. Das es doch manchmal anders kommt, als man es sich vorgestellt oder gewünscht hat, widerspricht dem nicht.

Es macht für das Kind viel aus, wann und wie es zur Welt kommt, ob per Kaiserschnitt oder auf «normalem» Wege. Die Art der Geburt eines jeden Menschen ist typisch für ihn, es gehört zu seiner Eigenart, zu der Färbung seiner Biografie. Ob ein Kind zehn Wochen zu früh kommt oder mehr als 14 Tage auf sich warten lässt, ob ein Kind mühsam in stundenlanger «Schwerstarbeit» geboren wird oder innerhalb kurzer Zeit auf die Welt kommt, ob es mit der Saugglocke oder per Kaiserschnitt geholt werden muss, ob es direkt laut schreiend sich meldet oder erst eine längere Eingewöhnungszeit braucht, aber auch, ob es morgens früh oder abends spät kommt, das sind Besonderheiten, die einerseits das Leben mitprägen, andererseits aber auch zu den Eigenheiten dieses individuellen Menschen gehören.

Es kann sehr schön und hilfreich sein, später, wenn das Kind schon älter ist und vielleicht in einer problematischen Phase steckt, noch mal zurück zu schauen, wie es auf die Welt gekommen ist. In welchem Stil hat es sich damals bemüht, die Widerstände zu überwinden und wie macht es das heute?

Die Geburt war *ein* Anfang, aber nicht *der* Anfang. So lässt sich Ähnliches bezüglich der Empfängnis und des Schwangerschaftsverlaufs fragen. Während dieses Lebensabschnitts hat das Kind auch schon seine eigene Signatur, seine Art sich bemerkbar (oder unbemerkbar) zu machen, seinen Stil im sozialen Umgang mit der werdenden Mutter. Es ist für die Eltern eine Hilfe, ein Gespür für die Eigenart ihres Kindes zu bekommen, die sich wie ein roter Faden schon vom Anfang der Schwangerschaft an durch das Leben hindurch spinnt und vor allem an so genannten Entwicklungsschüben oder -knoten (wie Schwangerschaft und Geburt, Einschulung, Pubertät) gut sichtbar wird. Deshalb fragen auch Kindergärtnerinnen, Lehrer und Ärzte, die etwas mehr vom Wesen eines Kindes wissen wollen, öfter nach dem Schwangerschaftsverlauf und der Geburt.

Wann fängt das menschliche Leben an? Am Anfang sagten wir schon, ab dem Moment, wenn zwei Welten zusammenkommen, die diesseitige Welt mit den Vererbungsanlagen der Eltern und die Antwort darauf aus der jenseitigen Welt. Wenn ein Gespür für die Eigenart des Ungeborenen entwickelt wird, wird auch erlebt, dass das Kind nicht nur von Anfang an Mensch ist, sondern von Anfang an sich bemüht, seine eigene Färbung, seine individuelle Lebensart zu verwirklichen. Die Geburt ist dabei schon ein wesentlicher Einschnitt, aber kein Start.

«Wo ich herkomme, ist es anders»

Wie ein Schiff, das auf einer langen Meeresreise zwischen Klippen und Strömungen hindurchfährt, wird das Kind durch die Schwangerschaft geleitet. Durch hohe Wellen und eine kräftige Brandung wird es manchmal sachte oder mit einem Ruck auf den Strand gespült. So wird das Kind mit der wellenartigen Bewegung der Wehen aus dem Fruchtwasser auf die Erde geboren.

Es ist, als ob das Kind auf dieser Reise von einem Engel begleitet wird, der es dann immer mehr in unsere Verantwortung übergibt. Der Engel lässt es aber mit der Geburt nicht im Stich, er ist ihm von diesem Zeitpunkt an auf andere Weise nah. Und wenn die Reise eine für uns unerwartete oder auch schmerzhafte Wendung nimmt, braucht das nicht zu bedeuten, dass dies für den Engel auch unerwartet war. – *«Mama, es war schwer, zu dir zu kommen. Ein Engel hat mich getragen, über einen tiefen Abgrund.»*

Während der Schwangerschaft und Geburt können wir als werdende Eltern und Geburtshelfer mit allen uns zur Verfügung stehenden Mitteln versuchen, die Fahrt zu überwachen und bei der Ankunft zu helfen. Wir bemühen uns, die Klippen rechtzeitig zu entdecken, können tatsächlich manchmal helfend eingreifen. Aber wir dürfen nicht vergessen, dass es in erster Linie das Kind und sein Engel sind, die den Kurs bestimmen.

Das Leben gibt uns immer wieder Rätsel auf. Es gibt vieles, was wir mit unserem Alltagsverstand nicht begreifen. So können diese Rätsel Tore werden in eine andere Welt. Am Beginn und am Ende des Lebens sind diese Tore etwas geöffnet und werden uns weitere Rätsel aufgegeben. Sie weisen uns auf die Beschränktheit des Alltagsbewusstseins hin. So wächst die Ehrfurcht vor jedem Kind, das uns während Schwangerschaft, Geburt und den ersten Lebensjahren immer wieder die Tore des Himmels zeigt. – *«Wo ich herkomme, ist es anders.»*

Anmerkungen

1   Zitate aus: Joanne Klink, *Früher, als ich groß war. Reinkarnationserinnerungen von Kindern*. Grafing ⁵2000.

2   Dietrich Bauer, Max Hoffmeister, Hartmut Görg, *Gespräche mit Ungeborenen. Kinder kündigen sich an*. Stuttgart ⁵1991.

3   Rudolf Steiner: *Geisteswissenschaftliche Menschenkunde*. Zehnter Vortrag vom 8. Dezember 1908, Berlin. Gesamtausgabe 107, Dornach ⁴1979, S. 138.

4   Rudolf Steiner: *Geisteswissenschaftliche Grundlage zum Gedeihen der Landwirtschaft*. Vortrag vom 10. Juni 1924, Dornach. Gesamtausgabe 327, Dornach ⁶1999, S. 52.

5   Auch ist zu diesem Zeitpunkt die so genannte Präimplantationsdiagnostik noch möglich, dies bedeutet, dass im Falle einer Retortenbefruchtung (Befruchtung und die ersten drei Tage vollziehen sich im Labor) eine Zelle aus zum Beispiel dem Achtzellstadium zur Gen- und Chromosomanalyse entnommen werden kann, ohne dass dies für die Weiterentwicklung des Embryos Schäden verursachen soll. Ziel der Präimplantationsdiagnostik ist, dass im Rahmen einer Fertilitätsbehandlung ein Embryo gentechnisch untersucht wird, bevor es in die Gebärmutter eingepflanzt wird. Nur wenn das Ergebnis «gut» ist, wird weitergemacht (eingepflanzt), ansonsten wird es verworfen. Diese selektierende Methode ist sehr umstritten und z. Zt. in Deutschland (noch) verboten.

6   Sehr detailliert und gut nachvollziehbar ist das Thema «Mensch von Anfang an» beschrieben in: Jos Verhulst, *Der Erstgeborene. Mensch und höhere Tiere in der Evolution*. Stuttgart 1999.

7   Siehe dazu Barbara Duden: *Der Frauenleib als öffentlicher Ort*. Hamburg 1991, S. 28.

Wundere dich nicht, dass ich dir gesagt habe:
Ihr müsst von Neuem geboren werden.
Der Wind bläst, wo er will. Und du hörst sein Sausen wohl;
aber du weißt nicht, woher er kommt
und wohin er fährt. So ist es bei jedem,
der aus dem Geist geboren ist.

Johannes 3, 7 – 8

Ins Leben begleiten –

von der Geburt bis zum dritten Lebensjahr

Die ersten drei Jahre des Menschen werden immer wieder als etwas sehr Bedeutsames für das weitere Leben hervorgehoben. In dieser Zeit kann das Kind alle Fähigkeiten erwerben, die ihm sein Menschsein in vollem Umfang erst ermöglichen. Im ersten Jahr das aufrechte, freihändige Gehen, im zweiten das Sichmitteilen durch die Sprache und im dritten Jahr das langsam erwachende eigenständige Denken: Das ist es, was in dieser Zeit gelernt sein will.

Das kleine Kind gibt sich mit einem Urvertrauen seiner Umgebung hin, es möchte sie und sich entdecken. Durch seine große Offenheit gegenüber der Welt ist es noch ganz beeinflussbar.

Sehen wir es als unsere Aufgabe, das Kind auf seinem individuellen Lebensweg zu begleiten. Schenken wir ihm dabei unsere Aufmerksamkeit und Liebe. Schützen wir, so weit es möglich ist, das Kind vor Eindrücken, die es noch nicht verarbeiten kann. Dann kann es kräftig auf seine Art ins Leben treten.

Angelika Knabe

Bewegungsentwicklung

Ein kleines Mädchen steigt die drei Steinstufen vor der Haustür in den Garten. Noch vor wenigen Wochen konnte es diese Stufen nur auf allen Vieren bewältigen, mit dem Kopf voran. Jetzt geht es auf zwei Füßen.

Das Mädchen stellt sich etwas seitlich zur Stufe hin, dann tastet sich der rechte Fuß langsam nach unten. Dabei hockt es sich fast hin. Die Stufen sind tief, es ist auch kein Geländer da. Wenn der erste Fuß sicher steht, leicht seitlich, zieht es den anderen etwas schneller nach. Die Hände sind nach vorn gestreckt und berühren fast die Stufen. Der ganze Leib ist angespannt, so viel Aufmerksamkeit verlangt das Ausbalancieren. Man sieht es auch im Gesicht, das höchste Konzentration verrät.

Unten angekommen, strahlen die Augen wie kleine Sonnen. Das Mädchen schaut zuerst nach links und dann nach rechts. Da entdeckt es, etwa ein, zwei Schritte von sich entfernt, im Klee einen Käfer. Es läuft hin und hockt sich nieder. Linkes und rechtes Bein sind ganz stark angewinkelt und dicht am Körper, die Füße stehen fest auf dem Boden, der Po berührt ihn beinahe. So hat das Kind beide Hände frei, es scheint fast, als hätte es eine ganz entspannte Haltung. Es kann sich vollständig auf den Käfer konzentrieren. Nun versucht es, mit dem Zeigefinger und Daumen der linken Hand den Käfer vom Blatt zu nehmen, aber dabei fällt er runter. Jetzt probiert es mit der Rechten, dann wieder mit der Linken, den Käfer aufzuheben – doch vergebens. Die Fingerspitzen sind noch nicht geschickt genug, vielleicht auch zu rundlich, jedenfalls bekommt es den Käfer so nicht zu fassen. Jetzt hält es den Zeigefinger einfach nur hin. Und siehe da: In einer ruhigen Phase krabbelt ihm der Käfer auf den Finger. Das Mädchen richtet sich schnell aus der Hocke auf. Der Käfer ist schon auf seinem Handrücken und bewegt die Flügel. Wie gebannt schaut es zu. Und da, jetzt fliegt er weg! Das Mädchen versucht, ihm mit den Augen zu folgen, der Kopf ist dabei weit in den Nacken gebogen, aber der Käfer ist weg. Die Hand ist immer noch leicht erhoben, der Zeigefinger gestreckt, beide Arme sind leicht angewinkelt.

Der Käfer kommt nicht wieder. Da stellt sich das Mädchen auf die Zehen und trippelt hin und her. Man könnte meinen, es möchte sich selbst in die Lüfte erheben, weil es sich im Kreise dreht und mit den Armen rudert. Da es aber doch nicht fliegen kann, setzt es bald seine Entdeckungsreise fort und geht mit festem Schritt weiter in den Garten.

Bewegungsentwicklung und Inkarnation

Unsere Aufgabe ist es, mit Respekt und mit den uns möglichen spirituellen Andachtskräften über das Rätsel der Inkarnation zu forschen, auch über die Einmaligkeit des Individuellen jedes einzelnen Menschen. Wie können wir in der Pädagogik darauf eingehen und dieses Individuelle schützen?

Dieses Individuelle ist das Ich, der geistige Wesenskern des Menschen. Aufmerksam sollten wir üben, diesen Wesenskern beim Kind zu entdecken, bei jedem einzelnen Entwicklungsschritt wieder neu.

Können wir anerkennen, dass der Mensch schon vor der biologischen Konzeption als Wesenheit existiert hat und nicht erst durch die Zeugung wurde? Dass er nicht nur von genetischen Anlagen bestimmt und von den jeweiligen Faktoren seiner Umwelt beeinflusst wird, sondern als Ich-Wesen von geistigen Wesen begleitet sich inkarnieren will? Dabei sich von Inkarnation zu Inkarnation weiterentwickeln will? So kann man sich vielleicht auch vorstellen, dass das Kind so kurz nach seinem «Umzug» in die irdische Welt noch sehr stark mit der geistigen Heimat in Verbindung steht.

Wenn man umzieht, bringt man einiges aus der alten Wohnung mit. Nur kann man nicht alles gleich wiederfinden, weil man nicht sofort den rechten Platz dafür im Bewusstsein hat. Es muss Zeit gefunden werden, damit man sich erst einmal einwohnen und zurechtfinden kann.

Die Kräfte, durch die der menschliche Leib gestaltet oder auch «ausplastiziert» wird, nennt Rudolf Steiner die Bildekräfte oder auch plastische Kräfte. Sie werden vom Kind selbst auf seiner Reise zum neuen Heim aus der geistigen Welt mitgebracht. Wie jeder Bauherr sich interessiert, ob die Baupläne für sein Haus eingehalten werden und wie die Ausgestaltung seinen Lauf nimmt, so ist auch das Ich ähnlich aktiv. Es ist anfangs noch nicht ganz im Leib inkarniert, gibt aber Impulse für das Eigene, ganz Individuelle des Menschen. Diese sind bestimmend für die plastizierende Tätigkeit der Bildekräfte im Leib. Sie sind auch beim aktiven Prozess der Sinneswahrnehmung beteiligt. Durch die verschiedenen Wahrnehmungen kann das Ich im Leib wirksam werden, es kann sich inkarnieren. Sinneseindrücke haben ihre Auswirkungen bei der Ausgestaltung von Leib, Seele und Geist. Sie hinterlassen im doppelten Wortsinn ihre Eindrücke.

Jede Wahrnehmung ist in irgendeiner Weise ein Bewegungsablauf. Die Aufmerksamkeit, die das Baby in der ersten Zeit für seine eigenen Bewegungen aufbringt, ist die erste Tätigkeit seines Ichs. Umso ungestörter das Kind dabei ist, desto wirksamer wird sein Ich in seinem neuen Heim sein können.

In der antiautoritären Erziehungsphase in Deutschland in den sechziger und siebziger Jahren glaubte man, das Kind sei schon so perfekt wie ein Erwachsener, dass man außer Pflegen und Nähren alles Weitere ihm selbst überlassen könne. Es könne alles allein: seinen Rhythmus beim Schlafen und Wachen finden, seine Essgewohnheiten bilden usw. Bald wurde klar, dass dem nicht so ist. Am deutlichsten zeigte sich dieser Irrtum durch Störungen in der Bewegungs- und Sprachentwicklung der Kinder.

Das Kind braucht, um in einen Selbstwahrnehmungsprozess hineinzufinden, unbedingt eine intensive menschliche Beziehung, die ihm unter anderem vielseitige Sinneserfahrungen ermöglicht. Es ist anfangs von der Begleitung der anderen Menschen abhängig, weil es vieles durch Nachahmen und Mittun lernt. Erst durch diese Erfahrungen kann es zu einer wirklichen Körperbeherrschung kommen. Später werden sich die Erfahrungen beim Erlernen der Körperbeherrschung positiv auf die Selbstbeherrschung auswirken.

Willensentwicklung durch Bewegung – erstes Zurechtfinden

Voller Lebenslust bewegt sich ein Kind. Durch seine Bewegungen kann es sich uns mitteilen. Schaut man den Bewegungen eines Neugeborenen zu, so könnte man im ersten Moment meinen, die ungeschickten, zittrigen, abrupt abgebrochenen Bewegungen seien das reinste Chaos. Vielleicht ist es auch wirklich so.

Es ist wohl ein Naturgesetz, dass jeder Anfang auch gleichzeitig ein kleineres oder größeres schöpferisches Chaos beinhaltet. Gleichzeitig ist aber Chaos intensivste Bewegung.

Das Kind war während der Schwangerschaft gut behütet, hatte seinen kleinen eigenen Raum, in dem es wohltemperiert im Fruchtwasser schwerelos schwamm. Grenzen waren trotzdem gesetzt. Streckte es Arme oder Beine aus, konnte es die Begrenzung seines kleinen und immer enger werdenden Raumes spüren. Das gab ihm Sicherheit. Wer seine Grenzen spüren kann, erlebt daran sich selbst.

Nach der Geburt ist alles fremd: das Licht, die lauten Stimmen und Geräusche, die Schwere des eigenen Leibes, die Kleidung, einfach alles. Versetzen wir uns in die Lage des Kindes. Wenn wir uns in einer total fremden Umgebung befinden würden, dann wären wir auch erst sehr vorsichtig, zumindest so lange, bis wir tastend und suchend etwas Vertrautes gefunden haben. Danach würden unsere Bewegungen langsam auch wieder sicherer. Unsere Aufregung würde sich legen. Insofern kann man gut verstehen, wenn die Bewegungen des Neugeborenen etwas chaotisch wirken. Dies ist auch weiterhin bis etwa zum dritten Lebensjahr bei fast jedem neuen Spiel zu beobachten. Für das Empfinden des Erwachsenen kann das entsprechende Durcheinander belastend sein.

Das kleine Kind spielt im Unterschied zum Kindergartenkind noch ganz von außen bestimmt. Die Kräfte, die der Mensch später als Vorstellungs- und Denkkräfte benötigt, sind noch nicht in den Körper aufgenommen worden. Sie umhüllen das Kind, wie früher das Fruchtwasser den Embryo. Dieser Prozess des Hineinziehens kann nur durch die freie Eigenbewegung oder eben durch spielerische Tätigkeit geschehen. Das Kind braucht noch lange diese Möglichkeit, seinen Körper zu spüren und dessen Funktionen wahrzunehmen, um sich zu finden. Sich finden heißt in diesem Zusammenhang, zu lernen, mit seinen eigenen Kräften selbst wahrnehmend oder selbstbestimmt umzugehen. Im Volksmund wird dies als sein «Leben in die Hand nehmen» bezeichnet. Durch das Auseinandersetzen mit den jeweiligen Dingen bewegt sich das Kind viel, oft entsteht eine große Unordnung dabei. Deswegen benötigt es auch anfangs relativ viel Platz.

Für das Neugeborene werden wir uns bemühen, schnell die äußere Umgebung heimisch werden zu lassen. Manche Eltern entscheiden sich dafür, dass sie in den allerersten Tagen nur vertraute Menschen zu dem Baby mitnehmen, denn deren Stimmen kennt es schon aus der Schwangerschaft.

Angenehm ist es für das Kind, wenn man die Kleidung, besonders die Windeln, anwärmt, ehe sie verwendet werden. Die Qualität der Kleidung wird das Wohlgefühl mitbestimmen, denn die Haut ist noch ganz empfindlich. Bis zu diesem Zeitpunkt hat es eine solche «Hülle», die es in gewissem Sinn wie eine zweite Haut umgibt, noch nicht erlebt.

Wird dem Kind die ersten fünf bis sechs Wochen keine Strampelhose angezogen, sondern wird es in ein weiches warmes Tuch gewickelt (gepuckt), so hat es bessere Möglichkeiten, sich zu spüren. Das Pucken mit einem Wickeltuch ist eine uralte Methode, wieder eine kleine spürbare Raumbegrenzung herzustellen. Die Hose ist wie ein Fingerhandschuh, man spürt den einzelnen Finger nicht, er wird außerdem sogar schneller kalt. Im Fausthandschuh passiert das weniger. Das entspricht etwa dem Wickeln: Die Kinder spüren die Beine und Füße durch die eigene

Bewegung im Wickeltuch. «Schreikinder» werden dadurch vielleicht etwas ruhiger, denn Berühren ist immer auch ein zartes Tasten und Sichspüren. Es kann ein vertrautes Gefühl entstehen. Das Baby wird zufriedener und seine Bewegungen ruhiger. Greift oder strampelt aber das Kind immer ins Ungewisse, ins Leere, spürt es sich nicht, dann werden die Bewegungen vielleicht unruhig und chaotisch bleiben.

Geht man auf möglichst viele solcher ureigenen Bedürfnisse des Babys in der richtigen Weise ein, dann wird jeder gesunde wache Säugling eine Heiterkeit entwickeln. Seine Bewegungen werden von Tag zu Tag gezielter, geordneter sein. Sie treten nicht mehr nur wie Begleiterscheinungen bei guter Laune oder beim Weinen auf.

Der Abbau der Reflexe

Die meisten Bewegungen des Babys sind erst einmal reflexartig und unpersönlich, da sie noch nicht vom Kind beherrscht werden. Alle Kinder zeigen in ähnlicher Weise diese Reflexe.

Nach und nach beginnt das Kind selbst Einfluss auf seine Bewegungen zu nehmen. Die Bewegungen können dann schon willentlich gelenkt werden. Dies können wir zuerst an den Augen bemerken, die nicht mehr in alle Richtungen schielen, sondern gezielt etwas verfolgen können.

So gelingt es ihm, vor allem durch ungestörtes und wiederholtes Üben, vom Kopf über die Hände bis zu den Füßen alle reflexartigen Bewegungen durch gewollte zu ersetzen. Es kommt von oben nach unten wie von selbst zur Ruhe. Mit sechs Monaten sind meist alle Reflexbewegungen abgebaut. Selbstverständlich sind hier nicht die Reflexe gemeint, die den Menschen ein Leben lang begleiten, wie zum Beispiel der Schluck- oder der Schutzreflex des Augenlids.

Entdecken und Üben

Das Baby entdeckt durch diese tastenden und greifenden Bewegungen seinen Körper. Der Körperkontakt ist das Erste, wodurch das Kind sich tastend wahrnimmt. Ein besonders intensives Tasterlebnis war aber auch schon die Geburt selbst.

Durch Nervenzellen, so genannte Rezeptoren, können am gesamten Körper die verschiedensten Berührungen wahrgenommen werden. In diesem Sinne ist der gesamte Körper ein Tastorgan. Jedes Tasten bringt dem Kind auch ein Erleben von «das bin ich» oder eben ein Gefühl von sich selbst. Hieran kann deutlich werden, wie wichtig die Sinnespflege von Anfang an für das Kind ist. In diesem Fall sind es der Bewegungs- und der Tastsinn, die, vielseitig geübt, dem Kind später unter anderem Sicherheit und Vertrauen zu sich selbst vermitteln.

Zu Beginn beschäftigt sich das Kind meist mit seinen Händen, die es nach langem Beobachten und damit Spielen in Besitz nimmt. Später sind es die Füße, die entdeckt werden. Am Ende des ersten Vierteljahres kann es mit den Händen gezielt greifen. Oft verbringt es mit dem Üben des Greifens viel Zeit. Dabei ist das Loslassen viel schwerer als das Zugreifen.

In der Zeit, wenn es schon greifen kann, beginnt es auch bald sich zu drehen. Es versucht, sich auf die Seite zu rollen, um so einen Gegenstand, den es vielleicht entdeckt hat, zu greifen und zu sich zu holen. Es liegt sehr gern und für längere Zeit so auf der Seite, hat eine ganz neue Perspektive und kann besser ohne großen Kraftaufwand mit etwas spielen. Durch dieses Greifen und Drehen lernt das Baby nicht nur die äußeren Gegenstände kennen, sondern es erwachen Interesse und Freude für die verschiedenen Bewegungsmöglichkeiten seines Leibes. Bestimmte Bewegungen übt es nun immer und immer wieder. Erst ist das Kind sehr angestrengt, später wird es immer gelöster und heiterer. Es sind seine ersten Lernerfolge – und das macht glücklich und zufrieden.

Jede Unruhe lenkt das Kind von seinem eigenen Bewegen-Wollen ab. Einige Erwachsene meinen, es wäre besser, das Kind spiele jetzt mit einem Spielzeug, das sie für es ausgesucht haben. Das Kind kann sich ja noch nicht zu dieser Ablenkung äußern. Wie oft würde es wohl sagen: «Stör mich jetzt mal nicht!»

Wir sollten uns immer wieder fragen: Helfe ich dem Kind oder störe ich es? Das Kind wird sonst zu oft von seinem eigenen Willensempfinden abgelenkt. Vielleicht kann es dann später als Erwachsener viel schwerer Entscheidungen fällen oder Grundsätze fassen?!

Von der Seitenlage ist es nicht mehr schwer für das Kind, sich auf den Bauch zu drehen und auch wieder zurück. Besonders viel Freude bereitet es wahrscheinlich dem Kind, wenn es auf dem Bauch liegt, Arme und Beine ausgestreckt hat und schaukelt. Vor lauter Freude strampelt es mit Armen und Beinen zur gleichen Zeit. Obwohl es sich noch kaum fortbewegen kann, dehnt und streckt es sich in dieser Lage, um einen gewünschten Gegenstand zu erreichen.

Als erste Fortbewegung dient das Rollen vom Bauch auf den Rücken. Später lernt es das Robben in den verschiedensten Varianten. Somit werden in der vertikalen Lage alle Muskeln durch die unermüdlich fröhliche Eigenaktivität gestärkt und trainiert. Etwa mit einem halben Jahr hat es sich eine enorme Geschicklichkeit erübt. Dann erst beginnt es, wenn nicht vorher durch fremde Hilfe «beschleunigt», sich in die Senkrechte zu begeben. Dadurch ergibt sich wieder eine völlig neue Perspektive, mit der es sich über eine längere Zeit vertraut macht. Nun geht die Entwicklung weiter: vom Sitzen, über das Krabbeln, zum Knien, bis hin zum Stehen. Wenn das Kind frei stehen kann und sich sicher dabei ist, dann dauert es oft nur noch Tage, bis es den ersten Schritt wagt. Es kann schon bald mit einem schönen geraden Rücken oft sehr lange, bequem und ohne Ermüdung sitzen. Es hat gelernt, eine kraftsparende Haltung einzunehmen und hat zudem die Hände frei.

Immer wird es bei jedem Entwicklungsschritt wieder und wieder sein Gleichgewicht suchen müssen. Alle Aufmerksamkeit und Konzentration, die das Kind hier aufbringt, wird zu dem errungenen körperlichen Gleichgewicht auch ein seelisches Gleichgewicht bringen. Alle körperlichen Bewegungserfolge, Misserfolge, aber zum Beispiel auch Bewegungsstau, gehen immer mit den entsprechenden seelischen Empfindungen einher. Im seelischen Gleichgewicht sein bedeutet immer, nach anstrengendem Üben zufrieden sein. Zufrieden sein mit dem, was gelernt und entdeckt wurde. Lassen wir dem Kind Zeit, seine Zeit, so hat es sich Fähigkeiten erworben, die erst viel später sichtbar werden. Unterstützend für die Entwicklung des Kindes kann dabei die Grundeinstellung sein: Ich helfe dir, damit du es später, zu deiner Zeit, allein gelernt haben wirst. Ich akzeptiere die Besonderheiten deines Schicksals und beziehe diese in meine Hilfe mit ein. Ich gebe dir Raum, sodass du dich in dein Leben hinein bewegen kannst.

Lernen und Bewegung

Dieses erste Lernen bestimmt ganz wesentlich das weitere Lernverhalten. Erlebte sich das Kind als auf sich selbst gestellt und wurde nicht durch etwas Fremdes gedreht, gestützt, gezogen, gehalten, so hat es Selbstsicherheit erworben und ein hohes Selbstwertgefühl ausbilden können. Es wird sich auch später immer zu helfen wissen.

Wenn es aber nicht selbst lernen konnte, werden auch die vielen fröhlich machenden Erfolgserlebnisse ausbleiben. Wird es dazu erzogen, dass immer jemand zur unpassenden Zeit eingreift, hilft und die eigentliche

Arbeit abnimmt, so wird es dies aus Gewohnheit immer erwarten, vielleicht schließlich davon abhängig werden. Erfolg ist immer der Ansporn, weitere Lernschritte willig anzugehen. Kann das Kind selbst lernen, erfährt es auch, dass Misserfolge auftreten können. Es wird deswegen nicht gleich verstimmt aufgeben, sondern weiter üben. Es hat ja den Willen mitgebracht, sich immer weiter zu vervollkommnen. Eine innigliche Beziehung zu den Eltern und deren Zuspruch sind dabei eine große Hilfe.

Bewegung aus der Nachahmung

Wenn der Erwachsene selbst sich bewegt, indem er Sinnvolles in der Gegenwart des Kindes tut, dann ist er das beste Vorbild. Wenn man aber nun vom Kind *erwartet*, dass es die Tätigkeit, die man gerade tut, nachahmt, dann ist das kein freilassendes Angebot! Es entspringt einem Nützlichkeitsdenken und ist mit einem Lehrprogramm zu vergleichen.

Ich meine mit Tätigsein das Arbeiten, das ich aus Freiheit tue, weil es einen Sinn für andere und für mich hat. Bei solcher Arbeit bin ich selbst innerlich erfüllt. Vor diesem Hintergrund kann auch das Kind frei und vor allem schöpferisch damit umgehen. Es kann dabei seine Erlebnisse und Erfahrungen sammeln, kann staunend oder angeregt der Arbeit zuschauen, um vielleicht an einem anderen Ort mit einer ganz anderen Tätigkeit dann aktiv zu werden.

Etwas selbst bewegen zu können, ist in diesem Alter eine der begehrtesten Tätigkeiten. Es ist eine wunderbare Fähigkeit, wenn so ein kleiner Kerl von etwa 18 Monaten voller Unternehmungslust dasteht und immer wieder äußert: «Selber machen, auch wollen.» Ein solch gemeinsames Schaffen kann eine schöne Erfüllung sein und Erwachsenem wie Kind eine große Freude bereiten. Für das Kind ist dieses lebendige Tun wichtig, weil es nicht nur äußere Beweglichkeit und Geschicklichkeit ausbildet, sondern ein gesundes Vertrauen zu sich selbst entsteht. Es wird als Erwachsener in der Lage sein, vieles gedanklich gut zu bewegen und zu ordnen.

Haltlosigkeit und verschiedene Ängste haben ihre Ursache in dem verkümmerten Angebot von wirklich Nachahmenswertem. Defizite entstehen durch unsere perfekte Welt, wo wir alles gemacht bekommen und vieles nur noch zu konsumieren brauchen.

Wie oft höre ich heute von den etwas größeren Kindern, im Alter von fünf bis sechs Jahren: «Ich kann das nicht». Ja, es kommt sogar direkt:

«Ich kann doch nicht wollen.» Hatten diese Kinder zu wenig Gelegenheit, in ihrer frühen Kindheit ihren Körper ausführlich kennen zu lernen? Ihn so lange zu ertüchtigen, bis man sich auf ihn verlassen konnte? Vertrauen durch erworbene Fähigkeiten haben diese Kinder vielleicht zu selten erlebt. Insbesondere: Wie sieht es mit der Fingerfertigkeit aus? Die Hände dieser Kinder sind meistens in den Taschen oder werden in den langen Ärmeln der Pullover versteckt.

Später im Kindergarten fallen die Kinder auf, weil sie außer pausenlosem Reden fast nichts gern tun. Sind sie im Garten, können sie vielfach nur ohne Ziel und Grund herumrennen. Bietet man ihnen vorsichtig etwas an, kommt immer wieder: «Kann ich nicht, keine Lust.» Erfolg hat man meistens, wenn man ihr Mitleid andern Kindern gegenüber anspricht. Dann kann man sie einbeziehen: «Der arme Peter, der sitzt schon so lange in seinem Kaufladen, hat alles schön zurecht gestellt und keiner kommt einkaufen. Es ist doch heute Markttag und alle Leute von nah und fern nehmen sich ein Auto und fahren hin!» Kinder über drei Jahren werden so fast immer ins Spiel finden, wenigstens für kurze Zeit.

Leibliche Bewegung dient der Seele als Werkzeug

Die Bewegung bringt uns zu uns selbst. Das heißt, wir beginnen unseren Körper zu erfühlen, zu erkennen und können ihn als «Werkzeug» benutzen. Wir erleben einen Wechsel von außen und innen, indem wir uns leiblich in der Außenwelt betätigen.

Gut kann man das an den Augen beobachten. Wenn wir in die Außenwelt schauen, sind wir mit unserer Aufmerksamkeit draußen beim betrachteten Gegenstand. Vom äußerlich Gesehenen nehmen wir ein Abbild in uns auf und ordnen es innerlich ein. Der in kurzen Abständen sich wiederholende Lidschlag bringt eine winzige, nur Bruchteile von Sekunden dauernde Pause in das Hinausschauen, eine Unterbrechung, die uns zurück zu uns selbst bringt.

Diese kurze Zeitspanne ist nötig, um den Eindruck gefühlsmäßig zu erfassen. Das Gesehene kann nur verstanden werden, wenn wir uns eine kurze Zeit von der Außenwelt abwenden können. Der unmittelbare Eindruck tritt zurück, es entsteht ein Raum für das Nachsinnen, Wiedererkennen, Bilden von Vorstellungen. Nach diesem Abwenden schauen wir neu in die Außenwelt. Mit frischer Aktivität sind wir bereit, Weiteres aufzunehmen, wie nach einem winzigen Schlaf.

Unsere Seele gestaltet die zeitlichen Abläufe der leiblichen Bewegung so, wie es für ihre Tätigkeit sinnvoll ist. Ist dieses Außen- und Innensein in einem guten Verhältnis, kann ein bleibender Eindruck entstehen, denn wir haben etwas erlebt.

Die Seele macht sich somit den Leib zum Werkzeug. Wenn dieses verallgemeinert auf alle Bewegungen, die der Wahrnehmung dienen, bezogen wird, so kann deutlich werden, warum es heißt, die Bewegungen bringen uns zu uns selbst.

Ist die Bewegung ganz unruhig (bei den Augen würden wir von nervösem Blinzeln sprechen), dann können wir nicht richtig draußen sein, die Zeit ist zu kurz und wir können auch nicht innerlich beeindruckt sein. Die Unruhe verhindert, dass wir uns etwas Neuem oder Fremdem in vollem Umfang zuwenden können. Beginnen wir mit offenen Augen zu träumen, schauen hinaus, sehen aber eigentlich nichts, weil wir zu stark innen sind, passiv oder aktiv. Versetzt uns ein Gegenstand oder ein Anblick in Erstaunen, so sind wir zwar ganz in Ruhe, aber auch ganz draußen. In beiden Situationen beschränkt sich die allgemeine Körperbewegung auf ein Mindestmaß, wenn sie nicht für Augenblicke ganz zur Ruhe kommt. Wenn wir uns Gelegenheit geben, mit unseren Augen zu träumen oder zu staunen, dann ist das ein gesunder Ausgleich für den ununterbrochenen Informationsfluss, dem das Auge ausgesetzt ist und somit auch unser Innenleben. Diese Überflutung ist eine Herausforderung, die nach einem Ausgleich verlangt. Die ganz kleinen Kinder sorgen oft bei ihren allgemeineren Bewegungen von sich aus für diese Ruhephase, für einen Ausgleich zwischen Wahrnehmen und Verarbeiten.

Ein kleines Kind hat noch sehr wenig innere Kraft, um längere Zeit aufmerksam zu sein. Es sind nur wenige Minuten, je nach Alter. Dann legt das Kind eine Pause ein und wendet sich ab. Durch unsere Aufmerksamkeit dem Kind gegenüber können wir dafür sorgen, dass für beides die Möglichkeit geschaffen wird.

Den Filmproduzenten ist bekannt, dass Kinder sich nur eine kurze Zeit konzentrieren können. Deswegen wird beim Aufbau eines Films darauf geachtet, dass auf eine Kameraeinstellung sehr schnell die nächste folgt, sozusagen pausenlos. Man meint, somit die ungeteilte Aufmerksamkeit des Kindes beim Anschauen des Filmes zu erreichen. Für die Filmproduzenten mag diese Logik stimmen.

Ständige Aufmerksamkeit ohne Besinnung, ohne Zeit zum Nachdenken ruft aber innerlich Unruhe hervor, nach einiger Zeit gar Abstumpfung. Es kann beim Kind in seelischem Sinne Atemlosigkeit auftreten. Jede

Aufmerksamkeit ohne Andacht schwächt aber die Verbindung, das Verhältnis zur Welt. Im Extremfall kann Lieblosigkeit zur Umwelt entstehen. In dieser einseitigen Sinnesüberflutung kommt beim Betrachten eines Filmes noch hinzu, dass die Eigenbewegung des Kindes völlig herabgesetzt wird: Es muss schließlich still sitzen, wenn es den Film sehen will. Außer Hinschauen tritt keine weitere leibliche Aktivität auf.

Ruhe und Bewegung – Wärme und Kälte

Eine andere Polarität ist zwischen dem im Allgemeinen ruhenden Kopf und den bewegten Gliedmaßen zu beobachten. Wird die Kopforganisation – und ich meine damit alles, was mit dem Denken, Merken und Erinnern zu tun hat – zu stark und zu früh beansprucht, so entsteht Unordnung oder Einseitigkeit, die von der überlasteten Kopforganisation ausgeht. Diese Überlastung führt zur Ermüdung. Wenn wir Erwachsenen zu lange an einer gedanklichen Arbeit gesessen haben, dazu vielleicht noch am PC, ermüdet uns das sicher auch. Manche Menschen können auch bemerken, dass sie dabei kalte Füße bekommen oder überhaupt Kälte erleben.

Werden in einem gesunden Maß die Gliedmaßen bewegt, so schafft dies körperliche Wärme. Bewegung schafft letztlich immer Wärme. Aber auch hier kann durch die Anstrengungen im Gliedmaßen-Stoffwechsel-System, nach einer Wanderung vielleicht oder nach einem üppigen Mahl, Ermüdung eintreten. Doch hierbei kann man eher von einer wohligen Müdigkeit sprechen.

Wie sieht es aber mit der Müdigkeit durch einen anstrengenden Tag, bei dem wir fast ausschließlich mit unseren Händen oder Füßen tätig waren, aus? Wir sind gut in Bewegung gewesen, sind durchwärmt, haben sicher vieles erlebt und sind «rechtschaffend» müde.

Ausgleich zwischen Wärme und Kälte

Ausgleichend ist immer unsere Mitte, der Atmungs- und Zirkulationsrhythmus. Exemplarisch erkennen wir es an der Herztätigkeit, aber auch an der Atmung. Beides ermüdet nie, auch wenn wir schlafen, sind Herzblut und Lunge weiter tätig. Auch die erwähnte Erwärmung wird durch unser rhythmisches System ausgeglichen. Das warme Blut zirkuliert durch unseren Leib und hat das Bestreben, alle kalten Bezirke zu wärmen, solange die Kraft des Blutes ausreicht. Bei zu viel Hitze sorgt der Kreislauf für Abkühlung. Durch die Schweißflüssigkeit bekommt der Körper von außen Abkühlung durch das Verdunsten. Das Blut und die Atmung kommt mehr in Bewegung, wenn wir uns körperlich betätigen. Auf dem seelischen Gebiet lassen wir uns durch Begeisterung erwärmen. An tiefer Liebe kann sich sogar unser Herz entzünden.

Ist es aber eine intellektuell geistige Anstrengung, die uns nicht sonderlich bewegt, dann sind wir ganz cool, die ganze Angelegenheit lässt uns kalt. Dann fehlt eben aus unserer Mitte die erwärmende Herzenskraft, das eigentliche Interesse am Weltgeschehen. Das rhythmische System schafft somit nicht nur organisch in uns einen Ausgleich, sondern auch seelisch und geistig.

Rhythmus zwischen Ruhe und Bewegung

Arbeiten wir äußerlich unrhythmisch, kommen wir schnell außer Atem, bringen uns in Hektik und ermüden dadurch schneller. Leisten wir gedankliche Arbeit unrhythmisch, überlasten wir uns im nervlichen Bereich. Wir werden nervös, unruhig, können uns nicht mehr konzentrieren. Wir ermüden, aber ohne in uns zur Ruhe zu kommen.

Das ganz kleine Kind ist fast ausschließlich mit seinen Gliedmaßen tätig. Es benötigt all seine Lebenskräfte, seine Lebensenergie für sein Wachstum, für sein Bewegen lernen und die weitere Ausgestaltung seiner Organe. Sein Denken muss erst ausgebildet werden. Es bedeutet daher in seine gesunde leibliche Entwicklung einen Eingriff, wenn man zu früh Gedächtnisleistungen von ihm erwartet. Zuerst muss beim Kind eine leibliche Grundlage für das Denken geschaffen und gepflegt werden. Dann wird eine gesunde Gedächtnisausbildung möglich sein, die bis ins Alter ohne Defizite funktionieren kann.

Anders gesagt: Wird der Leib des Kindes mit echter Anteilnahme gepflegt und genügend Aufmerksamkeit für die Eigenaktivität des Kindes aufgebracht, so ist das die beste Voraussetzung für eine freie Denkentwicklung ohne Leistungsdruck.

Für das kleine Kind bedeutet dies einen Rhythmus zwischen Ruhe und Bewegung zu finden, indem es viele Möglichkeiten erhält, die Welt durch alle seine Sinneswahrnehmungen zu erleben. Dann kann sich Sinnestätigkeit wandeln in Seelenqualität.

Das Erleben von Leichte und Getragensein

Hat das Kind laufen gelernt, bildet sich in ihm ein Urerlebnis von Freiheit und Freude aus. Wenn der Sieg über die Schwerkraft des eigenen Leibes erst einmal erlangt ist, kann das Kind sich immer vielseitiger bewegen, sein Leib wird geschmeidig und leicht.

Trägt man ein waches kleines Kind auf dem Arm und es schläft nach einiger Zeit dabei ein, merkt man dies zuerst an der Schwere. Physikalisch kann es aber keine Gewichtsveränderung geben.

Ähnliches kann man auch beim Tragen und Gehen an sich selbst bemerken. Aber deutlicher wird es beim kleinen Kind, wenn es gerade laufen lernt. Von der Mitte des Leibes bis über den Kopf ist eine aufsteigende Leichtigkeit zu spüren. Das Kind hält beim Laufen lernen lange Zeit die Arme noch leicht angewinkelt nach oben, als gäbe es eine Kraft, die ihm unter die Arme einen Aufschwung bläst.

Der Kopf ist für sich allein sehr schwer und doch «schwebt» er über den Schultern auf der Wirbelsäule, in der Balance gehalten durch Muskeln und Sehnen. Schläft das Kind ein, senkt sich der Kopf auf die Schulter oder den Brustkorb. Vielleicht können wir uns vorstellen, es gäbe eine treibende Kraft, eine Leichte, die den «oberen Menschen» aufrichtet. Der «untere Mensch» – von der Mitte des Leibes nach unten – hat etwas Lastendes. Mit den Füßen kann das Kind hüpfen und springen, sich auf die Zehen stellen, später auch tanzen. Aber das eigentliche Element ist die Schwere. Getragen wird der Leib von den Beinen und Füßen wie von Säulen eines Bauwerks. Sehr schön kann man das auch am Skelett der menschlichen Wirbelsäule sehen. Die Wirbel nehmen von oben nach unten an Dichte und Masse zu.

Beim ganz kleinen Kind richten sich die zwei Qualitäten von dem Heben in die Leichte und dem etwas Lastendes Tragen erst ein. Ein Ausgleich vollzieht sich durch die fortwährende Bewegung. Dies ergibt später eine Grundsicherheit im Leibesgefüge. Eine selbstwahrnehmende Kompetenz. Die kann zu einem Lebensgefühl erwachsen, sodass sich der Mensch in seiner Grundstimmung getragen fühlt oder nur in den Seilen hängt, weil er zu wenig Eigenaktivität im Bewegungsbereich in der frühen Kindheit erlebte.

Grundsätzlich, wie schon erwähnt, ergibt sich die seelische aus der leiblichen Haltung. Fast ein Jahr braucht ein Kind, um mit aller Energie, sich aus der horizontalen Lage in die Senkrechte aufzurichten. Ganz zart bilden sich unterschwellig die entsprechenden Seelenqualitäten aus,

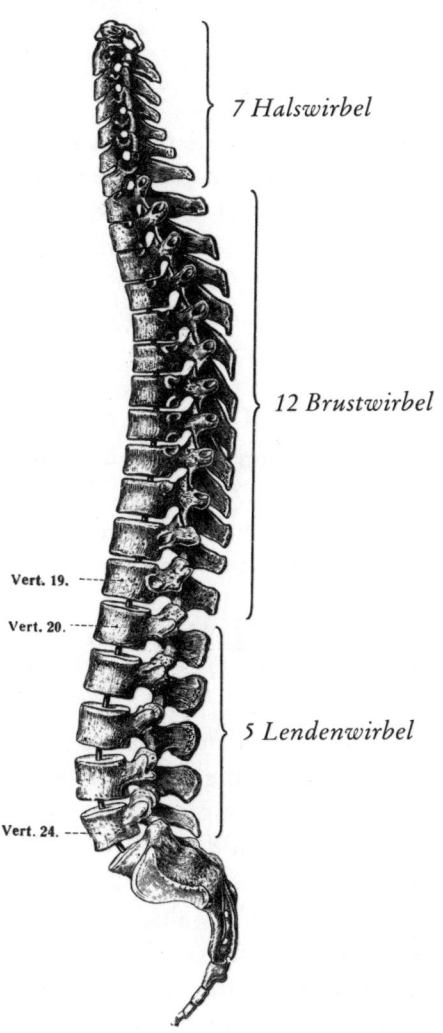

Die menschliche Wirbelsäule

in diesem Falle, «aufrichtig» und «standhaft» sein zu können. Diese Metamorphose beruht auf dem menschenkundlichen Aspekt, dass beim Kind bis etwa zum Eintritt in die Schule, also bis zum sechsten, siebten Lebensjahr, Leib, Seele und Geist noch in einer Einheit sind. Man kann diese drei noch nicht getrennt erleben. Pflegt man den Leib, so pflegt man mit der gleichen Intention auch Seele und Geist. Bildet das Kind seine Leibesfunktionen aus, legt es in gleicher Qualität für seelisch-geistige Funktionen den Grundstein.

Spiel

Zwei kleine Jungen spielen im Sand unter einem großen Birnbaum im Garten. Völlig vertieft sind sie dabei, Sand in verschiedene Gefäße zu füllen. Blätter werden untergemischt, Stöckchen und Steine.

Einer von beiden schlendert, suchend nach weiterem Material, an einem kleinen Holzfass vorbei. Der Großvater deponiert in ihm die zusammengekehrten Sägespäne, es fasst etwa 30 Liter und übte schon immer eine unsägliche Anziehungskraft auf die Buben aus. An diesem Tag ist der Großvater nicht in der Werkstatt. Im Nu wird eine Hand voll der herrlich duftenden Späne in den Sand gemischt. Oft laufen die Jungen hin und her und füllen ihre Hände, dann merken sie, dass man mit einem Töpfchen schneller Erfolg hat.

Mit einem Mal ändert sich das Geschehen. Jetzt wird der Sand in das Fass mit Sägespänen geschüttet. Die Jungen sind emsig. Kleinere Steine kommen auch noch dazu. Dann ziehen und schieben sie mit all ihren Kräften das Fass zur Haustür. Was haben die beiden jetzt wohl im Sinn? Drei Stufen wird es hochgezerrt und -gedreht. Doch das ist noch lange nicht genug! Nun geht es weiter die hölzerne Wendeltreppe hinauf bis in die zweite Etage. Wie die beiden Jungen das wohl kräftemäßig bewältigt haben? Nun wird das Fass hingelegt und losgelassen. Es rollt mit ungeheuerem Lärm die Treppe hinunter. Ob es um alle Kurven kommt?! Das war sicher der heiße Wunsch des einen von beiden Buben. «Die Steine sind schneller als das Fass, die lagen aber drin!», stellt der andere fest.

Die Mutter, die durch den gewaltigen Krach ins Treppenhaus eilt, hat das merkwürdige Gefühl, dass sie vielleicht gerade zwei Forscher störe. Die beiden, wohl selbst über das Ausmaß ihres Unternehmens erschrocken, sind sehr kleinlaut, aber dennoch stolz auf das Geschaffte. Sie haben mächtig viel zu besprechen, als sie die Treppe wieder säubern!

Das Spiel als Lebensschule

«Das Spiel ist der höchste Ausdruck der menschlichen Entwicklung in der Kindheit, denn nur es allein zeigt, was in der kindlichen Seele vorgeht. Es ist das reinste und geistigste Erzeugnis des Kindes und gleichzeitig ist es ein Bild des Menschenlebens auf allen Stufen und in allen Beziehungen. Demjenigen, der einen tieferen Einblick in die Menschennatur hat, offenbart sich in dem vom Kinde frei gewählten Spiel der ganze zukünftige Lebensweg.»[1]

Das Spiel ist die zentrale Tätigkeit der Kindheit. Es ist eine wichtige Vorbereitung dafür, dass sich der Mensch zu einer freien Individualität entwickeln kann. Betrachten wir dazu das Spiel genauer: In der aller ersten Zeit ist es ein Ertasten, Erfassen, Kennenlernen des eigenen Körpers – Bewegung in jeder Hinsicht. Etwas später werden die äußeren Gegenstände in die Untersuchung einbezogen. Gleichzeitig passiert ein nachahmendes Sichkennenlernen auf sozialer Ebene mit den Eltern, Geschwistern und anderen nahe stehenden Personen. All diese Bewegungen und Erfahrungen sind im engen Zusammenhang mit der physischen Veranlagung des Gehirns und der Ausreifung des Denkens zu sehen, sodass wir sagen können: Von außen angeregt, begreift das Kind spielend (!) sich selbst und die Welt. Es setzt sich auch schon in diesem Alter mit Gesetzmäßigkeiten aus Biologie, Chemie und Physik auseinander. Das Spiel ist somit die erste und intensivste Form des Lernens. Die dabei entstehende Freude über «Erfolge» ist wie ein Motor für den aktiven Willen. Dieses freudige Erkennen und intensive konzentrierte Sammeln von Erfahrungen ist die Grundlage für alle späteren Verhaltensweisen auf seelisch-geistigem Gebiet.

Das Spiel ist der Ausdruck der geistigen Regsamkeit des Kindes. Im freien Spiel werden die Seelenkräfte entwickelt, die sich zu Persönlichkeitskräften entfalten. Die Seelenkräfte sind jene Kräfte, die wir benötigen, um Handeln, Denken und Empfinden zu können. Diese Kräfte können sich nur frei ausbilden, wenn dem Spiel genügend Raum, physischer, seelischer Spielraum gewährt wird. Unsere erste Freiheit und Unabhängigkeit manifestiert sich eben im Spiel! Rudolf Steiner führt in diesem Zusammenhang aus, dass es eine «Sünde» sei, dass Kind nicht frei spielen zu lassen.[2]

Verbinden wir also nicht irgendwelche Standards mit dem kindlichen Spiel! Wie oft wird in unserer leistungsorientierten Welt nur auf zweckorientiertes Spiel geschaut. Alles muss ein offensichtliches Ziel haben, frühzeitig sichtbare Erfolge zeitigen. Es darf keine Bildungszeit verschwendet werden. Ein Kind kann sich aber seelisch nicht frei entfalten, wenn vom Erwachsenen Erwartungen an das Spiel geknüpft und Ergebnisse gefordert werden. Kinder brauchen Zeit zum Entdecken – Zeiten, die Freude bereiten. Es ist in diesem Zusammenhang vielleicht notwendig, sich umzuorientieren! Kinder nehmen wahr, ohne Nützlichkeits- oder Zweckorientierung. Sie verfolgen noch kein «Ziel», sie brauchen nicht motiviert zu werden, sondern sie nehmen nur wahr, um wahrzunehmen, für nichts als um der Freude willen. Daraus erwächst später Wertschätzung, Genussfähigkeit, die Möglichkeit zu staunen und Eifer. Dass dieser innere Prozess nach außen hin oft passiv wirkt, spielt hier keine Rolle.

Das frühkindliche Spiel hat einen Wert für das ganze menschliche Leben. Seine psychologische Bedeutung ist nicht hoch genug einzuschätzen. Nur wenn wir das Spiel als eine intensive Form des Lernens betrachten, werden wir seinem Wert gerecht.

Das freie Spiel kann die Fähigkeit zur freien Urteilsbildung fördern. Rudolf Steiner verweist darauf, dass besondere seelische Kräfte ausgebildet werden, die sonst gar nicht gefördert würden. Das Kind setzt sozusagen beim schöpferischen Spielen unbewusst eine Spielidee an die andere. Ähnliches geschieht beim Menschen im Traum, durch verschiedene Gedanken wird ein Traumbild an das andere gereiht. Dadurch, dass das Kind die Dinge, welche auch immer, wie Bilder für sich in der jeweiligen Spielsituation zusammenstellt, sammelt es Erfahrungen für sein Leben. Diese gesammelten Erfahrungen tauchen erst einmal unter ins Unbewusste.

So wie der Mensch, wie wissenschaftlich bewiesen, um das 6. Lebensjahr erst körperlich in die Lage kommt, sein kognitives Denken frei zu gebrauchen, so hat er vor dem 14. Jahr kein «echtes» eigenes Urteilsvermögen. Urteilt er doch, tut er es nachahmend, um zu gefallen bzw. um einer Autorität zu folgen.

Durch die gesammelten Erfahrungen des Spielens ist es ihm nach der Pubertät, aber erst richtig nach dem 20. Lebensjahr möglich, selbstständig zu urteilen. Er ist unabhängig davon, ob sein Urteil den anderen gefällt oder nicht. Er wird in der Lage sein, frei zu entscheiden. Die individuelle Gestaltung, die sich im Spiel bemerkbar machen kann, wird als besonderer Charakter beim selbstständigen Urteilen später auftreten.

So kann ein Verantwortungsgefühl in uns entstehen für das, was wir jetzt dem kleinen Kind ermöglichen. Es formt den Menschen noch über das 20. Lebensjahr hinaus.

Bis zum siebten Jahr hat das Spiel eine ganz andere, feinere Art als später, es hat einen individuellen Charakter. Ähnliches ist bei den Kinderzeichnungen bekannt, in denen das Kind seine geistig-seelische Entwicklung nach außen projiziert.

Beim Spiel liegt ein intensives Lernen und Ausbilden von Denken, Fühlen und Wollen je nach persönlichen Fähigkeiten vor.

Bis zu zweieinhalb Jahren ist das Kind mit seinen seelischen Kräften fast ausnahmslos an seinen Organen tätig. Es ist mit dem Ausbau seines Organismus beschäftigt. Alle Organe und deren Prozesse und Funktionen sind in der Embryonalzeit nur angelegt. Ausgestaltung und Reifen der Organe folgt eigentlich erst ab der Geburt und geht bis weit in das Schulalter. Viel Energie, Zeit und Ruhe sind in diesem Alter nötig, um gesunde Werkzeuge für das Leben zu bilden. Ebenso müssen die Wachstums- und Ernährungsvorgänge ergriffen werden.

Nun ist es die Aufgabe der Erwachsenen, in diesen enorm wichtigen Prozess nicht «unpraktisch hineinzutapsen». «… wir dürfen nicht unpraktisch hineintapsen in das, was da das Kind so vollzieht, dass es eben tut, was es will, dass es namentlich dem Willen der Außenwelt nicht zugänglich ist.»[3] Es tut noch, was es will, nämlich mit seinem individuellen Willen seinen Leib ausgestalten. Das Kind wehrt sich ganz unwillkürlich gegen dasjenige, was bewusst, aber auch unbewusst auf es einwirken will. Besonders eben in diesen ersten zweieinhalb Jahren.

Mit zweieinhalb Jahren wird ein Teil der plastizierenden Kräfte frei und wandelt sich zu ersten Erinnerungs- und Denkkräften. In unseren Händen liegen somit durch unser Verhalten die Gesundheits- und Schicksalsfragen der Kinder.

Besondere Behutsamkeit ist deshalb beim Kind bis zu etwa zweieinhalb Jahren gefordert. Unsere Aufgabe wird sein, nicht dem Kind allerlei beibringen zu wollen. Es wäre hinderlich, wenn wir mit unseren Vorstellungen einen Zweck, ein pädagogisches Anliegen mit dem Spiel verbinden. Wenn wir das tun, dann müssen wir auch ehrlicherweise einen neuen Namen für ein solches Spiel finden, etwa «spielerisch pädagogische Maßnahme». Auf jeden Fall wäre es dann kein freies Spiel mehr.

Wie nimmt man nun als Erzieher in der Kleinkindgruppe seinen Willen zurück, ohne dass in der Gruppe durch die vielen verschiedenen Aktivitäten der Kinder ein großes Durcheinander entsteht? Jede Gruppe hat ihre individuellen klaren Strukturen und vor allem ihren ganz eigenen Rhythmus. Jeden Tag passiert alles im Grunde in der selben Reihenfolge. Somit muss nicht um jeden Folgeschritt im Tageslauf diskutiert werden. Wenn viele schon etwas ältere Kinder sich anziehen, weil sie es so gewohnt sind, kommt kaum ein Kind in der Gruppe auf die Idee, weiterhin zu spielen. Vielleicht wollte es schon, aber der gelebte

Tagesablauf ist ein starker Strom, der fast ausnahmslos jedes Kind mitnimmt, ob es «will» oder nicht.

Für uns ErzieherInnen können zu eigen gewordene klare Regeln so eine große Hilfe werden. Sie sind es dann auch für die Kinder. Unsicherheiten auf unserer Seite wirken dem entgegen. Es ist aber selbstverständlich, dass immer mal wieder Fragen in uns aufflammen. Verlange ich nicht zu viel? Müsste ich mehr Hilfe anbieten? Ist unser Tagesablauf sinnvoll und deshalb berechtigt? Sind unnötig künstliche Situationen eingebaut? Diese Unsicherheiten treten bestimmt auch bei vielen Eltern auf, die gewissenhaft ihre Kinder begleiten wollen. Tragen wir diese Unsicherheiten in der Gegenwart der Kinder aus, so schaden sie, weil auch die Unsicherheit nachgeahmt und «eingeprägt» wird. Das Bewegen dieser Fragen gehört also in die Konferenz, den Elternabend oder den Elternbesuch.

Um dem Kind möglichst durch unser Wirken nicht als Hemmnis im Entwicklungsweg zu stehen, müssen wir uns durch Selbsterziehung bilden. Wir müssen uns geistig-seelisch so in seiner Nähe verhalten, dass alles, was beim Tun, Denken und Fühlen durch unsere Seele zieht, nachahmenswert ist für eine gesunde Entwicklung, denn «das Kind entwickelt in sich die Nachahmungstendenzen und presst diese durch die organisch-seelischen Kräfte in seine Körperlichkeit hinein.»[4]

Wenn man kleine Kinder betreut, muss man sich mit seinen Anforderungen in Bescheidenheit üben, seine Arbeit mehr als ein Dienen sehen, aber dabei besonderen Wert auf das Wie in allen Handlungen und Tätigkeiten legen.

Das Spiel in den verschiedenen Altersstufen

Bei einer wachen Beobachtung des kindlichen Spiels wird man feststellen können, dass bestimmte Spiele für ein entsprechendes Alter typisch sind. Die Spielformen können uns also die jeweiligen Entwicklungsschritte des Kindes zeigen.

Ein Spiel wird von jedem Kind durch seine starken schöpferischen Kräfte neu geschaffen. Ganz bestimmt ist aber nicht jede Tätigkeit des Kindes Spiel, zum Beispiel das Essen. Das Essen ist eine völlig andere Handlung, auch wenn das Kind von sich aus vielleicht Teller und Löffel noch als beseelt empfindet. Hier mag es gut sein, wahrheitsgemäß beim eigentlichen Vorgang der Speisenaufnahme zu bleiben. Und die

Löffelchen für Oma und Opa? Wenn ein Kind Hunger und Appetit hat, wird es von allein essen und wenn es ihm einmal daran fehlt, dann isst es zur nächsten Mahlzeit mehr.

Spielentwicklung im ersten Jahr

Ein neugeborenes Kind lernt die Welt zu Beginn nur in seiner engsten Umgebung kennen. Vor allem möchte es sich selbst kennen lernen und sich selbst in Beziehung zur Welt setzen. In den ersten wenigen Wachphasen sind es oft die Finger, die es immer wieder staunend betrachtet und bewegt. Man könnte den Eindruck bekommen, die Finger müssen erst zu seinem Eigentum werden. Die Kinder sind vom Greifen und Loslassen noch fasziniert und üben das intensiv. Alles wird ertastet und erkundet.

Manchmal ist über dem Bettchen allerlei aufgehängt. Ganz abgesehen davon, aus welchem Material es gefertigt ist: das Kind kann noch nicht koordinieren, es wird zufassen, bewusst oder unbewusst, und dann geben diese Dinge oft plötzliche Geräusche von sich (Rasseln, Klingeln). Das Kind kann die Geräusche jedoch noch nicht zuordnen. Wenn es das Loslassen noch nicht beherrscht, rüttelt es immer weiter. Beobachtet man diesen Vorgang, erkennt man ein Zusammenschrecken oder einen verängstigten Blick. Das Kind zieht sich ruckartig zusammen, es wird eng; vielleicht hält es sogar für Augenblicke die Luft an. Enge ist immer mit Angst verbunden.

Ein erstes Spielzeug könnte später, wenn das Kind das selbst gesteuerte Greifen und Loslassen gelernt hat, eine einfache, mit Schafwolle gefüllte Knotenpuppe aus Seide sein. Am Tag wird es gern mit einem Holzring oder einem Ball, aus Pettigrohr geflochten, spielen. Ein Bernstein, eine Veilchenwurzel sind gut zum Beißen. Das Kind kann seine Zahnleiste daran reiben und darauf beißen; so kann das Zahnen bei manchen Kindern durch dieses Material auch erleichtert werden.

Oft verliert das Kind im Alter bis zu einem Jahr die Gegenstände aus seinem Blickwinkel, denn es hat ja noch einen sehr kleinen Bewegungsraum. Sollte daher nicht auch die Menge des Spielzeugs sich möglichst auf ganz wenige Dinge beschränken?

Recht bald spielt das Kind schon längere Zeit für sich, wenn es gelassen wird. Lassen wir dem Kind Zeit, sich kennen zu lernen. Erst danach kann es begreifen, was die Welt so zu bieten hat. Das fördert seine Sicherheit und Selbstkontrolle. Es wäre gut, wenn es viel freie Zeit für sich hätte. Es

möchte nicht allein sein, aber es möchte auch nicht gestört werden. Bis etwa zum dritten Lebensjahr spielen gleichaltrige Kinder fast ausschließlich nebeneinander, manchmal sogar das Gleiche. Miteinander spielen sie erst im so genannten Kindergartenalter. Durch das Nebeneinanderspielen brauchen sie auch mehr Platz als später.

Kennenlern-Spiele und soziale Interaktionsspiele laufen als erste Spieltätigkeiten parallel zueinander ab. Das eigene Weltbild wird geprägt durch diese Interaktionen, durch Anschauung bzw. durch Erfahrung der häuslichen Welt.

Hat die Beziehung für das Spiel auch eine Bedeutung?

Eine besondere Art des Spielens liegt vor, wenn der Erwachsene sich mit dem Kind spielerisch beschäftigt. Wir alle kennen diese Spiele: Sie sind herzerfrischend (!), sie sind für den Erwachsenen schöne Erlebnisse.

Wie sieht es mit der Entwicklung der Beziehung zwischen dem Kind und dem Erwachsenen dabei aus? Wo beginnt die soziale Abhängigkeit und wo die Macht? Ab wann wird aus dem natürlichen Handeln, dem Helfen und Schützenwollen der Mensch unfrei?

Schauen wir auf die ersten Spiele von Mutter und Kind. Die Mutter ist die Hauptakteurin. Sie beginnt meist das Spiel und sie bestimmt bis auf wenige Male auch, wann es zu Ende ist. Die Mutter weiß, dass es einer bestimmten «Reizdosis» bedarf, da sonst das Kind nicht mitspielt oder sich abwendet. Sie verwandelt sich sehr umfassend, wenn sie das Spiel eröffnet. Um ein Optimum an Aufmerksamkeit beim Kind zu erreichen, verändert sie Stimmlage und Mimik, bekommt einen besonderen Ausdruck und verlangsamt ihre Bewegungen. Sie kommt durch das Spiel dem Kind näher, ganz nah und entfernt sich wieder. Wird das Spiel von ihr zu übermütig, könnte es sein, dass das Kind sogar erschrickt. Sie bringt das Kind zum Lächeln. Dem Kind macht es auch wirklich Freude, es spielt sehr gern mit. Wenngleich sich die Mutter nach den Reaktionen des Säuglings richtet, bestimmt aber im Grunde sie die Spielregeln und bleibt die Initiatorin des Spieles. Wenn das Kind von seiner Seite aus das Spiel beginnen möchte, so hat die Mutter die Wahl, mitzuspielen oder nicht. Ergeben sich hier erste Abhängigkeiten auf seelischem Gebiet? Wenn man das als Beispiel für eine erste zarte Abhängigkeit sehen würde, wäre das sicher etwas überzogen. Dennoch sollte die Mutter sich dessen und von Anfang an bewusst sein und darauf achtet, dass das Kind genügend Möglichkeiten bekommt, seinen Lebensweg Schritt für Schritt selbst zu gehen.

In der Bewegung und im Spiel können die Entwicklungsschritte des Zu-sich-selbst-Findens gut wahrgenommen werden. Das Baby steht gern auf Mutters Schoß und stößt sich mit seinen Füßchen ab oder stemmt sich mit seinen Händen dagegen. Es möchte sich von ihr wie spielerisch absetzen und einen Widerstand spüren. Später setzt sich dieses Widerstandserlebnis im Laufgitter fort. Es ist eine schöne Kombination von Freude und Koordination.

Hat das Kind nicht oder zu wenig diese Möglichkeit, seinen Leib auszuprobieren, sich zu widersetzen, können Gefühle der Angst und der Verlassenheit auftreten, wenn die Mutter nicht in Stimmung oder anderweitig beschäftigt ist. Das Kind möchte dann immer bei der Mutter sein, es kommt zu den wohl bekannten Situationen: Das Kind fängt an zu schreien, wenn die Mutter sich nach dem Spiel abwendet. Es möchte nun immer «bespielt» werden. Es kann eine Abhängigkeit entstehen. Schnell entwickelt sich so ein kleiner Tyrann, weil aus der lebensnotwendigen Zuwendung und Hingabe unbemerkt ein Übergang zu «Immer-mehr-haben-Wollen» und hilflosem «Nicht-alleine-sein-Können» geworden ist. Es mag schwer sein, hier ein gesundes Maß zwischen Zuwendung und dem allein lassen des Kindes zu finden.

Wenn der Erwachsene sicher ist, dass das Kind gut gepflegt und satt ist, darf es auch einmal ein wenig schreien. Sonst kann es schnell die

Zuwendung für sich als lieb gewordene Gewohnheit nehmen. Es will dann immer bei der Mutter sein, im Tragetuch, statt zum Beispiel im Körbchen zu liegen und sich allein zu beschäftigen.

Spielentwicklung nach dem ersten Jahr

Das Kind ist etwas älter geworden, läuft nun schon und bewegt sich zielgerichteter und sicherer. Außerdem kann es jetzt viele Gegenstände gut voneinander unterscheiden. Es hat dadurch auch ganz andere Spielmöglichkeiten. Seine kognitive Entwicklung ist mit großen Sprüngen vorangeschritten. Etwa ab dem neunten Monat beginnen die ersten Anzeichen einer Merkfähigkeit. Es kann einfache logische Schlüsse ziehen. So erwartet das Kind, wenn ein Gegenstand unter das Bett gerollt ist, dass dieser nicht für immer weg ist, sondern es macht sich bemerkbar und möchte dieses Spielzeug wiederhaben. Wenn es die Möglichkeit dazu hat, versucht es selbst, das Spielzeug zurückzubekommen.

Auch hier können erste Keime von Abhängigkeit auftreten. Werden Tätigkeiten oder Spielmöglichkeiten oft von den Eltern erklärt und vorgespielt, so wird unter Umständen der natürliche Drang gedämpft, selbst etwas auszukundschaften, selbst zu erfahren und zu erleben. Durch Erklärungen bekommt das Kind das Gefühl, die jeweiligen Dinge schon zu kennen. So wird vielleicht erklärt und vorgemacht, wie ein Turm gebaut werden muss, damit er nicht kippt. Es wird Kinder geben, die das ohne es weiter zu probieren annehmen. Diese haben aber nicht selbst die Erfahrungen gesammelt, wie ein standfester Turm gebaut werden muss oder einer, der mit großem Getöse einfällt. Durch das Vorspielen wird das Kind unfrei, meist passiv, es verliert die Lust am Spiel. In ihm wird der Wunsch geweckt, dass doch immer jemand ihm den Weg vorzeige.

Untersuchungs- oder Funktionsspiele

Spätestens im zweiten Jahr beginnen oder intensivieren sich die Untersuchungsspiele. Das Kind probiert, in welchem Verhältnis es zu äußeren Dingen steht. Ist ein Gegenstand beweglich, kann er geschoben, gezogen, gerollt werden? Wie fühlt er sich an? Wie schmeckt, wie klingt er? Aber auch auf ihre Funktionen hin werden die Dinge ausprobiert. Zu diesen Untersuchungsspielen gehört auch ein Auskosten von kritischen Phasen. Wann kippt der gebaute Turm? Unter größter körperlicher Anspannung wird das verfolgt und Jubel entsteht, wenn der Turm dann gefallen ist. Jeder neue Turm wird mit mehr Geschick gebaut.

Ich habe auch die Beobachtung gemacht, dass bestimmte Reizstufen getestet werden. Zum Beispiel wird ein Deckel so lange und kräftig auf den Topf geschlagen, bis es dem Kind oder den Eltern genügt. Das Kind steht beim Klopfen so unter Spannung und erschrickt jedes Mal wieder neu beim Zuschlagen des Deckels, hält sich vielleicht sogar mit einer Hand Auge oder Ohr zu, aber es wird so lange geprüft, bis es zu einem bestimmten Moment plötzlich genug ist.

Dieses Untersuchungsspiel erfordert Konzentration und Aufmerksamkeit vom Kind, bis es sich alles verinnerlicht hat. Daraus können sich die ersten Vorstellungen bilden. Dieses Testen und Forschen zieht sich weit bis in das dritte Jahr. Es wird nun mit mehr Erfahrung und höherem Bewusstsein fortgesetzt. Die Entdeckerlust ist natürlich immer noch vorhanden. Am Ende des zweiten Lebensjahres kann das Kind schon alle Handlungen gut nachspielen, welche mit ihm getan wurden. So kann es seine Puppe füttern oder es tröstet Gegenstände. Weil es nun der Sprache etwas mächtig geworden ist, erzählt es viel beim Spielen.

Bewältigungsspiele

Im Laufe dieser Zeit entsteht eine neue Spielart. Ich möchte sie Bewältigungsspiel nennen. Wenn ein Kind sich oft allein gelassen fühlt, spielt es diese Situation nach. So wird zum Beispiel der Teddy unter viele Decken geschoben. Es wird gut kontrolliert, ob alles zu ist, oder besser, ob er weg ist. Dann geht das Kind kurz fort, kommt wieder, schaut unter die Decken und sagt dem Teddy, dass er jetzt allein sei und es nicht da sei. Je nach dem, was es zu bewältigen hat, ergänzt das Kind vielleicht: «Du brauchst keine Angst zu haben.» Der Teddy wird wieder gut zugedeckt, meist wird noch draufgedrückt oder auch noch mehr draufgepackt und das Kind geht wieder weg. Das wiederholt sich so über einen längeren Zeitraum.

Seelische Nöte ergeben sich auch aus Forderungen, die das Kind nicht erfüllen kann. Je nach Temperamentslage muss die Puppe dieses dann können oder nicht. Im Spiel wird also der Puppe eine Jacke mit Knöpfen angezogen oder umgelegt, je nach Geschick, und nun braucht die Puppe eben diese Knöpfe nicht zuzumachen. Oder das Kind kommt immer wieder mal zur Puppe schauen und fragt sie, ob die Knöpfe schon zu sind. Es ist doch erstaunlich, dass diese Bewältigung von seelischen Nöten sich in erster Linie nicht gegen die Person richtet, die sie ausgelöst hat, sondern auf einen Spielgegenstand übertragen wird. So kann man in den vielseitigsten Varianten diese Bewältigung erleben. Manchmal ist für Jungen, die keine Puppen oder Teddys bekommen, sondern Autos oder Figuren und Tiere aus Hartkunststoff, die sehr fertig sind, an denen man nichts mehr verändern kann, eine solche Art der Bewältigung schlecht möglich. Da kann es passieren, dass diese seelischen Nöte, die mehr oder weniger jedes Kind erfährt, unter anderem in Aggressionen umschlagen (siehe hierzu auch das Kapitel «Aggressivität» ab Seite 113).

Im Alter von etwa eineinhalb bis mindestens drei bis vier Jahren ist es für das Kind sehr wichtig, dass es mit der Zeit einige wenige Dinge sein Eigen nennen kann. Manchmal ist es auch nur ein einziges Spielzeug, vielleicht *die* Puppe. Wie am Beispiel des Bewältigungsspiels gezeigt, benötigt es dieses Eigene, um sich oder sein noch zartes Selbst zu schützen. Da dieses Selbst noch so schwach ist, kann das Kind in diesem Alter auch ganz schwer oder gar nicht teilen. Kann das Ich etwas weggeben, wenn das Ich noch kein Bewusstsein von sich hat? Es wäre wohl genauso, wenn ich von jemandem etwas verlange, was er noch gar nicht besitzt. Kinder in diesem Alter dürfen deshalb noch egoistisch sein.

Zusammenfassend kann gesagt werden, dass bis zum vollendeten zweiten Lebensjahr eine Handlungskompetenz durch das Entdecken von sich selbst, von den Erwachsenen und der Umwelt erworben wird. Diese Prozesse werden verinnerlicht, und erste Vorstellungen werden gebildet.

Spielentwicklung bei Kindern ab zwei Jahren in einer Kleinstkindgruppe

Die vorangegangenen Schilderungen zeigen, dass die Kinder viel Platz, aber auch einen geschützten Raum zum Spielen benötigen. Die Kinder spielen in diesem Alter selten oder gar nicht miteinander. Aber sie lieben es, mit den großen Kindern zeitweise zusammen zu sein. Sie werden gern von den größeren Kindern als «Mitspieler» benutzt, zum Beispiel als Hund in der Hundehütte oder als Zuschauer beim Puppentheater. So ein zwei- bis dreijähriges Kind sitzt geduldig und beschäftigt sich indessen mit einem kleinen Spielobjekt. Es spielt für sich im großen Spielzusammenhang und hält dadurch die lange Prozedur des noch auf-

zubauenden Puppentheaters sogar oft bei noch geschlossenem Vorhang durch. Es fühlt sich wohl und ungestört in dem bewegten, aktiven Tätigkeitsstrom der anderen Kinder. Zu Hause sind es die Geschwister, mit denen das Kind in den Tätigkeitsstrom eintauchen kann. Dieses Miteinander der Kinder ist sehr wertvoll, sie lernen mit- und voneinander. Sie haben ganz andere Möglichkeiten des Umgangs. So kann ein Erwachsener gar nicht sein.

Die Aufgabe des Erziehers wird sein, diesen Freiraum den Kleinsten zu schaffen, wenn Kinder unterschiedlichen Alters zusammen sind. Die kleinen Kinder können sich dann auf ihre Tätigkeit konzentrieren. Wenn das Kind über drei Jahre ist, kann es sich meist diesen Freiraum selbst schaffen und sich behaupten.

Eine weitere Voraussetzung für eine gesunde Spielentwicklung ist die Möglichkeit für freies Spiel und die Verwendung geeigneten Spielzeugs. Wenn wir dem Spiel seine Bedeutung als Lebensschule beimessen, erweitert sich auch der Begriff des «Spielzeugs». Alle erreichbaren Gegenstände und Geräte werden hierbei einbezogen. Beliebt sind Gegenstände des täglichen Gebrauchs. Stühle, Kisten, Kommoden und Schränke werden in Fahrzeuge oder Wohnungen verwandelt. Da diese Gegenstände jederzeit «verwandelt», erweitert, vervollkommnet werden können, benötigt man in der Gruppe relativ wenig «direkte» Spielgeräte.

Im dritten Lebensjahr werden nun ganze Handlungsabläufe gespielt. Sehr oft wird in allen Varianten «Verteilen» gespielt. Deswegen ist es ratsam, dass dafür viele kleine Dosen mit Kastanien oder Ähnlichem vorhanden sind. Es wird mit Vorliebe alles in ein Gefäß gefüllt, gut gerührt und dann in andere Gefäße geschüttet. Das Verteilen wird auch gern so gespielt, dass an jeden Platz des Spieltisches etwas gelegt wird.

Auch werden oft «Geschenke» verpackt. Kleine Hölzer oder etwas anderes werden in mehrere Lagen Tücher eingewickelt und exakt links und rechts von einer Mitte aus auf den Tisch gelegt, zeitweise auch gestapelt. Es werden auch Wäscheklammern nach Farben sortiert und gleichmäßig links und rechts von einer Mitte angezwickt. Manchmal werden die Dinge so verteilt, dass es zu symmetrischen, geradezu exakten Mustern kommt. Ähnliche Musterspiele kann man im Sand beobachten.

Auch in der Gruppe kann man Interaktionsspiele und Bewältigungsspiele erleben und beobachten. So spielen zwei zarte Mädchen mit ähnlicher Wesensart sehr gern miteinander oder doch eher nebeneinander. Sie legen Gegenstände geschäftig hin und her. Beide sind noch nicht

lange in der Gruppe und haben es noch schwer, sich von ihren Eltern zu trennen. Beim Spielen sagt Maria zu Lisa: «Ich spiel gern mit dir, weil du mir sagst, warum du weinst, wenn deine Mutti geht.» Mit Sicherheit hat Maria keine direkte Antwort in Worten bekommen, aber in ihrem weiteren Spiel könnte man gut den Eindruck bekommen, geteiltes Leid sei halbes Leid.

Aus den genannten Beispielen ist zu erkennen, dass die Kinder in einer Gruppe viel Ruhe, Zeit und Freiräume für sich zum Spielen brauchen. Wenn nicht durch Übervorsichtigkeit und Ängstlichkeit die Entdeckerlust gestört wird, ist es eine Freude zu sehen, wie lange und intensiv die Kinder spielen können. Natürlich bringen die kleinen Forscher sich manchmal dabei auch in Gefahren. Wie stolz aber sind die Kinder trotz einer eventuellen Blessur über die grade neu entdeckte Spielerfahrung. Diese Freude ist es, die die Wissbegierde der Kinder wach hält und im weiteren Leben immer neue Fragen an die Dinge der Welt stellen lässt.

Nachahmung und Vorbild

Viele Spiele beruhen auf Nachahmung. Nachgeahmt werden kann aber nur, was man gesehen und erlebt hat. Im Haushalt können jedoch meist nur noch wenige Tätigkeiten gut nachgeahmt werden. Wie dankbar wir auch über Erleichterungen sind, für die kleinen Kinder sind viele Küchenmaschinen «schwarze Kästen», undurchschaubar in ihrer Funktion.

Als ich einmal im Kindergarten die Lätzchen in einer Wanne wusch, staunte ein Kind und sagte: «Du wäschst ja mit Wasser!» Es ist sicher so, dass ein Kind heutzutage bei einer vollautomatischen Waschmaschine nicht mehr erlebt, dass beim Waschen Wasser gebraucht wird. Die Wäsche kommt trocken hinein in die Maschinen und so gut wie trocken wieder heraus. Umso nötiger ist es, wieder einzelne Arbeitsschritte im Haushalt erlebbar zu machen. Das wäre doch eine schöne Aufgabe für den Kindergarten! Der Möglichkeiten gibt es viele.

Kinder ahmen den Erwachsenen bei seinem Tun gerne nach, alles Zweck- und Nützlichkeitsdenken ist ihnen fremd. Sie erleben dabei auch sehr intensiv die emotionale Seite des Erwachsenen. Äußere Aktivitäten selbst sind wichtig, aber das Was spielt gar keine so große Rolle bei der Nachahmung, sondern das Wie, die wahrgenommenen Emotionen werden stark damit verbunden. Das ist viel eindrucksvoller und wird je nach Alter grandios versucht nachzuspielen. In welcher inneren und äußeren Haltung zum Beispiel die Puppenkinder gefüttert werden, spricht Bände.

Aber dieses Nachspielen der Emotionen kann das Kind so richtig erst nach dem dritten Lebensjahr. Bis dahin wirken die Gefühle auch, aber im Inneren der Organisation des Kindes. Das Kind ist noch nicht in der Lage, alles wiederzugeben. Es findet seine Befriedigung, ein höchstes Glücksgefühl, wenn es einfach in der Nähe des Erwachsenen tätig sein kann und ihn nachahmen darf.

Material und Menge des Spielzeugs

Material, welches einen Charakter oder Qualität oder im Lebendigen seinen Ursprung hat, beinhaltet etwas, das «nachahmenswert» ist, etwas, das prägend sein könnte. Jedes Material und jede Form hat ihre Wirkung und hinterlässt Eindrücke. Jedes Bewegen, jedes Tasten eines Gegenstandes bildet auf komplizierte Weise das Gehirn weiter aus und befähigt es damit immer besser für seine weiteren Aufgaben.

Der analoge Prozess, vielseitige Materialerfahrungen, ergibt später die Möglichkeit zum vielseitigen oder bewegten Denken. Dies meint aber nicht, die Quantität an Spielzeug, sondern eben die Qualität des Materials, auf die es ankommt. Das aus möglichst naturbelassenem Material hergestellte Spielzeug sollte so beschaffen sein, dass es das Kind altersentsprechend in seiner Funktion und seinem Aufbau zu durchschauen vermag. Alles, was vom Kind nicht durchschaut werden kann, kann es verunsichern. Anregend ist es, wenn das Material kein Surrogat ist. So ist zum Beispiel Kunststoff u.a. aus Erdöl und Sauerstoff chemisch hergestellt. Es liegt hier ein Stoff vor, dessen Herstellung für das Kind nicht mehr nachvollziehbar ist. Wurde es in seiner Sinneswahrnehmung «getäuscht»? Denn Roherdöl ist schwarz, braun, klebrig, stinkend und nicht so weich, glatt und farbig wie das fertige Spielzeug.

Schön ist es, wenn Kinder die Natur mit ihren vielen unterschiedlichen Qualitäten erforschen dürfen. Wie anders lässt sich Matsch formen als trockener Sand!

Wenn Spielzeug aus Holz ist, ist das natürlich noch nicht das alleinige Kriterium dafür, dass es gut ist. Jedes natürliche Material ist recht, insofern seine Eigenarten erkundet werden können. So kann im Kind eine Ahnung entstehen: Die Welt ist für mich *erlebbar.* Ich kann sie im umfassenden Sinn begreifen.

Für die Menge gilt: Weniger ist mehr. So ist das Kind altersentsprechend in der Lage, zu dem Einzelnen eine wirkliche Beziehung aufzunehmen. Wenn wenig Dinge, dafür aber Verwandelbares vorhanden ist, kann es umso intensiver damit spielen. Das Wenige wird in der Fantasie vom Kind in viele verschiedene Dinge gewandelt. Je mehr Spielzeug, umso öfter erscheint das Kind unkonzentriert und hat ganz schnell Langeweile. Schon wir Erwachsenen haben es doch schwer, im Überfluss mancher Läden uns für eine Sache zu entscheiden, wenn wir nicht grade etwas Bestimmtes suchen. Ein Kind hat viel weniger Entscheidungskräfte!

Gestaltung des Spielzeugs

Vor allem sollte Funktion und Gestaltung übereinstimmen. Gutes Spielzeug zeichnet sich weiter durch seine Haltbarkeit, Vielseitigkeit sowie ästhetische Form und Farbe aus. Auch hier gilt: Weniger ist mehr. Das Kind lässt sich bis etwa zum vierten Lebensjahr von außen in einzelnen Punkten inspirieren und es hat die Fähigkeit, die Gegenstände von innen her fertig bilden und ergänzen zu können. So kann ein krummer Ast eine Bohrmaschine, ein Fuchs oder ein Auto sein. Das Unvollständige ist das Wichtigste beim Spielobjekt. Alles, was unvollständig ist, löst beim Kind ein Begehren nach Vervollständigung aus. Es trainiert dabei seine Vorstellungskraft und verändert das Objekt oder ergänzt es innerlich so, dass es zum Spiel passt. Fantasie macht frei. Das Kind braucht sich nicht an Vorlagen oder fertige Muster zu halten. Das Spiel wird dadurch erst lebendig, vor allem aber individuell, so wie es gerade für dieses Kind recht ist. Später hat der Erwachsene, der in seiner Kindheit viel Gelegenheit hatte so fantasievoll und schöpferisch zu spielen, die Gabe, sehr beweglich zu denken, denn seine Vorstellungskräfte wurden durch das Spiel gut angelegt und gestärkt. Ihm werden genügend Ideen einfallen, um im Leben zu bestehen. Das Kind lernt dadurch, sein Schicksal später anzuerkennen, es in die Hand zu nehmen und möglichst das Richtige daraus zu machen.

Wirkung des freilassenden Spielzeugs

Studien zeigen, dass Kinder, die nicht in sozialen Idealfällen aufgewachsen sind, eine bemerkenswerte Widerstandskraft und flexible Bewältigungsstrategie im Alltag und vor allem in Notsituationen zeigten, wenn sie aktiv schöpferisch gespielt hatten. Sie hatten gelernt, zu überlegen und zu planen. Sie waren als Kind nicht darauf beschränkt, sich durch «fertiges» Spielzeug in vorgegebene Spielideen zu fügen.

Bei einer Befragung sagten diese Erwachsenen, sie seien überzeugt, dass sie ihr Schicksal und ihre Lebenswelt durch eigene Handlungen positiv beeinflussen können. Sie wurden als selbstbewusst, aber auch fürsorglich, leistungsfähig und freundlich eingeschätzt, und sie kamen auch gut mit gelegentlich vorhandenen körperlichen Behinderungen zurecht.

Mitspielen des Erwachsenen

Oft steht die Frage, ob der Erwachsene mit dem kleinen Kind mitspielen soll? Das Kind hätte ja noch nicht gelernt zu spielen.

Als meine Kinder noch klein waren, hätte ich dafür gar keine Zeit gehabt, denn ich musste meinen Haushalt selbst erledigen. Die Kinder waren immer dort, wo ich war. Ich hatte das Gefühl, wenn ich mit

Intensität meine Arbeit erledige, spielen die Kinder auch ganz intensiv. Nur wenn ich durch eventuellen Besuch «abgelenkt» war, wurden sie ganz schnell zu kleinen Tyrannen. Auch in Kindergruppen kann ich das eindeutig so beobachten.

Wenn der Erwachsene zum Beispiel in der Sandkiste sitzt und auch mitspielt, so entsteht für mich schon die Frage: Welch eine vorbildende Idee wäre da nachzuahmen? Ist es Aufgabe des Kindes, sich in einen spielenden Erwachsenen hineinzudenken?

Sicher ist es gut, wenn man den Kindern hilft, welche schlecht ins Spiel kommen oder wenn man Hilfen anbietet, wo die Umgebung wenig Möglichkeiten zum Spielen lässt. Mit wenigen freilassenden Handgriffen müsste dann aber das Spiel höchstens begonnen werden, sodass das Kind einsteigen kann.

Unfrei und wie abgeschoben fühlt sich ein Kind, wenn es spielen geschickt wird. Hat das Kind von Geburt an Selbstständigkeit langsam erüben dürfen, wird es von allein auch für kurze Zeit sich beschäftigen und allein spielen wollen. Es ist dann unkompliziert zu sagen: «Jetzt trinken wir großen Leute Kaffee und du bereitest in deinem Zimmer etwas vor. Wir kommen dich dann besuchen.» Ein Kind unter drei Jahren hat aber nur kurze Spielzeiten von etwa allerhöchstens zwanzig Minuten. Wie mit einem zarten Band verbunden wird es sich immer wieder zu den Eltern hingezogen fühlen, ihnen etwas zeigen oder mitteilen, um anschließend wieder neu ein Spiel zu beginnen, dann vielleicht doch in der Nähe der Erwachsenen.

Wenn das Spiel aus einer passiven, kontrollierenden Haltung des Erwachsenen heraus beaufsichtigt wird, ist das lähmend für das Kind. Schnell steht es auf und nimmt ebenfalls eine passive und kontrollierende Haltung ein. Sind genügend spielende Kinder da, kann sich zum Glück trotzdem noch einige Aktivität entwickeln. Besser ist es, wenn der Erwachsene intensiv arbeitet. Wenn er zum Beispiel Gemüse putzt oder Kartoffeln schält, wie herrlich spielen die Kinder dabei mit den Kartoffelschalen. Die Schalen werden zu Wesen, beginnen zu leben und reden miteinander unverständliche Dinge. So erleben und erforschen die Kleinen ganz viel – in der Nähe des Erwachsenen und doch für sich.

Pflegen und Aufräumen

Das Aufräumen gehört zum Spiel, genauso wie das Abwaschen oder Aufräumen der Küche zum Essenbereiten gehört. Erlebt das Kind diese natürliche Folge immer wieder beim Erwachsenen, wird es zur Gewohnheit.

Durch die erlebten Prozesse im Haushalt wird das Aufräumen etwas sehr Selbstverständliches. Macht man aus dem Aufräumen ein «Spiel», indem das Auto grad müde ist und schlafen gehen muss, ist es nur ein Schein von dem, was Aufräumen ist. Ich wies auf dieses Problem am Bespiel des Essens schon hin.

Ich übernehme die Führung, indem ich eine Beziehung zum Kind aufnehme und ihm mein Anliegen mitteile, und wir werden gemeinsam aufräumen und uns freuen, wenn alles seinen Platz gefunden hat. Wenn ich mit den Kindern im Garten gearbeitet habe und so zeitig aufhöre, dass wir gemeinsam in aller Ruhe die Geräte noch schön säubern und vielleicht dies und jenes sogar wieder in Ordnung bringen können, was vielleicht etwas verbraucht ist, so fördert dies zudem das Wertgefühl für die «Werkzeuge». Die Kinder gehen danach ganz anders auch beim Spiel damit um. Sie bemerken plötzlich, wenn etwas pflegebedürftig geworden ist und bringen es, um es wieder reparieren zu lassen. In unserer Wegwerfgesellschaft haben solche ehrlich betriebenen Aufräum- und Pflegearbeiten einen großen Wert in der Pädagogik. Wie anders soll sonst bei den Kindern ein Wertgefühl oder Ordnungssinn ausgebildet werden?

Durch das Spiel bilden sich die Seelenkräfte Denken, Fühlen und Wollen gleichermaßen aus, wenn der Erziehende sich genügend in seinem eigenen Wollen zurücknehmen kann. Dem Kind erhält er dann einen geschützten und geordneten Raum, in dem es sich konzentrieren kann ohne Störung und Ablenkung. Vielseitige Materialien mit entsprechender Qualität wird er ihm zur freien Verfügung stellen, die die schöpferische Fantasie anregen.

Wenn das innerliche *Erfahrungs-Empfinden* nicht gefordert wird, bekommt der Intellekt Übergewicht. Das Kind kann nur noch erzählen, was es weiß oder sich einbildet zu wissen, denn es hat ja wenig wirklich mit allen Sinnen erlebt und kennen gelernt, kaum Empfindungen an Erfahrungen geknüpft. Dadurch kann es Gefühle schlecht oder nicht ausdrücken, denn sie leben zu wenig im Kind. Die Soziabilität beruht aber auf der Möglichkeit, das Empfinden eines anderen sowie das eigene Empfinden wahrzunehmen und damit umzugehen. Insofern haben es diese Kinder schwerer im Umgang mit anderen Menschen, sie haben die Veranlagung in sich, relativ schnell unsozial zu werden.

Aggressivität

Auf dem Schoß des Vaters sitzt sein neun Monate altes Töchterchen. Vater und Tochter sind beide ganz vergnügt. Das Mädchen klettert auf Vaters Arm und hängt sich über seine Schulter. Als es sich wieder aufrichtet, schaut es dem Vater ins Gesicht. Das äußerlich bewegte Spiel wird zu einem ruhigeren Wahrnehmen. Das Kind greift vorsichtig nach Vaters Ohr, dann zu der großen Nase. Nun aber wird kräftig zugekniffen, wie das Kind es bei allen Gegenständen macht, die die kleinen Hände erreichen können.

Der Vater nimmt vorsichtig die Hand des Kindes in die seinige und sagt zum Kind ruhig und ernst: «Nein, nur *ei* machen.» Er streichelt dabei liebevoll seinem Kind über das kleine Gesichtchen und sagt immer wieder: «Nur *ei* machen.»

Langsam streckt sich die kleine Hand des Mädchens wieder Vaters Gesicht entgegen. Jetzt streichelt sie.

Wodurch kommt es zu Aggressivität?

Wir erleben alle, dass die Kinder im frühen Alter schon zunehmend in ihren Handlungen Züge von Aggressivität zeigen. Was noch vor 20 bis 30 Jahren bei den sechs- bis siebenjährigen Jungen ein Rangeln, ein ehrliches Kräftemessen war, hat heute wirklich eine andere Form bekommen! Es wächst berechtigterweise die Angst, aber auch die Ohnmacht gegenüber diesem Phänomen. Im vorangegangenen Kapitel habe ich schon auf einiges in der Kindesentwicklung hingewiesen, was aggressives Verhalten auslösen kann. Es ist mir wichtig, diese einzelnen Situationen noch einmal zu erwähnen und zusammenzufassen. Wie sieht es bei den kleinen Kindern aus? Wenn ein zweijähriges Kind kratzt, schuppst oder beißt, ist der Erwachsene leicht in der Lage, dem körperlich viel schwächeren Kind die Handgreiflichkeiten zu unterbinden. Das wird aber keine Lösung sein, denn das eigentliche Problem wird nicht behoben, sondern nur hinausgeschoben auf spätere Jahre. Wenn die Kinder zu Jugendlichen geworden sind, wäre der Erwachsene auch nicht mehr so ohne weiteres in der Lage, auf diesem Wege äußerlich Ruhe herzustellen.

Das Wort Aggressivität kommt aus dem Lateinischen und heißt soviel wie handgreiflich werden, angreifen, Gestautes raus lassen, losgehen und annähern. Auf jeden Fall bezeichnet es eine Tätigkeit, bei der es zu einer mehr oder weniger heftigen Begegnung mit dem anderen, aber auch mit sich selbst, kommt. Viele Situationen im Alltag sind heute so für die Kinder, dass sie oft gar nicht anders können, als sich in dieser Art und Weise bemerkbar zu machen.

Wenn das kleine Kind auf die Welt gekommen ist, ist es im erweiterten Sinn noch nicht bei sich zu Hause angekommen. Wie weiter oben beschrieben, ist es auf vertrauensvolle Hilfe angewiesen.

Für alle Entwicklungs- und Lernschritte ist ein gewisses Maß an Wohlbefinden, Harmonie und Zuwendung von Nöten. Durch das Wahrnehmen und das Auseinandersetzen mit sich und der Materie erwächst dem Kind Selbstvertrauen. Es möchte sicher werden in seiner Leiblichkeit, die es als Instrument zur Bewältigung seiner Erdenaufgabe benötigt. Durch die Sprach- und Beziehungsentwicklung will es sich auf seelischem Gebiet beheimaten. Durch das Lernen, mit seinem Gedankenleben umzugehen, wird es Selbstbewusstsein und ein Freiheitsgefühl erreichen, um sich zu finden und für seine Handlungen einzustehen.

Wie kann es nun zu aggressivem Verhalten kommen? Aggressivität wird auftreten können, wenn das Kind durch Defizite oder Überflutungen in seiner Entwicklung gestört wird, wenn die Kräfte, die zur Ausbildung von Denken, Fühlen und Wollen gebraucht werden, nicht mit aller Aufmerksamkeit geschützt und gepflegt werden, aber auch, wenn das Kind bewusst oder unbewusst zu viel mit Scheinwahrheiten abgespeist wird.

Die Ich-Kräfte möchten den noch ungelenkten Willen umwandeln in mehr und mehr bewusstes Tätigsein. Das ist aber nur möglich, wenn durch Eigenaktivität mit Hilfe der Sinneswahrnehmungen das Kind sich mit seiner Umwelt in Beziehung setzen kann. Nur so kann das Ich in seinem Leib tätig werden. Werden die Sinneserfahrungen aber reduziert oder fehlen sie gar, so kann das Ich nicht aktiv sein, es zieht sich zurück. Bemerken kann man das daran, dass das Kind sich in seinem Leib nicht wohl fühlt oder er ihm sogar fremd wird. Mit häufigem Schreien und mit Widerstand gegen bestimmte Handlungen der Eltern wird es reagieren, denn sein Unwohlsein kann es konkret erst zum Ausdruck bringen, wenn es sprechen gelernt hat.

Wenn das Ich sich zurückziehen muss, wenn es nicht recht tätig sein kann in seiner eigenen Leiblichkeit, kann es beim Kind zu Handgreiflichkeiten kommen, zu denen das schon ältere Kind sagen wird: «Das war ich nicht!» Oder: «Das wollte ich nicht.» Denn die Ich-Kräfte sind es, die den Willen, das Fühlen und das Denken lenken. Wenn das Ich zu wenig Möglichkeit hat, diese Seelentätigkeiten auszuüben, wird das Kind kein rechtes Bewusstsein von seinen Handlungen haben können. Es reagiert nur auf das, was ihm zum Teil vorenthalten wurde oder was im Übermaß auf es einströmte.

Bei den Sinneswahrnehmungen treten heutzutage Defizite meistens im Bereich des Tast-, Lebens-, Bewegungs- und Gleichgewichtssinns auf. Ganz offensichtlich zu bemerken ist der Bewegungsmangel. Eng damit zusammen hängt ein Unterfordern des Gleichgewichtssinnes. Oft ist zu wenig Raum und Gelegenheit für das Kind vorhanden, sein inneres und äußeres Gleichgewicht zu finden. Offensichtlich ist auch eine Verarmung bei den Tasterlebnissen: Vieles ist glatt, viel Plastik kommt dem Kind entgegen, viel Lack. Schließlich kann sich beim Kind ein allgemeines Unwohlsein, ein Gefühl, sich nicht einordnen zu können, durch die heute oft unrhythmische Gestaltung von Tages- oder Wochenabläufen bemerkbar machen.

Neben diesem Mangel ist andererseits eine Überflutung der Sinne zu erleben, die dem Menschen die Eigenarten und den Charakter der Außenwelt vermitteln. Es sind die Bereiche des Geschmacks-, Seh- und Gehörsinns. Hier sind die Beispiele mannigfaltig, wenn wir nur an Geschmacksverstärker, heutige Farben und den Lärm sowie an den oft sehr frühen Kontakt der kleinen Kinder mit der «Straße» denken. In der ersten Zeit kann sich das Kind noch nicht von den Einflüssen abwenden oder sich dagegen schützen.

Ist das nicht eine wirkliche Zerreißprobe zwischen Unterforderung und Übermaß, in der das Kind steht?

Ein ganz anderes Beispiel von Unterforderung sei angefügt, das für viele Ähnliche stehen soll. Wie ist es, wenn ein dreijähriges Kind immer noch aus der Nuckelflasche trinkt? Oder wenn es über ein Jahr hinaus gestillt wird? Sind es auch beides lieb gewordene und bequeme Gewohnheiten für Mutter und Kind, so will das Kind doch auf der Erde angekommen. Es will sich auch mit der Erdennahrung aktiv auseinander setzen und sich nicht immer in den Baby-Zustand zurückversetzt fühlen. Wird es vielleicht im späteren Alter immer noch durch einen Nuckel getröstet, beruhigt oder in den Schlaf gebracht, kann man sich auch gut vorstellen, dass das Kind weiterhin seelische Unstimmigkeiten über die Mundregion regeln will: Es beißt.

Überforderungen durch Erwachsene gibt es auch. So soll das Kind zum Beispiel schon über längere Zeit zuhören und still sitzen. Manchmal soll es sogar zwei bis drei Dinge zur gleichen Zeit tun. «Bringe deine Schuhe hinaus, stelle sie ins Regal und bringe die Hausschuhe mit herein!» Das kleine Kind hat aber mental noch nicht die Möglichkeit, zu koordinieren, es verliert schlichtweg den Überblick. Es kann nur bei klaren kurzen Anweisungen die Kontrolle behalten.

Eine andere Überforderung ist, wenn die Dinge, die getan werden müssen, offen lassend als Bitte oder gar als Frage formuliert werden. «Würdest du bitte so nett sein und deine Stiefel noch wegstellen? – Wollen wir jetzt heimgehen?» Nun muss das Kind sich entscheiden, ob es nett ist oder ob es will! Nach welchen Kriterien soll es sich entscheiden in diesem Alter?! Kann man nicht einfach die Tatsache formulieren: «Jetzt räumst du bitte deine Stiefel noch auf!» Das Fernsehen als Beispiel für gleichzeitige Über- und Unterforderung sei an dieser Stelle nur genannt.

Aggressivität wird wohl immer eine Art Notwehr sein, ein Hilferuf!

Wie sieht es mit den Bestrafungen der kleinen Kinder aus?

Das Kind ist noch jenseits des Erkennens von gut und böse, mindestens bis etwa zum vierten Lebensjahr. Dann ist das Bewusstsein so weit erwacht, dass es Vorstellungen über Ursache und Wirkung seines Handelns entwickeln kann. Somit ist es auch erst dann in die Lage gekommen zu verstehen, was es anderen zufügt und was diese dabei fühlen könnten. «Oberstes Gebot» muss aber trotzdem sein, dass niemand einem anderen Schaden zufügen darf. Passiert es dennoch, dass ein Kind haut oder beißt, dann sollte das Kind deutlich spüren, dass es etwas «Unerlaubtes» getan hat, aus welchem Grund auch immer. Das Wiedergutmachen gelingt am besten, wenn sich der Erwachsene dem «Geschädigten» zuwendet und den «Täter» dazunimmt. Gemeinsam wird nun getröstet, nicht mit vielen Worten, sondern über Sinneserfahrungen.

Alle Formen der Bestrafung sind in den ersten Jahren also noch zu früh. Nur die innere seelische Stimmung des Erwachsenen kann das Kind zum Erlebnis bringen, dass etwas Unsoziales bzw. Gewalttätiges passiert ist.

Im Allgemeinen braucht aus den genannten Überlegungen heraus das Kind auch kein hervorgehobenes Lob, sondern eher kleine, öfters auftretende ermutigende Anerkennungen.

Wenn wir noch einmal auf das Spiel der Kinder schauen, so wurde erläutert, dass altersbedingt noch vieles dabei «chaotisch» abläuft. Die Kinder brauchen entsprechenden Platz. Sie sollten ungestört sein, sich aber nicht allein gelassen fühlen. Laut darf es beim Spiel in gewissen Grenzen werden, da das zur gesunden Entwicklung gehört. Auch handgreifliche Auseinandersetzungen werden sich ergeben, die nicht sofort unter Aggressivität zu verbuchen sind. Dabei mag es mindestens eine Regel von Anfang an geben: Das menschliche Antlitz und der Kopf sind «tabu».

Hat das Kind darüber hinaus den Wert des begleitenden Gesprächs (nicht zu verwechseln mit Diskussion) erleben dürfen, wie oben im Text beschrieben, dürfte Aggressivität beim gesunden Kind nicht entstehen.

Für den Erwachsenen wird das Wichtigste sein, dass er das Kind unter drei Jahren deutlich anders behandeln wird als ein älteres.

Aber den größten Wert für das Kind hat das nie abreißende Gefühl, es wird, so wie es ist, angenommen und geliebt.

Schlafen und Wachen

Betritt man ein Zimmer, in dem ein kleines, wenige Wochen altes Kind schläft, so liegt ein ganz besonderer Zauber über diesem Raum. Behutsam schließt man die Tür, beginnt zu flüstern, geht leise zum Wiegenbettchen. Alles ist darauf ausgerichtet, den Schlaf des Kindes nicht zu stören.

Die Ärmchen mit den leicht geöffneten und entspannten Händen liegen neben dem Kopf. Das Däumchen ist noch etwas nass vom Nuckeln, es ist aus dem Mund gerutscht. Ein bisschen in Nuckelhaltung, etwas abgespreizt ist es immer noch. Mit ganz leicht geöffnetem Mund nuckelt das Kind hin und wieder. Wie ein paar matte Goldstrahlen liegen die Löckchen auf der Stirn. Sie sind unter dem Mützchen hervorgequollen. Welch ein Minenspiel in diesem kleinen Gesicht! Ein Runzeln der Stirn, dann ein Lächeln, nur mit einem Mundwinkel. Das

Lächeln weicht und etwas ganz anderes taucht auf. Aber ein himmlischer Friede um das Kind bleibt. Und dazu der Duft, unvergleichlich schön! In uns regt sich etwas, was uns fast erschauern lässt. Wir treten einen kleinen Schritt zurück und bemerken, wie wach alle Sinne in uns geworden sind und wie eine ehrfurchtsvolle, schützende Gebärde sich in uns regt. Was strömt da von diesem schlafenden Kind aus, das diese Empfindungen in uns weckt? Dieses, was da strömt, ist so stark, dass es nicht nur die Mutter bemerkt, sondern man kann beobachten, dass fast jeder Mensch, wer er auch immer sei, eine ganz andere Haltung, eine Wachheit bekommt, wenn er vor einem schlafenden Kind steht. Sogar Zorn oder Hektik weichen.

Und nun noch ein anderes Bild! Auf dem täglichen Spaziergang durch den Park mit dem zweieinhalbjährigen Jungen gibt es auf der alten Holzbrücke immer das gleiche Zeremoniell. Das Bübchen legt sich ganz flach auf den Bauch und drückt sein Gesicht fest an die kleine Spalte mit dem Loch, welches mit feinem Kies ziemlich gefüllt ist. Aber es ist noch eine Öffnung zum Wasser hin vorhanden. Die kleinen Hände umschließen neuen Kies, der auf dem Weg aufgelesen wurde. Die gefüllten Fäuste ruhen jetzt neben dem Kopf. Einzelne Steinchen sind schon unbemerkt aus den Händen verloren gegangen. Langsam hebt das Bübchen das Gesicht nur ein wenig in die Höhe, die linke Hand schiebt sich heran und nun rinnen die Steinchen aus der Hand durch die Öffnung ins Wasser. Schnell geht der Kopf wieder runter und mehr mit einem Auge linsend verfolgt das Kind die Steinchen. Jetzt ist der ganze Leib etwas angespannt. Die Beine schieben sich unter den Po und das eben noch flach liegende Kind hockt jetzt fast zusammengerollt. Ganz still ist es. Lange dauert es, bis die rechte Hand ihren Schatz in gleicher Weise ins Wasser rinnen lässt. Und wieder langes Nachsinnen durch das Loch in der Brücke. Dann schaut der Bub zur Mutter und sagt: «Die Brücke schwimmt mit mir weg.» Erst jetzt schaut er zu seinen Händen und bedächtig werden aus deren klebrigen Innenflächen die letzten Steinchen abgestrichen. Mutter und Bub können weiter.

Über die Kräfte, die im kleinem Kind wirken

So wie 24 Stunden geteilt werden können in Tag und Nacht, so gibt es die Möglichkeit, die Welt in eine Sinnliche und eine Übersinnliche oder auch in eine irdische und eine geistige Welt zu teilen. Der Mensch hat Anteil an beiden, der geistigen Welt, aus der er gekommen ist, und der irdischen Welt, wo er durch die Liebe seiner Eltern seine Erbsubstanz erhalten hat.

Auch das Wachen kann nicht getrennt vom Schlafen gesehen werden. Es hat seine Auswirkungen auf den Schlaf sowie der Schlaf auf das Wachen.

Das Kind ist ja zunächst noch schlafend, träumend und ganz mit seinem Ursprung verbunden. Es muss erst noch lernen, richtig zu schlafen und zu wachen. Es kann noch nicht neutral betrachtend der Welt begegnen. Einerseits hat es noch keine Möglichkeit, sich abzuschirmen von dem, was auf es einströmt, anderseits hat es den Drang, das, was es wahrnimmt, innerlich nachzuerleben und sich mit ihm zu verbinden, mit ganzer Hingabe.

So gibt sich das Kind im Wachen der sinnlichen Welt ganz hin, es ist wie ein inneres Miterleben. Mit dieser Seelenqualität, dem Sich-ganz-Hingeben, geht es in den Schlaf über und taucht in die Region der übersinnlichen Welt ein.

Der Erwachsene schläft und wacht ganz anders als ein Kind. Im Wachen ist er hoffentlich ganz wach, und durch sein Tätigsein verbraucht er viele Kräfte. So schläft er danach vielleicht manchmal erschöpft ein und regeneriert sich während des Schlafes.

Das kleine Kind ist mit seiner Organisation ganz auf Wachsen und Werden eingestellt. Im Idealfall wird in seinem Organismus noch wenig abgebaut, was in der Nacht wieder aufgebaut werden muss, sondern das Kind kann im Schlaf mit eben diesen inneren Hingabekräften, die es am Tag übt, an der Weitergestaltung seines Organismus *arbeiten*.

Wenn der Tagesablauf für das ganz kleine Kind so eingerichtet und begleitet werden kann, dass es genügend Schutz findet, im träumerischen Wachen die Dinge der irdischen Welt wahrzunehmen, kann es sich mit ihnen nachahmend verbinden. Mit diesen Kräften wird es im Schlaf seinen Leib weiter ausgestalten und dann gestärkt seine nächsten Lebensschritte verwirklichen können.

Schlafen und Wachen muss erst gelernt werden

Das Kind hat in der Embryonalzeit auch schon Wach- und Schlafphasen, manchmal entgegengesetzt zu denen der Mutter. Direkt nach der Geburt sind beim gesunden Kind die Schlaf- wesentlich länger als die Wachphasen.

Man kann schnell den Eindruck bekommen, dass alle Sinneseindrücke das Neugeborene noch sehr ermüden. Dem ist auch wirklich so, denn es will erst auf der Erde ankommen – und dort ist alles noch fremd. Es muss sich mit den Eindrücken erst anfreunden und auseinander setzen – das ermüdet. Beim Wickeln, Baden und Pflegen ist es oft ganz wach und freut sich über die Zuwendung von Mutter oder Vater, aber beim Stillen, wenn es die größte Menge getrunken hat, schläft es schon wieder ein. Rasch wandelt sich dieses Schlaf-Wach-Verhältnis und es gibt immer öfter Phasen, in denen das Kind längere Zeit wach sein kann.

Oft klagen Mütter, dass ihr Kind schon mit zweieinhalb Jahren nicht mehr mittags schläft und die Frage ist, ob es diesen Schlaf noch braucht. Im Kindergarten soll es dann, wünscht die Mutter, möglichst auch nicht schlafen, weil es sonst abends so lange wach liegen würde. Das Schlafbedürfnis ist individuell verschieden, trotzdem muss darauf geachtet werden, dass die Kinder nicht zu wenig schlafen. Zu viel Schlaf ist eher selten.

Etwa mit drei bis vier Monaten hat ein Säugling seinen Schlaf-Wach-Rhythmus gefunden. Wenn die Eltern selbst sich um einen Rhythmus im Alltagsleben bemühen, ist zu erleben, wie stark die Kinder vom Vorbild der Eltern unterstützt werden.

Sinneserfahrungen

Wie kann der Tagesablauf gestaltet werden, damit das Kind gut in den Schlaf kommt?

Es gibt nichts Wichtigeres als die Pflege der Sinne in diesen ersten drei Jahren. In jeder Sinneserfahrung erlebt das Kind ein Stück von sich selbst. Es hat noch gar keine andere Möglichkeit sich wahrzunehmen, denn es kann ja noch nicht über sich nachdenken oder sich denkend etwas bewusst machen. Indem es wahrnimmt, erlebt es unbewusst, dass es selbst andere Qualitäten hat als das Wahrgenommene. Durch dieses «Sich-damit-in-Beziehung-Setzen» wird beim Kind ein Gefühl und später ein Bewusstsein für sich selbst erwachen. Aber ein gesundes Selbstbewusstsein wird im Erwachsenen später nur entstehen können, wenn taugliche Wahrnehmungen im Kindesalter gemacht worden sind, also Sinneswahrnehmungen, die etwas Charakteristisches über die äußere Welt aussagen. Diese können dann auch dem Kind Sicherheit vermitteln. In unserer modernen Welt sind Gelegenheiten für solche tauglichen Wahrnehmung selten geworden. Lassen wir uns etwas mehr Zeit und schenken uns gegenseitig Aufmerksamkeit, so werden wir sie auch finden. Wir können auswählen, wo wir einkaufen gehen, mit welchem Gefährt wir fahren, welche Wege wir gehen. Wie herrlich kann zum Beispiel eine Pfütze sein, wenn dazu noch vom Benzin eine Ölschicht die Regenbogenfarben darauf erscheinen lässt. Wie verschieden klingen Gartenzäune und Straßenschilder!

Bei einem Kind von etwa zehn Wochen ist zu merken, dass die seelischen Wahrnehmungen sehr stark sind und die aus der sichtbaren Welt zwar Interesse wecken, aber deutlich an zweiter Stelle hinter dem zurückstehen, was sie bewirken. So ist die Qualität des Körperöls, welches benutzt wird, wichtig, aber in welcher inneren Verfassung das Einreiben geschieht, hat einen größeren Einfluss auf die gesunde Entwicklung und der Eindruck davon hält noch lange an.

Auch wenn das Kind schläft, nimmt es immer noch viel wahr, weil es eben noch offen für alles ist und über keinerlei Schutz verfügt. Die Kinder haben außerordentlich feine «Antennen» im Schlafen wie auch im Wachen für die Empfindungen und Gedanken der Erwachsenen sowie die Stimmungen in der Umgebung.

Rhythmus

Schon sehr bald bildet sich ein erstes Erinnerungsvermögen, was Gebräuche und Rituale betrifft. Durch Konsequenz und Konstanz kann sich beim Kind eine Erwartungshaltung bilden. Es wird sich in relativ kurzer Zeit auf die feststehenden Abläufe einstellen. Durch die Regelmäßigkeit werden auch die Stoffwechselvorgänge im Organismus geordnet, die ihren Eigenrhythmus haben. Geordnete Stoffwechselvorgänge sind für das Kind eine Wohltat. Es ist dadurch meist ausgeglichen und kann mit ungestörtem Interesse auf Entdeckungsreise gehen.

Regelmäßige Gewohnheiten

In den immer länger werdenden Wachphasen ist es schön, wenn es einen gesunden Wechsel gibt zwischen Wahrnehmen, Bewegen und Ruhen, Besinnen und wieder Loslassen. Genauso wertvoll wird ein ausgewogenes Verhältnis zwischen innen und außen sein. Das Kind wird in dem Zuhause-Sein in der vertrauten Wohnung, im häuslichen Innenraum mehr die Geborgenheit durch Gleichbleibendes und Vertrautes erleben.

In dem vielleicht immer etwas zu erweiternden Außenraum wird es dagegen mit seiner Neugier interessante Neuigkeiten entdecken.

Mit unermüdlichem Bewegungsdrang und Lebensfreude erschließen sich die Kinder diesen Außenraum, wenn wir ihnen Gelegenheit, Zeit und Ruhe dazu bieten. Wie schon erwähnt wurde, sind all diese Aktivitäten und Sinneseindrücke ermüdend. Manchmal merkt man auch das Übermaß des Guten, und das Kind schläft schon auf dem Heimweg vom Spaziergang ein.

Wärme

In der ersten Lebenszeit muss der Wärmehaushalt noch reichlich von außen unterstützt werden. Das hängt damit zusammen, dass sich das Kind noch nicht so intensiv über lange Zeit bewegen kann. Der Kopf, insbesondere die Ohren, geben viel Körperwärme ab. Eine entsprechende Mütze, die je nach Jahreszeit aus Wolle oder Baumwolle sein kann, bietet einen guten Schutz. Später kann ein Spaziergang, bei dem das Kind selbst läuft und nicht nur passiv im Kinderwagen geschoben wird, gut durchwärmen. Auch das Entdecken der vielen Geheimnisse unserer schönen Erde begeistert und erwärmt das Kind innerlich und äußerlich. Sitzen unsere Kinder nicht ohnehin zu viel als passive Beobachter?

Lebensräume

Das Kind ist in der pränatalen Entwicklungszeit von mehreren Hüllen umschlossen. Ganz allmählich muss es lernen, die Funktionen der verlorenen Leibeshüllen teilweise selbst zu übernehmen. Deswegen ist es anfangs erforderlich, Lebensräume zu schaffen, die dem Kind die vertraute Geborgenheit wieder vermittelt.

Wenn das Kind sich im Garten aufhält, in der ersten Zeit noch im Wagen liegend, wäre ein idealer Schutz ein Blätterdach. Da nicht immer ein Garten zur Verfügung steht, kann aus diesem Gesichtspunkt heraus ein entsprechend ruhiger Spielplatz aufgesucht werden. Schön sind Weidenrutenhäuschen oder natürliche Strauchwohnungen. In diesen halten sich die Kleinsten am liebsten auf. Wie hingezogen spielen sie dort, wo sie eine wohlige Begrenzung haben.

In aller erster Linie ist die Kleidung zum Schutz des Leibes gedacht und nicht der modischen Schönheit zuliebe. Die Kleidung soll vor Wind und Wetter schützen, die Bewegungsfreiheit nicht einschränken, besonders aber Wärme und Feuchtigkeit regulieren. Wenn die Kleidung nicht aus synthetischem Material hergestellt ist, wird sie dieser Anforderung auch gerecht werden. Die Haut ist unser größtes Tastorgan und deswegen ist es für das Wohlgefühl des Kindes nicht egal, womit es gekleidet ist.

Naturtextilien haben eine eigene charakteristische Qualität. Das Tastsinneserlebnis wird jeweils anders «genährt», wenn das Kind mit Wolle, einem Wolle-Seide-Gemisch oder auch mit Baumwolle in Berührung kommt. Wolle oder Wolle-Seide sind sehr atmungsaktiv, regulieren die Feuchtigkeit und ermöglichen eine wohlige Wärme, ohne dass es zu warm wird. Bei allem Synthetischen muss gesagt werden, dass die Haut als Sinnesorgan belastet wird, weil diese Faser keine eigentliche Qualität vorzuweisen hat, auch wenn mittlerweile atmungsaktive Stoffe auf dem Markt sind.

Ängste und Unruhe

Alles, was das kleine Kind umgibt, «fließt» unmittelbar in das Kind. Es ist nicht in der Lage zu verarbeiten und zu gewichten. So kann bei Überlastung Angst und Unruhe entstehen. Die Eltern sollten sich deswegen fragen, wie schnell sie den Säugling überall mit hinnehmen möchten.

Wenn Kinder allein gelassen werden oder sich allein gelassen fühlen, können natürlich auch Ängste entstehen.

Ältere Kinder haben ein größeres Umfeld, sind länger wach und haben viel mehr Begegnungen. Es treten also auch viel mehr Sinneseindrücke auf. Wie stark die Belastung ist, wird entscheidend auch davon abhängen, welche Stimmung die Eltern oder ErzieherInnen haben und wie diese zu den ganzen Einflüssen stehen.

Verunsicherung wird bei den Kindern auftreten, wenn die Beziehungen zwischen den Erwachsenen im Umkreis unaufrichtig sind oder Auseinandersetzungen zwischen den Eltern und Erziehern in Anwesenheit der Kinder ausgetragen werden. Oft reicht es auch schon, wenn die Erwachsenen unausgesprochene Konflikte mit sich herumtragen. Eine ganze Reihe unschöner Situationen wird nicht zu vermeiden sein, aber wir sollten uns dieses Problems bewusst werden und entsprechend mit Begegnungen umgehen.

Erklärungen und Diskussionen

Wir Erwachsene haben meist einen großen Wissensdrang und sind es gewohnt, für alles Neue eine Beschreibung oder Erklärung geliefert zu bekommen, um jede Verunsicherung ausschließen zu können. Das Kind aber ist in seiner kognitiven Entwicklung noch lange nicht so weit, dass es die Logik zur Verfügung hätte, mit «Problemen» in der Art eines Erwachsenen umzugehen. Für die Umsetzung oder das Erfassen solcher Erklärungen braucht das Kind viel Energie, die es aber noch dringend für seine körperliche Ausreifung benötigt. (Siehe hierzu auch das Kapitel «Lern- und Denkentwicklung» ab Seite 162.)

Wenn wir Erwachsenen eine Gebrauchsanweisung nicht verstehen, dann werden wir ärgerlich oder ungehalten. Dem kleinen Kind geht es genauso, nur dass es seine Befindlichkeit über diese «Gebrauchsanweisung» nicht so deutlich zeigen kann. So eine Verstimmung oder Überforderung macht auch das kleine Kind gereizt und meist sehr wach! Von einem kindlichen Hineinträumen in die Dinge kann nicht mehr die Rede sein.

Übrigens könnte man sich mal fragen, für wen eigentlich diese Erklärungen sind: Für das Kind, welches selbst entdecken will, oder für den Erwachsenen? Ist es nicht oft so, dass manche Eltern eigentlich selbst Freude an ihren Erklärungen haben, sich unbewusst dadurch bestätigen möchten und nicht in erster Linie fragen, ob das Kind diese Erklärungen jetzt schon braucht.

Erzählstoff und Erzählart

Die Kinder lieben und brauchen in diesem Alter kurze, überschaubare Erzählungen, kleine «Erzählchen», sowie ganz einfache Fingerspiele und kleine gereimte Sprüchlein. Über lange Zeit können diese bildhaft und rhythmisch erzählt werden, ohne Dramatisierungen. So sind sie keine Belastung für das Kind. Wichtig ist dabei, dass nachvollziehbare Ereignisse erzählt werden.

Wie sieht es mit all den vielen Geschichten oder auch Märchen aus?

In rascher Folge wechseln die «Abenteuer», vieles davon ist noch nicht erlebt, noch nicht erfasst vom Kind. Alles Undurchsichtige, Unbekannte und nicht Nacherlebbare muss aber als «unverdaulich» bezeichnet werden.

Wie fühlt man sich, wenn man «Unverdauliches» zu bewältigen hat? Es bleibt immer davon etwas zurück, was im Unterbewussten Unruhe, Unsicherheiten oder sogar Ängste hervorbringen kann. Zumindest schläft man nicht erholsam.

In sich ein Bewusstsein für die geistige Realität schaffen

Was im Physischen die Nähe, der Körperkontakt des Erwachsenen mit dem Kind ist, ist im Geistig-Seelischen ein Üben, wach zu sein für die geistige Herkunft des Kindes. Zu diesem Verbundensein gehört auch, das, was das Kind im Wachen erlebt hat, helfend mit in den Schlaf zu nehmen, mit in die geistige Welt zu tragen. Was hat das Kind heute Schönes, Förderndes erlebt, welche Entdeckungen gab es, aber auch, wo waren wir als Eltern nicht so präsent? Was können wir vielleicht an einem anderen Tag dazu beitragen, dass das Geschehene doch noch zur Zufriedenheit gelöst werden kann?

Wir werden versuchen, eine Fähigkeit in uns zu bilden, durch die wir das Einmalige des Kindes zu entdecken vermögen, und uns wie lauschend immer wieder fragen: Wer bist du? Was bringst du mit? Wo brauchst du Hilfe? Wenn das Kind aus dem Schlaf zurückkehrt, freut es sich über eine Begrüßung.

Prozesse und Eindrücke, die den Schlaf fördern

Die Lebensbildekräfte unserer körperlichen Organisation bestimmen alle lebenserhaltenden Funktionen in uns. Alle Auf- und Abbauprozesse, aber auch alle Wandlungen, die zur Reproduktion dienen, die so genannten Erneuerungsprozesse, werden hauptsächlich durch unsere Ernährung und Atmung, aber auch durch unser Schlaf- und Wachverhalten gesteuert. Weiteres aber begleitet und unterstützt diese Prozesse. Dabei steht an erster Stelle Freude, Geborgenheit, Wohlbefinden und Konsequenz.

Wenn der Tag so gestaltet werden kann, dass so wenig wie möglich Sinnesüberreizungen auftreten und dem Kind die Möglichkeit geboten wird, sich in Ruhe und immer wieder neu mit der Welt auseinander zu setzen, wird das Kind wohlig, zufrieden und vor allem müde sein. Es hat viel gelernt!

Schlafstörungen

Bei einer Flut von Sinnesreizungen, das kennt man von sich selbst, kommt man nicht in den Schlaf. Man ist todmüde, aber muss sich mit dem Übermaß an unbewältigten Eindrücken abquälen. Man schläft vor Erschöpfung kurz ein, meist nicht tief, und schreckt plötzlich wieder auf; die Aufarbeitung beginnt von vorn. Anders sind ungelöste Probleme, die auch ermüden, aber eher so zäh sind, dass man sie nicht los bekommt. Oft schleicht sich die Angst dazu. Es wird eng ums Herz, die Atmung flattert, an Schlafen ist gar nicht mehr zu denken.

Der Erwachsene hat die Möglichkeit, seine Probleme erfahrungsgemäß zuzuordnen, zu sortieren, fürs Erste zu erledigen und einen Rest mit in den Schlaf zu nehmen, um ihn in die geistige Welt zu tragen. Dann kann das gewandelte Ergebnis am Morgen zurückgetragen werden. Das Kind kann dies noch nicht. Es hat noch nicht gelernt, das Atmen in richtiger Weise mit dem Nerven-Sinnesprozess zu koppeln, wodurch die Eindrücke verarbeitet werden. Es muss den Wechsel zwischen Schlafen und Wachen, zwischen dem sinnlichen Aufnehmen und dem innerlichen Verarbeiten und schließlich dem Abgeben im Schlaf an die geistige Welt erst lernen. Was das für uns Erwachsene bedeutet, kennen wir und schätzen es, denn viele von uns haben das herrliche Gefühl schon erfahren, das auftritt, wenn wir abends ein Problem mit in den Schlaf nehmen und am Morgen oder im Laufe des Vormittags eine gute Idee haben, wie wir das Problem bewältigen können. Gerade diese Möglichkeit hat ein Kind von sich aus noch nicht. Es bleiben die Sorgen und Probleme ungelöst, unverdaut zurück, wenn es keine Hilfe bekommt.

Rituale beim Einschlafen und Aufwachen

Das Einschlafzeremoniell soll in erster Linie dem Kind helfen, selbst in den Schlaf zu kommen. Schon das Neugeborene verfügt über ein kleines Maß an Hilfen, um selbstständig einschlafen zu können. Durch Saugen,

Ruckeln und ähnliches Verhalten findet es in den Schlaf. Die Eltern sind natürlich die erste Zeit am Bett.

Das selbstständige Einschlafen ist eine Gewohnheitssache und wenn wir Eltern es für gut halten, kann der Säugling schnell diese Gewohnheit festigen und wird bald in den Nächten durchschlafen. Wenn er in der Nacht aufwacht, wird er lernen, allein wieder in den Schlaf zu finden. Voraussetzung dafür ist eine feste Schlafenszeit.

Es gibt natürlich verschiedene Erziehungsziele und es kann gut sein, dass Eltern davon überzeugt sind, dass der nahe Körperkontakt, zum Beispiel an der Brust der Mutter, ganz besonders psychisch Wohlbefinden und so genanntes Urvertrauen auslöst. Das ist aber vielleicht nur ein Aspekt der Sache, mag es auch eine ganz liebe Geste sein. Ein anderer Aspekt ist das Erziehen zur Selbstständigkeit und nicht zur Abhängigkeit. Durch das selbstständige Einschlafen hat das Kind eine weitere Fähigkeit für das Leben gelernt. Dadurch können die späteren Verlassenheitsängste, Gefühle des Alleinseins nicht in dem Maße auftreten, vor allem nicht in den Nächten. Außerdem können sich die Eltern später viel Ärger ersparen, denn oft kann man lieb gewordene, aber dann doch belastende Gewohnheiten nicht lange durchhalten und es kommt die Zeit, wo die Eltern wieder abends ausgehen oder wenigstens allein im Bett sein wollen.

Ich kann aus meiner eigenen Erfahrung sagen, dass es hilfreich sein kann, wenn werdende Mütter in der letzten Hälfte der Schwangerschaft sich mit Märchen, Liedern und «Erzählchen» beschäftigen. Sie können diese lernen, indem sie sie dem ungeborenen Kind immer wieder mal erzählen und vorsingen. So viel Zeit, wie in der Schwangerschaft gibt es danach meist nicht mehr. Weiterhin könnte ein Spruch, zu dem man einen guten Zugang findet, oder ein Gebet abends für das ungeborene Kind gesprochen werden und es auch morgens auf ähnliche Weise wieder geweckt und begrüßt werden. Wenn man dieses pflegt, kann sich daraus eine Grundsicherheit entwickeln, eine Gewohnheit, die in den vielen völlig neuen Situationen, die kommen werden, Kraft verleiht.

Je nach Weltanschauung und Gemüt und nach dem entsprechenden Alter des Kindes kann das Einschlafen und Aufwachen später verschieden begleitet werden: Es kann ein Lied, ein Gebet, eine Liebkosung an diese Stelle treten. Beruhigend wirkt auf das Kind die unausgesprochene Grundstimmung der Eltern: «Es ist gut so, alles wird seine Richtigkeit haben.» Eine Grundstimmung, die auch in schwierigen Ereignissen die positive Seite sieht: «Wir sind immer für dich da, soweit es in unserer Macht steht, egal, was passiert.»

Das Aufwachen ist je nach Temperamentslage von Eltern und Kind eine liebevolle bis stürmische gegenseitige Begrüßung, aber auch der neue Tag kann begrüßt werden, alles Schöne, was da kommen wird. Ich bemerke immer wieder, dass es ein hohes Ideal ist, so in den Tag zu gehen, aber es ist wirklich eine wohltuende Übung, erst einmal das Positive zu suchen. Irgendetwas, worauf man sich freuen kann, findet jeder. Diese Freude ist es, die uns Kraft schenkt für das, was schwierig ist, worauf man sich nicht freuen kann, was vielleicht sogar unschön ist. Diese Freude überträgt sich als Götterfunke auf das kleine Kind!

Rituale in unserer Tageseinrichtung

Ich möchte zum Schluss einige Erfahrungen aus meiner täglichen Arbeit einfließen lassen. Uns ErzieherInnen ist der Schlaf der Kinder so wichtig geworden, dass wir uns viele Gedanken gemacht haben, wie wir auch in Ganztagsgruppen mit jeweils etwa zwölf Kindern jedem einzelnen Kind einen Mittagsschlaf ermöglichen können. Wir haben das Glück, dass wir für jede Gruppe einen extra Schlafraum haben. Dieser kann gut gelüftet werden und ist abgedunkelt, wenn die Kinder hineingehen.

Wenn wir den Raum betreten, flüstern wir alle, damit es ganz still um uns und in den Kindern werden kann. Sind die Kinder umgezogen und liegen mit Schlafsachen in ihren Betten, werden mit einem Körperöl ihre Füßchen leicht massiert. Durch diese Fußmassage konzentriert sich das Kind auf die Füße und seine Aktivität, die eben noch beim Schwätzen und Spielen mit den Händen war, ist von dort wie weggezogen. Die Füße, die oft vernachlässigt werden, erwärmen sich. Man kann eine wohlige Entspannung bei den Kindern nach dem Einölen bemerken. Kinder, die dann noch kalte Füße haben, bekommen Wollsocken.

Nun wird jedem Kind individuell ein schöner Schlaf gewünscht. Sein Betthimmel wird etwas geschlossen und es hat so seinen kleinen Eigenraum. Bei den Kindern, die noch etwas unruhig sind, sitzen wir Erzieher noch kurze Zeit still neben dem Bett.

Sicherheit gibt den Kindern, dass sie mit den ErzieherInnen deren Ruhestätte, eine Matratze, vor dem Schlafen richten dürfen. Wenn alle zur Ruhe gekommen sind, darf sich die Erzieherin darauf ausstrecken. Manchmal wacht ein Kind auf, überzeugt sich, dass der Erwachsene auch noch liegt und schläft beruhigt weiter.

Dieser Ablauf hat sich über viele Jahre bewährt. Selten kommt es vor, dass zum Beispiel ein werdendes Schulkind nicht schlafen kann. So ruht es und flüstert vielleicht noch ein bisschen in seinem kleinen Innenraum und schläft zu guter Letzt doch meist noch ein.

Beim Aufwachen begrüßen wir mit einem fröhlichen Lied die Sonne, den Himmel. Es ist herrlich zu beobachten, wie jedes Kind auf seine Art wach wird, langsam aus seiner ganz eigenen Welt in die allgemeine Welt zurückkehrt.

Sprache

Kennen Sie den Brauch, Osterwasser zu holen? Man muss möglichst früh aufstehen, ohne zu reden und zu einer Quelle gehen, die der aufgehenden Sonne entgegenfließt. Man wäscht sich Gesicht und Hände im klaren kalten Wasser und schöpft noch für die Zuhausegebliebenen etwas, damit auch sie teilhaben können. Danach erst darf man wieder sprechen.

Das Osterwasser soll die Kraft eines jungen Königssohnes verleihen: Mut, Stärke und Bereitschaft zum Kampf für Gerechtigkeit, vor allem soll es auch Gesundheit bringen. Spricht man aber vor dem Waschen, verliert das Wasser seine Heilkraft und ist eben nur Plapperwasser. Vielleicht redet man dann das ganze Jahr nichts Gescheites …

Als Kind habe ich jährlich diesen Brauch mitvollzogen. Aus den ersten Jahren erinnere ich mich an das unendliche Warten, bis die großen Geschwister mit dem Wasser nach Hause kamen. Unendlich, weil man nicht sprechen wollte! Dann kam später selbst das Erleben des wunderschönen Morgens mit den Geschwistern am Bach! Als ich eigene Kinder hatte, führte ich diesen Brauch auch in unserer Familie ein. Auch wir versuchten, jährlich mit den Kindern Osterwasser und nicht Plapperwasser zu holen. Die erste Schwierigkeit war, frühmorgens die Kinder ohne Worte zu wecken. Dabei musste man ja sofort dem Kind beim Aufwachen deutlich machen, dass es sich vorgenommen hatte, zu schweigen. Haben Sie schon mal jemanden versucht zu wecken, ohne dass gesprochen wird? Oder wurden Sie schon mal geweckt und durften beim Aufwachen kein Wort sagen?

Ein tiefes Erlebnis war für mich jedes Mal als Kind und auch später als Mutter, wenn wir dann wieder sprechen durften, uns gegenseitig erzählten und zuhörten, wie es den anderen ergangen ist. Was man alles sagen wollte und es einfach nicht deutlich machen konnte! Auch die eigene Ohnmacht zu erleben, wenn man den anderen nicht verstand. Plötzlich wurde sehr deutlich, wie wichtig die menschliche Sprache ist. Und es wurde von uns später als besonders beeindruckend erlebt, wenn dort am Wasser nach dem Schweigen als Erstes ein schöner Spruch oder ein Gedicht vorgetragen wurde. Wie schön ist doch unsere Sprache!

Was ist Sprache?

Die Sprache ist die Grundlage jeder menschlichen Kultur. Schon immer war sie eine der wichtigsten Möglichkeit sich auszutauschen. Ereignisse, Erkenntnisse, Bedürfnisse konnten früher zum größten Teil nur von Mund zu Ohr weitergegeben werden. Nur ganz wenige Menschen waren in der Lage, zu schreiben und zu lesen. Vieles, was einen spirituellen Hintergrund hatte, durfte auch gar nicht aufgeschrieben werden und wenn, dann war dieses Schriftstück der Öffentlichkeit nicht zugänglich.

Der Mensch hat zur Sprache einen intensiven direkten Bezug. Körper- und Wortsprache sind mitunter seine wichtigsten Instrumente. Durch sie hat er die Möglichkeit, sich anderen Menschen zu offenbaren und mit ihnen in Verbindung zu treten.

Jeder wird schon bemerkt haben, wie viel man an der Stimme des anderen erkennen oder wenigstens erahnen kann. Die Stimme hängt eng mit der Stimmung unserer Seele zusammen. Man spürt an ihr, wie der andere sich fühlt, wie es ihm geht, oft auch, was er denkt. Sie ist tief mit dem menschlichen Wesenskern verbunden. Etwas von dem Innersten des Menschen spricht sich durch sein Sprechen aus. Darin liegt viel mehr als reine Informationsübermittlung durch schwingende Schallwellen. Deswegen ist jede Stimme auch einmalig, individuell, wie jeder Mensch selbst.

Es hat unter Friedrich II. «Versuche» mit Babys gegeben, in denen man herausfinden wollte, welche Sprache sie von Natur aus sprechen würden, wenn sie keine Muttersprache hören. Diese Babys wurden von ihren Betreuerinnen gut gepflegt, aber die Frauen durften dabei kein Wort in der Gegenwart der Kinder sprechen. Die Kinder hörten also keine Sprache. Trotz guter Pflege hat keines der Babys überlebt. Somit haben sie etwas Lebensnotwendiges nicht erhalten.

Die Sprache ist etwas Lebenswichtiges: Sie hat etwas mit der Menschenverbindung, mit der Zuwendung zu tun. In dem Wort

Muttersprache wird der Wert der Sprache vielleicht deutlich. Alles, was eine Mutter von der Schwangerschaft an ihrem Kind schenkt, all diese Kräfte beinhaltet auch die Sprache, etwas Hervorbringendes, Nährendes, Verbindendes. Das ist leicht nachvollziehbar, aber die etwas versteckteren Qualitäten der Muttersprache sind deswegen nicht weniger wichtig.

Schnell entsteht die Frage, wie es tauben Kindern ergeht, welche die Sprache nicht hören können. Der Mensch besitzt ja noch weitere Sinnesorgane. Oft sind diese bei Tauben oder auch Blinden sensibler als bei anderen Menschen. Dazu kommt, dass die Sprache nicht nur aus den äußerlich messbaren Schallwellen besteht, viel Seelisches ist anwesend und wird unbewusst ausgedrückt und mitgeteilt. Dies können taube Kinder nur allzu gut wahrnehmen, oft sogar besser als wir Hörenden.

Die Sprache als Bewegungskünstler

Wenn ein Mensch spricht, dann ist er als ganzer Mensch daran beteiligt. Wenn er nicht nur Informationen übermittelt, sondern mit Anteilnahme spricht, ist er mit dem ganzen Körper aktiv, von Kopf bis Fuß, auch im gesamten seelischen Empfinden als ein schwingender Klangraum.

Die Sprache bildet sich nicht nur durch den Atemstrom, der durch den Kehlkopf fließt und dabei die Stimmbänder in Schwingung versetzt, wobei anschließend mit Lippen, Zähnen, Zunge und Gaumen die Laute ausgeformt werden. Gleichzeitig ziehen nämlich noch feinste Muskelbewegungen durch den ganzen Körper. Die Sprache ist in erster Linie ein formschaffender Bewegungsprozess. Im Einzelnen werde ich im Kapitel «Auswirkung der Inkarnation beim Sprechen» (ab Seite 138) darauf eingehen.

Die Sprache beeinflusst aber auch Leib, Seele und Geist des Zuhörers. Dieses Klanggebilde hat in seiner Gestaltung so viel Kraft, dass es den Zuhörer bis in jede Faser seines Lebens aktiviert. Jede Muskelfaser bewegt sich fast synchron mit denen des Sprechers. Auch der venöse Blutstrom wird durch die Sprache verändert. Außerdem wird der Zuhörer durch den Inhalt des Gesprochenen seelisch bewegt und geistig angeregt.

Die Sprache als aufbauende Lebenskraft

Zum Sprechen gehört im Grunde immer ein Gegenüber, das zuhört, den Inhalt des Gesprochenen hören und verstehen, vielleicht auch den

Sprechenden wahrnehmen will. Sprache tönt, um gehört zu werden, sie lebt von dieser Gemeinsamkeit. Auch beim Kind ist es nicht in erster Linie nur der Inhalt des Gesprochenen, der wirkt, sondern ebenso Satzmelodie und Betonung, Klangfarbe und Tonfall, rhythmische Struktur, Tonhöhe und Nuancierung der Stimme, lautes und leises, schnelles und langsames Sprechen. Diese Elemente wirken tief in das Kind hinein und gestalten seinen Organismus aus. Besonders nährend und kräftigend wirken dabei Wiederholungen. So wie jedes Essen und Trinken rhythmisch wiederkehren muss, um den Leib zu nähren und gesund zu erhalten, so bildet und kräftigt sich außerdem die Sprachorganisation oder der Sprachleib im Kind durch musikalisch-rhythmische Wiederholung.

Die Sprache als gestaltende Kraft

Die Lebens- oder Bildekräfte sind das Lebendige, das Schöpferische in uns. Sie bilden, formen und erhalten unseren Leib. Dies können sie aber nur, solange sie genährt werden. Die «Nahrung» ist unter anderem das, was mitschwingt, wenn man spricht, das Seelische des Menschen, was sich in der Sprache offenbart, das, was die Sprache so individuell macht. Durch das Hören der Sprache bekommen diese Lebenskräfte ihre Wirksamkeit.

Sobald eine Reife oder ein gewisser Grad an Funktionstüchtigkeit der Organe und ihrer Organisation in unserem Körper erreicht ist, wandelt sich ein Teil der Lebenskräfte um. Jetzt formen und gestalten sie die Vorstellungs- und Fantasiekräfte, aus denen sich das Denken entwickeln kann. Fast bei jedem Kind ist dies im zweiten Lebensjahr an der sich ändernden Verhaltens- und Spielweise zu bemerken. Denn plötzlich entwickeln sie genaue Vorstellungen von bestimmten gleichen, immer wiederkehrenden Abläufen und achten auf das Einhalten von Gewohnheiten und Ordnungen. Etwa um den dritten Geburtstag folgt dann ein Erzählen und Spielen mit unglaublicher Fantasie, was die eventuell auftretende Pedanterie beim Ordnen und Sortieren wieder lockert.

Die Sprache wirkt weiterhin «nährend» für die gewandelten Lebenskräfte, wenngleich sie nun nicht mehr indirekt am physischen Leib gestaltet, sondern mehr auf Vorstellungskräfte und die Fantasie wirkt. Dies tut sie dergestalt, dass sie mit Hilfe der Fantasiekräfte «Bilder» entstehen lässt, die aus den Lautverbindungen innerlich im Kind wie vorgezaubert werden.

Schon das Wort «Klanggebilde» für das gesprochene Wort enthält den Begriff Bild, Bildung. Der Bildzauber, der durch das Sprechen mit den verschiedenen Wort- und Lautkompositionen hervorgebracht werden kann, wirkt im Kind umso mehr, je farbiger, tönender und lebensvoller ihm die Sprache begegnet.

Viele schöne Beispiele dazu gibt es in den unverfälschten Märchen der Brüder Grimm (zum Beispiel Spielwerk, Wasserpatscher, Gemüschen, Herrlein, Lumpengesindel u.a.). Die Bildgestaltung in der Sprache wirkt fantasieanregend, denn das Kind vollzieht im Inneren eine aktive, form-schaffende und somit schöpferische Leistung. Dieser Zauber ist nur bis etwa zum ersten Schulalter möglich. Im Grunde bleibt die gestaltende Kraft der Sprache aber noch länger wirksam. Man merkt es an den Kindern, welche Freude sie am Reimen und an Wortspielen haben.

Durch das Fernsehen wird ein fertiges Bild dem Wort beigefügt und damit dem Kind aufgezwungen. Das Kind hat keine Möglichkeit, seine eigenen Fantasiebilder zu entwickeln. Wo Eigenaktivität nicht möglich ist, tritt immer Lähmung an deren Stelle. In diesem Fall wird die schöp-ferische Kraft, innere Bilder zu gestalten, verhindert. Ähnliches gilt in abgeschwächter Form auch für ein Bilderbuch, wenn auf das gemalte Schaf gezeigt und dem Kind dabei erklärt wird: «Schau, das ist ein Schaf!» Genau genommen ist das ja nicht wahr. Es ist ein Bild von einem Schaf, nur Farbe und Form. Kinder, mit denen so umgegangen wurde, werden später schlechter in der Lage sein, sich ein Bild von einem Prozess oder Vorgang zu machen. Die reine lebendige Sprache hingegen wirkt gestaltend auf die geistig-seelische Entwicklung des Kindes.

Die menschliche Wort- und auch die Gebärdensprache sind etwas völlig anderes als alle tierischen Laute. Bestimmt haben wir auch etwas Ähnliches wie diese tierischen Laute in uns, was rein aus der seelischen Empfindung ohne geistigen Inhalt kommt. Das ist dann nur Ausdruck der augenblicklichen seelischen Verfassung, wie der Angstschrei oder das Stöhnen oder andere unmittelbare Laute der Qual oder der Freude.

Die Sprache kommt aus der Umwelt auf das kleine Kind als Botschaft zu, als Kraftträger und als Initiator. Alles dies nimmt das Kind in sich als einen kollektiven geistigen Besitz einer bestimmten Menschengruppe auf und verbindet es mit seinen individuellen Fähigkeiten und Anlagen.

Das Sprechen wird durch das Hören im Menschen vorbereitet. Durch das Tönen und das Mitschwingen werden im Leib des Zuhörers feinste Muskelfasern in Bewegung versetzt. Es ist die gleiche Bewegung, die der Kehlkopf beim Sprechen vollzieht. Die Muskeln im ganzen Körper und das strömende Blut in den Muskelfasern schwingen mit. Der Ton dringt zum Zuhörer und verbindet den Sprechenden mit ihm.

Doch wie entsteht eigentlich ein Ton? Das Material, welches klingen soll, muss elastisch sein und dennoch eine gewisse Festigkeit haben. Allzu Weiches kann nicht klingen. Ein Wollhaufen gibt nach dem Anstoßen kaum einen Ton von sich, während eine gegossene, im Grunde harte Metallglocke einen schönen Ton erzeugt.

Das Innenohr liegt beim Menschen im härtesten Knochen, dem Felsenbein. Dort befinden sich die schönen Bogengänge, wo das Gleichgewichtsorgan ruht, und dicht daneben ist das eigentliche Hörorgan. Das Ohr entsteht in der Embryonalzeit an der Außenseite des Körpers und zieht sich immer mehr bis tief in das Innerste der Schädelhöhle hinein. Hier liegt es wohl beschützt im ruhigsten und unbeweglichsten Teil unseres Körpers.

Der Klang ist wie das Ohr selbst: Von außen kommt ein Ton, dringt in uns und möchte wahrgenommen werden. Er bewirkt etwas in uns, er löst in uns eine seelische Regung aus.

Das Zuhören ist wie das Sprechen eine der Fähigkeiten, die uns vom Tier unterscheidet. Es bedarf besonderer Beachtung, damit es sich beim Kind entwickeln kann. Erst wenn es in uns und um uns herum still geworden ist, können wir richtig hören. Das ist in unserer lauten und geräuschstarken Zeit ein schwieriges Unterfangen.

Das Lauschen will gelernt sein! Wenn wir einem anderen Menschen richtig zuhören wollen, müssen wir uns erst einmal von uns selbst lösen, um in den anderen eintauchen zu können. Zum Beispiel gelingt stimmiges gemeinsames Singen nur, wenn man gut auf den anderen hören kann. Somit ist das Hören ein wahrhaftig Soziales und ganz uneigennützig.

Kraftquell für das Zuhören

Woher kommt aber die Aktivität, die Kraft für dieses ganz Bei-dem-anderen-Sein? Wie gelingt einem ein Zurückhalten des eigenen Urteils? Wenn wir versuchen, nur zu lauschen, ganz einfach nur still zu werden, es in uns still werden zu lassen, merken wir, wie unheimlich schwer dies uns manchmal fällt. Immer neue Gedanken und Bildfetzen prasseln auf uns ein, als würde das Treiben erst recht losgehen, wenn wir still werden wollen. Wir merken, welche Konzentrationskraft wir benötigen.

Das Zuhören fällt noch schwerer. Wir meinen, das Gesprochene schon zu kennen oder es besser zu wissen. Unsere Gedanken schweifen vielleicht völlig ab. Das Zurücknehmen unseres Selbst ist wirklich schwer.

Rudolf Steiner sagt in diesem Zusammenhang, dass der Mensch noch nicht in der Lage ist, ohne Hilfe von geistigen Wesen überhaupt zuzuhören. Unser Schutzengel ist es, der uns beim Üben dieses ganz Sozial-Werdens hilft, der uns mit seiner Kraft beim richtigen Hören beisteht.[5] So eine Behauptung klingt sehr kühn. Vielleicht aber kann es auch ein Trost in unserer heutigen Zeit sein, sich ein Engelwesen an unserer Seite zu denken.

Das Hören nimmt auch sonst eine besondere Stellung ein. Zum Beispiel war das Hören der Gottesstimme oder des Orakels in uralten Zeiten an bestimmte auserwählte Personen geknüpft, die besondere reinigende Vorbereitungen treffen mussten, ehe sie dazu würdig waren. Auch ist das Hören vom menschlichen Wort, von Musik, schließlich auch von Geräuschen eine der intensivsten Wahrnehmungen, die wir haben. Sind wir ganz müde und fallen uns die Augen schon zu, hören wir immer noch. Wer aus einer Narkose oder Ohnmacht aufwacht, wird bemerken, dass schon lange bevor das Bewusstsein so recht wieder erwacht ist, das Hören von Worten und Geräuschen, manchmal anfangs undeutlich, möglich ist.

Das Kind kann schon als Embryo im Mutterleib hören. Zuerst ist es wohl der dumpfe rhythmische Herzschlag der Mutter, der wahrgenommen wird. Auch die Stimme der Mutter kann es schon vor der Geburt hören. Es ist ein erstes Wiedererkennen nach den gewaltigen Geburtsanstrengungen, wenn die Mutter das kleine Kind anspricht.

Babys reagieren nach der Geburt sehr stark auf alle Geräusche. Beruhigend und wohltuend sind die vertrauten Stimmen, die vielleicht in der aller ersten Zeit nicht zu laut sein sollten. Wohltuend sind dabei sicher Sprüchlein, Lieder und harmonische Töne, vielleicht auf einer Leier gespielt. Am besten aber ist der Gesang der Mutter.

Wichtig sind auch Zeiten, in denen es still ist, sodass das Gehörte allmählich gelernt wird zu verinnerlichen.

Voraussetzung für das Sprechen lernen ist die körperlich, seelisch und geistig gesunde Entwicklung des Kindes. Da sich im Sprechen die seelische Stimmung besonders bemerkbar macht, ist ein seelisches Gleichgewicht beim Kind eine der wichtigsten Bedingungen. Wie aber kommt das Kind in ein seelisches Gleichgewicht?

Beides, Geistiges, das mitgebracht wurde, und Vererbtes, muss miteinander harmonieren, damit der Mensch sich gesund entwickeln kann. Die menschliche Seele mit ihren Aktivitäten, dem Denken, Fühlen und Wollen, ist das Bindeglied.

Das Seelenleben kann aus der geistigen Welt und der irdischen Welt Impulse bekommen. Diese dienen zur Entwicklung seiner Aktivitäten. Die Quelle für die Impulse aus dem leiblich materiellen Gebiet sind Begierden und Triebe, wie zum Beispiel Hunger und Durst. Diese dringen in das Seelenleben ein und bilden Gefühle, die je nach Alter das Handeln (Nahrungsaufnahme oder Bewegung) hervorrufen. Die andere Quelle, aus der die geistigen Impulse stammen, betreffen alles, was mit der Entwicklung des persönlichen Wesenskernes, dem Ich, zu tun hat.

Würden diese Impulse der zwei Welten nicht ins Gleichgewicht gebracht, würden vielleicht sogar nur die Begierden das Seelenleben bestimmen, dann würde sich der Mensch auf die Stufe der Tierentwicklung stellen oder auf der Erde gar nicht erst richtig ankommen.

Das Einzigartige bei der menschlichen Sprache sind die auftretenden Polaritäten. So führt der geistige Wesenskern, der sich beim Erwachsenen durch die Sprache mitteilt, beim Baby vom ersten Schreien bis zu einem immer bewussteren Nachahmen, noch besser «Mitahmen», der Sprache. Aus der bewussten Zuwendung, die die Mutter schon in der Schwangerschaft zu ihrem Kind aufzubauen vermag, entsteht eine Beziehung, durch die das Kind sich gesund entwickeln kann. Dort, wo der Mensch sich durch das Sprechen am anderen Menschen erfährt, wird er sich seiner selbst bewusst.

Eine andere Polarität ist die zwischen Zuhören und Sprechen. Erst muss die Fähigkeit des Zuhörens erworben werden, dann versteht das Kind den Sinngehalt intuitiv und erst danach kann das eigentliche Wort selbst gebildet werden, welches sich zur Sprache erweitert. Also ein Gleichgewicht zwischen dem Tönen durch die Außenwelt, dem Aufnehmen einerseits und dem Besinnen, Erkennen, Neubilden in der Innenwelt andererseits. Was innen entstanden ist, kann wieder nach außen gegeben werden. Ein ständiger Wechsel entsteht zwischen Hören und Sprechen, Fragen und Antworten. Das sind die Grundpfeiler einer jeglichen Beziehung der Menschen untereinander. Eine Beziehung kann durch die Sprache ausgedrückt, gepflegt und gestärkt werden.

Interaktion durch die Sprache

In den letzten Jahren zeigt sich deutlich eine Änderung in den Gewohnheiten und in der Pflege der zwischenmenschlichen Beziehungen. Es mögen viele Missstände und Probleme, seien es Stress, Schnelllebigkeit, Wirtschafts- oder Finanzkrisen, daran schuld sein.

Die meisten Menschen pflegten früher den Umgang mit dem gesprochenen Wort intensiver. Sie konnten sich ausdrücken, wenn sie vielleicht auch nicht alle die Kunst des Schreibens beherrschten. Sie wussten, wie sie sich einem anderen Menschen vorzustellen haben, sie konnten einem Gespräch über längere Zeit zuhören. Wenn Studien von 1998 aufzeigen, dass Erwachsene mit ihren Kindern am Tag im Schnitt maximal zwölf Minuten sprechen, ist das sehr alarmierend. Man kann sich gut vorstellen, dass es seit 1998 noch weniger geworden ist. Außer den funktionellen Anweisungen, wie: «Lass das! Sitz still! Räum auf!», gibt es in einer Reihe von Familien oder in Wohngemeinschaften kaum noch so etwas wie ein Tischgespräch. Selbst in Zug oder Auto werden die Kinder gut versorgt, sodass sie keine Langeweile bekommen. Dadurch kommt es auch kaum noch dazu, dass sie die Erwachsenen ansprechen, vielleicht sogar mit ihren Fragen und Bemerkungen «stören». Es gibt genügend CD-Player, Computerspiele, Bücher usw., damit die Zeit nicht zu lang wird. Wie oft sehe ich im Zug Kinder, die Kopfhörer im Ohr haben, ein Buch auf dem Schoß und die Taschen voll anderer Dinge zum Zeitvertreib um sich herum. Ein Gespräch mit den Erwachsenen kommt meist nicht zustande. Jeder ist für sich allein.

Die Sprache und damit das Gespräch erlernt das Kind in erster Linie von den Eltern. Schon 1996 konnte man in der englischen Presse lesen, dass kleine Kinder, wenn wenig mit ihnen gesprochen wird, viel langsamer das Sprechen lernen.

Wir leben in einer Zeit, wo die Menschen untereinander, auch wenn sie in irgendeiner Weise eine Beziehung haben, sich kaum noch etwas zu sagen haben, wo auch unter Erwachsenen das Gespräch auf ein funktionelles Anfragen geschrumpft ist. Ein solch modernes Gespräch ist meist kurz und klingt etwa so: «Wann kommst du heute nach Hause? Wie geht es dir? Wie ist es heute bei dir gelaufen?» Die Antworten sind dementsprechend: «Ja, nein, ging so.» Das ist kein Dialog. Die Kinder müssen oder können sich schon sehr früh mit Fernsehen, CD oder Video einen Ersatz schaffen. Im Durchschnitt steht in fast jedem deutschen Kinderzimmer mindestens ein solches Gerät. Gibt es mehrere Kinder in der Familie, hat meist jedes sein eigenes Gerät im eigenen Zimmer. So ist keiner vom anderen abhängig und die dadurch entstehende Isolierung wird meist erst später, manchmal zu spät, bewusst. Eine Statistik zeigt, dass ein Kind zwischen drei und sechs Jahren bis zu dreieinhalb Stunden täglich vor dem Fernseher sitzt, meist allein. Kinder, die ein eigenes Gerät haben, sitzen sogar noch länger. Damit erstirbt jede Eigenaktivität und Gemeinsamkeiten gehen verloren.

Auswirkung der Interaktion beim Sprechen

Was geschieht zwischen Menschen, wenn sie sprechen oder zuhören, das in seiner Besonderheit durch Technik nicht zu ersetzen ist?

In erster Linie weiß man heute, dass das Sprechen jeder allein lernen muss, dass es keine Gene gibt, die es für uns tun. Sprechen lernen ist ein aktiver Vorgang. Es gelingt nicht durch passives Zuhören, sondern alleine durch Interaktionen, von Ich zu Ich.

Jedes Baby muss in der aller ersten Zeit lernen, seine Augen und Hände zu koordinieren. Es ist dabei ganz interessiert, konzentriert und freut sich über jeden selbstständig errungenen Erfolg. Im Inneren folgen ganz unbewusst weitere Schritte, nämlich die feinsten Muskelkoordinationen, die für den Sprechvorgang nötig sind. Es ist der komplizierteste Prozess aller Bewegungsvorgänge, der beim Menschen überhaupt geschieht. Diese schwere, speziell menschliche Koordinationstätigkeit ist die Frucht aller «äußeren» Bewegungsabläufen wie Greifen, Lösen, Drehen, Krabbeln, Aufrichten und Gehen. Erst wenn das Kind seine Bewegungsvorgänge durch Eigenaktivität kennen gelernt hat und nun selbstgesteuert einsetzen kann, wird es in der Lage sein, richtig sprechen zu lernen.

Der Wille wird durch Sinneswahrnehmungen stimuliert, weil diese an die Bewegung gebunden sind. Der Wille des Kindes ist seine Handlungsbereitschaft, er zeigt sich in der körperlichen Bewegung. Der französische Philosoph und Psychologe Jean Piaget (1896 – 1980) nennt es «die sensomotorische Intelligenz»[6] (Senso = Sinneswahrnehmung, Motorik = Bewegung). Das Kind kann nur verstehen, indem es durch die Sinne wahrnimmt und sofort intuitiv ganze Bewegungsabläufe nachahmt. So ahmt es nach, was es sieht und hört und setzt es um, indem es selbst das tut, was es gesehen und gehört hat. Durch dieses Tun bekommt es ein intuitives Verständnis für die Dinge, obwohl es noch keine Begriffe, oft noch keine Worte dafür hat. Insofern kann man sagen, dass erst ein leibgebundenes, intuitives Verstehen da ist, ehe das Kind richtig sprechen lernt.

Diese feinsten Bewegungsabläufe beim Sprechen, die so schnell ablaufen, dass wir sie nicht bewusst wahrnehmen, sind aber erst die eine Hälfte, die zum Spracherwerb nötig ist. Die andere Hälfte ist die aktive Beteiligung beim Zuhören. Der Zuhörer reagiert fast synchron auf die Mikrobewegungen des Sprechenden. Wir können das andeutungsweise an uns selbst beobachten, wenn wir einem Redner zuhören, der heiser ist oder der sich ständig räuspern muss. Wir haben dann das permanente Gefühl, dass wir das auch müssten. Haben Sie Ähnliches an sich beobachtet, wenn Sie im Fernsehen einen heiseren Redner erleben?

Neben dem Begründer der modernen Kinesik (Untersuchung der nonverbalen Kommunikation), Ray L. Birdwhistell, beschreibt William S. Condon die erstaunliche Synchronizität von Sprach- und Hörbewegungen mit den folgenden Worten: «Bildlich gesehen ist es, als ob der ganze Körper des Hörers in präziser und fließender Begleitung zur gesprochenen Sprache tanzte.»[7]

Vielleicht ist das das Geheimnis. Durch das Sprechen miteinander und besonders mit den Kindern ist es möglich, dass durch das wirkende Wort der Mensch sein Menschsein erlangt. Geistig-Seelisches verbindet sich mit Physisch-Leiblichem. Sprechen und Zuhören kann in dieser Weise nur der Mensch. Welch hohe pädagogische Verantwortung kommt auf uns zu, wenn wir den Wert des gesprochenen Wortes so einschätzen!

Spracherwerb

Das Kind lernt alle Tätigkeiten aus der völlig unbewussten, hingebungsvollen Bewegungstätigkeit seines Leibes, es lernt also anders als der Erwachsene.

Durch die Tätigkeit der rhythmisch funktionierenden Organe (Herz und Lunge) im Menschen werden die vielen feinen Muskelfasern vom pulsierenden, sie durchdringenden Blut erwärmt. Ohne Erwärmung wäre wohl keine Bewegung möglich. Alles würde verlangsamen, schließlich gar erstarren. Durch den Rhythmus der Atmung ist erst die Tätigkeit des Herzens möglich. Die Funktionen von Lunge und Herz müssen wiederum im Gleichmaß sein, denn wenn das eine nicht arbeitet, kann das andere nicht sein.

Aus der Herzenswärme entsteht auch unser Gefühl. Erleben wir Freude, dann wird es uns ganz warm ums Herz. Wenn man aber seine Gefühle nicht zeigen kann oder will, so zeigt man sich von der kühlen Seite oder ist einfach nur cool. So wird die ganz unbewusste leibliche Bewegung zur halbbewussten seelischen Bewegung verwandelt. Wir werden durch die Anteilnahme an solchen Gefühlen seelisch bewegt. Erst wenn wir beginnen, über unsere Gefühle nachzudenken, wenn wir sie uns bewusst machen, werden wir ganz wach. In unserer geistigen Bewegung, die aus der seelisch gefühlten Bewegung erwächst, sind wir in der Region des Kopfes, in der sich auch die meisten Sinnesorgane finden. Dort sind wir ganz wach, wo wir anhand unserer Vorstellungskraft aus den Sinneswahrnehmungen Begriffe bilden können.

Die Muskelbewegung wandelt sich aus dem Unbewussten um in das, was uns seelisch bewegt. Von da aus kann sie zur ganz bewussten geistigen Bewegung werden, zum beweglichen Denken.

Alle Wahrnehmungen des Kindes sind nur durch Bewegung möglich, sein leibgebundenes Lernen ist an seine Wahrnehmungen geknüpft. Auch seine Vorstellungs- und Erkenntniskräfte stammen aus dem schöpferischen, leiblichen Bewegtsein.

In den ersten Monaten sind es noch ganz unbewusste, zum Teil reflexartige Bewegungen. Später wird das Kind schon wacher und bekommt eine Empfindung für seinen Schlaf- und Wachrhythmus sowie seine Essenszeiten.

Erst wenn das Kind «Ich» zu sich sagt, wird es wach für sich und die Welt. Es beginnt die Welt langsam zu verstehen.

Indem sich das Kind jetzt mit einem gewissen Abstand den Dingen gegenüberstellen kann, schafft es einen Raum zwischen sich und der Welt. Dieser Raum ist auch im Äußeren nötig, damit es sich frei mit den Dingen auseinander setzen, sie prüfen und mit allen Sinnen erleben kann. Das Kind benötigt aber auch einen Innenraum, um sich auf die Dinge zu besinnen. Das heißt, innen bei sich zu sein mit dem Erlebten und es wirken zu lassen. Später folgt das Verstehen. Dieses geschieht noch wie automatisch, als bildhafte Vorstellung, es tritt noch nicht in das Bewusstsein. So baut das Kind sich seine *Außenwelt* und seine *Innenwelt* auf. Wenn es sich dann tätig mit Leib und Seele im Raum erleben kann, lernt es sich durch das Wort mehr und mehr auszusprechen. Sind Außen- und Innenraum nicht entsprechend vorhanden, ist kein Abstand zu finden, muss es sich in den Dingen verlieren, so kann das seelisch zur Beengung führen: Angst tritt auf oder Bedrückung, was je nach Temperamentsveranlagung zu aggressivem Verhalten, Distanzlosigkeit, Unlust oder Introvertiertheit führen kann.

Das Besondere beim Spracherwerb ist, wie weiter vorn beschrieben, dass das Kind nicht wie sonst aus eigenem Willen nachahmt, sondern «mitahmend» seine Sprechorgane ausbildet und trainiert. In den Sprachstrom der Erwachsenen wird das Kind hineingezogen, ohne etwas Eigenes hinzufügen zu können. Dieses Mitbewegen beginnt schon in der späten Embryonalzeit.

Beim Neugeborenen entwickeln sich aus dieser reinen Tätigkeit der gestaltenden Bewegung, die noch nichts mit seinem Fühlen und Denken zu tun hat, die anfänglichen Sprachversuche. Bemerkenswert dabei ist, dass die ersten Urlaute der Babys auf der ganzen Welt gleich sind.

Gestaltungswille beim Sprechen lernen

In jedem Kind ist ein sehr starker Gestaltungswille vorhanden. Er ist wie ein Urwille aus vergangenen himmlischen Zeiten. Jeder von uns hat einmal aus großer Liebe und aus Interesse Ja gesagt zu seinem Erdenweg, zu seinem Schicksal, nur ist dies in Vergessenheit geraten. Unsere Erinnerungskraft reicht nicht bis dahin, denn unsere irdischen Werkzeuge, die Sinne, müssen erst dafür geschult und umgewandelt werden, um ein Empfinden, einen Sinn für die vorgeburtliche Welt zu bekommen. Viele kleine Kinder – und es werden immer mehr – haben die Gabe, sich noch anfänglich daran zu erinnern.

Ich möchte hier auf die Geschichte von der Perle verweisen, die am Ende dieses Buches aufgeführt ist. In dieser Geschichte wird von diesem Vergessen gesprochen. Von einem Königssohn wird erzählt, der zu seinen neuen Eltern geführt wird. Diese Eltern lehren ihn die Sprache, die in diesem Land gesprochen wird, indem sie ihm *erzählen,* wie alles heißt. Dieses Erzählen ist aus meiner Sicht von sehr großer pädagogischer Bedeutung. Die Dinge werden eben nicht nur benannt: «Das ist ein Ball!» Solche reinen Bezeichnungen sind abstrakte Hinweise, wenig beseelt. Erzählen wir aber den Kindern von den Dingen des Lebens und bemühen uns wiederum um Bilder oder darum, Inhalte aus den einzelnen Begriffen zu erlauschen, dann wird unser Sprechen zur herzhaften, bildgesättigten Nahrung für das Kind. Fragt ein etwa knapp zwei Jahre altes Kind: «Issn das?», und zeigt dabei auf eine Blume und wir antworten: «Das ist ein Gänseblümchen.», so kommt meist nach einer ganz kurzen Pause wieder: «Issn das?» Bei etwas älteren Kindern kommt oft noch eine weitere Frage dazu: «Warum ist das ein Gänseblümchen?» Wenn uns der abstrakte Wortwert der Dinge reicht oder wir uns keine weiteren Gedanken dazu gemacht haben, werden wir vielleicht antworten: «Es ist eben so. Weil es ein Gänseblümchen ist!» Bei einer solchen Antwort werden wir jedoch in uns feststellen, dass dies keine ausreichende Nahrung war.

Reicht uns diese schnelle Kost nicht für unsere Kinder, können wir uns auf einen interessanten Weg begeben. Beginnen wir uns selbst zu interessieren, woher dieser oder jener Name kommt, oder sogar, was das Wesentliche dieser Pflanze ist, welche Besonderheit sie hat, so beginnt die Sprache zu leben. Sie ist viel mehr als nur eine Summe von Benennungen. Der Funke unserer Aktivität, unseres Interesses vermag auf das Kind überzuspringen! Dieser Funke ist es, der den gestaltenden Willen des Kindes weckt. Das, was wirkliche Beziehung von Mensch zu Mensch schafft, wird im Kind angeregt. Und auch unser Verhältnis zu den Dingen wird ein anderes, im wahrsten Sinne des Wortes wertvolleres sein. Das Kind wird hierbei auch dazu inspiriert, selbst zu gestalten, selbst Laute, Worte und Sätze zu bilden.

Das Fragen hat schon auch etwas Besonderes, denn nur ein Mensch kann es. Schimpansen sind in der Lage bis zu 400 Symbole für Wörter zu benutzen, reagieren darauf und können sich damit verständlich machen. Sie stellen aber keine Fragen, sondern fordern eine Belohnung ein.[8]

Interesse, aus dem Lateinischen stammend, bedeutet «innen sein» oder «inmitten sein», auch «präsent sein». Nur ein präsentes Ich erweckt das Ich im Kind und bringt es dazu, aktiv sein Sprechwerkzeug zu ergreifen und es bis zur vollen Funktionstüchtigkeit auszubilden. Dieser enorm wichtige Entwicklungsschritt ist ein spirituelles Geschehen zwischen Ich und Ich, von Wille zu Wille. Er wirkt bis in das physische Gestalten hinein.

Die Kraft des Wortes

In den letzten Jahren wird in der Pädagogik oft vom hohen Wert der nonverbalen Erziehung gesprochen. Ich erlebe bei manchen Eltern und ErzieherInnen diesbezüglich eine gewisse Verunsicherung. Im Sinne der menschenkundlichen Hinweise von Rudolf Steiner kann unter «nonverbaler Erziehung» nur eine angeregte, gepflegte, sich aussprechende *Körpersprache* gemeint sein, aber auch ein Lernen ohne Erklärungen, denn verbales Korrigieren unterstützt nicht immer die Lernbegabung.

Bei dem kleinen Kind löst es Verwirrung aus, weil das Kind in erster Linie die Handlungen wahrnimmt und noch nicht für Erklärungen aufnahmebereit ist. Es kann hierbei also nicht ein wortloser Umgang mit dem Kind gemeint sein.

Auch das Gegenstück, ein pausenloses oder durch irgendeine innere Unruhe getriebenes Gerede, ist bestimmt kein Wecker der Willenskraft im Kind. Eher erzieht es dazu, Weghören zu üben.

Handelt es sich aber um die Körpersprache, die ohnehin jedes Sprechen begleitet, so ist darauf wirklich großer Wert zu legen. Der Augenausdruck kann Fröhlichkeit, Langeweile, Mitteilungsbedürfnis oder Abneigung zeigen. Ähnliches gilt für die Mundpartie, für die Handbewegungen, schlicht für alles, was das Kind äußerlich an uns wahrnehmen kann. Es orientiert sich ja an dem ganzen Menschen, der ihm gegenüber steht, nicht nur rein an dem Gesprochenen.

Um den Sinn des Gesagten verstehen zu lernen, ist es für das kleine Kind eine Hilfe, wenn es den Erwachsenen bei der Tätigkeit sprechen hört, die dieser mit ihm tut. Der Erwachsene kann dem Kind mit ruhigem ungekünsteltem Ton sagen, was er gerade macht. So ist das Kind vorbereitet und außerdem als Persönlichkeit akzeptiert. Sicher «versteht» es die einzelnen Worte, die von Geburt an zu ihm gesprochen werden, anfangs überhaupt nicht. Aber wenn der Erwachsene sich darauf konzentriert, jede Handlung vorher kurz anzukündigen, ist er auf jeden Fall ganz mit seiner Aufmerksamkeit beim Kind. Dies wird es spüren, froh das Tun verfolgen und bald auch vom Tun zum Wort sinnvolle Verbindungen knüpfen.

Sprache spricht den Menschen als Mensch an. Somit schafft sie zwischen dem Kind und dem Erwachsenen eine echte Beziehung. Diese Beziehung legt in der kindlichen Entwicklung einen Grundstein für Gesundheit. Auf alles, was verstehbar ist, kann das Kind sich stützen und verlassen, weil es berechenbar wird. Diese Beziehung schafft im Kleinstkind den Wunsch, sich auch zu äußern. Dieser Wunsch ist anfangs sehr zart. Der Erwachsene muss gut darauf achten, und so lange es nicht zu sehr aus dem Rahmen fällt oder an Schmerzgrenzen geht, ist es gut, wenn er sich darauf einlassen kann. Vor allem sollte er sich Zeit lassen, wirklich zuzuhören und herauszufinden, was die anfänglichen einzelnen Laute des Kindes bedeuten, was das Kind gern mitteilen möchte.

Sehr deprimierend, auch demütigend wirkt, wenn die Erwachsenen sich über die Bemühungen des Kindes lustig machen. Schön und wohltuend ist es, wenn Erwachsene mit dem Kind fast wie mit einem vertrauten Erwachsenen sprechen, also in ganzen, grammatikalisch richtigen

Sätzen. Glauben wir daran, dass der Säugling uns versteht, hat er auch die Möglichkeit, mit Vertrauen so lange zu üben, bis er es kann. Denken wir aber, dass das Kind gar nichts versteht und noch ein bisschen «dumm» ist, so verschenken wir wertvolle Entwicklungsmöglichkeiten.

Wenn Erwachsene mit Babys sprechen, besonders die Mütter, fallen sie oftmals unbewusst in eine spezielle Sprache. Sie ist langsamer, besser artikuliert, bis zu einer Oktave höher, melodisch, manchmal fast singend. Die Lautstruktur wird deutlich hervorgehoben und die Sätze sind kurz und verständlich. All diese Besonderheiten lassen das Baby aufmerksam werden und helfen ihm, dem Inhalt der Rede besser zu folgen.

Amerikanische Sprachforscher beobachteten Folgendes: Die koreanische Sprache weist ein ausgeklügeltes System verschiedener Möglichkeiten der Verbverbindungen auf, dabei werden die Substantive weggelassen. Man spricht viel über Handlungen und Tätigkeiten: hineintun, herausholen, vorbeibringen. Englisch sprechende amerikanische Mütter dagegen heben die Dinge hervor. Im englischen Sprachgebrauch wird auf die Dinge verwiesen und diese mit Substantiven bezeichnet: ein Vogel, eine Hand, ein Postbote. So konzentrieren sich die koreanischen Kinder später mehr auf die Handlungen und lösen schneller ihre Probleme. Die amerikanischen Kinder dagegen konzentrieren sich auf die Dinge der Welt. Sie haben dafür später einen guten Überblick und ordnen Dinge sehr früh ein.

So könnte man sagen, dass uns die verschiedenen Sprachebenen bis in unsere Handlungsweise hinein prägen.

Noch ein weiteres Beispiel sei für die Kraft des Wortes angeführt: Hat ein Kind sich weh getan oder wurde ihm Schmerz zugefügt, kann es nur durch Sinneserfahrung richtig getröstet werden – Sinneserfahrung durch Sprache und Bewegung. Die alten Sprüche dazu sind wohl bekannt.

> Dreiblättrig Kraut,
> Heil mir die Haut,
> Still mir das Blut,
> Wird wieder gut.
>
> Heile, heile Segen,
> Drei Tage Regen,
> Drei Tage Sonnenschein,
> Heile wird dann alles sein.

Mit ein wenig «Heile-Salbe», streichelnder Bewegung und echter Anteilnahme, verfehlt der Spruch selten seine Wirkung.

Noch etwas ist zu bedenken. Wie weit ist der Erwachsene, wenn er mit dem Kind zusammen ist, wirklich bei der Sache, bei der Tätigkeit, mit der er sich grade beschäftigt? Das gilt auch für die Tätigkeit des Sprechens: Meint er das, was er sagt? Tut er das, was er sagt? Oder redet er nur so daher, oberflächlich? Wie oft wird die elterliche Mahnung laut: «Wie oft soll ich dir noch sagen, dass …!» Ich glaube, wenn wir wirklich die Kraft und die Wachheit haben, bei der Sache sein zu können, die wir grade tun, werden uns auch die rechten und wirkungsvollen Worte einfallen. Dann kann uns auch eine beseelte Sprache erwachsen, eine Herzenssprache, die lange äußerliche Erklärungen überflüssig machen. Es werden nicht viele Worte nötig sein. Sie werden durch den wahren Inhalt ihre Wirkung haben.

Freude am Sprechen

Große Freude haben Kinder von dem frühesten Alter an Sprüchen und Reimen. Wenn einfache Tätigkeiten damit begleitet werden, erhöht das die Freude. Zu vielen Sprüchen gehören Finger- und Handgesten dazu, die das Gesagte noch lebendiger für das Kind erlebbar machen. Natürlich freut sich ein Kind auch sehr über ein Lied. All diese Aktivitäten regen den Sprachsinn an, solange die Kinder nicht vom eigentlichen Geschehen abgelenkt werden, sondern die Aufmerksamkeit auf den jeweiligen Prozess gerichtet ist. Beim Eincremen des Gesichtes zum Beispiel könnte im jeweiligen Dialekt gesprochen werden:

Guckl, Guckl,
Backel, Backel,
Kinnel, Mundel, Nasel, Stirnel,
Zipp, zipp, zipp mein Hirnel. *(Dabei ganz zart am Haar zupfen.)*

Es kommt hierbei weniger auf den Inhalt an, als vielmehr auf die klangreiche Sprache, die Vielseitiges im Innern anspricht. So bewirken seelisch R-Laute anderes als M-Laute. M-Laute sind Ausdruck von vollkommenem leiblich-seelischem Wohlgefühl. Sei es ein köstliches Essen oder ein wohltuendes Massieren oder Streicheln, als Ausdruck des Wohlgefühls erklingt oft ein gedehntes «Mmmh». Das M ist einer der ersten Laute überhaupt. Wenn das Kind acht bis zehn Wochen alt ist, satt und zufrieden sich wohl gelaunt in den ersten Wachphasen betätigt, gibt es Gurgellaute wie «Rrrr» oder M-Laute von sich. Die M-Laute erweitern sich schnell zu «mamamam». Vielleicht kommt ja das in so vielen Sprachkulturen gesprochene Wort «Mama» auch aus diesem ersten Wohlgefühl. Bedeutet es doch einen universellen Reichtum, da es das innere Bild von Zufriedenheit, Nähe und Schutz enthält.

Die R-Laute sind auch ein Zeichen der Zufriedenheit: Lange in verschiedenen Tonhöhen, mit viel oder wenig Spucke werden sie als anhaltendes Geräusch von sich gegeben. Es ist eher ein Glücksgefühl, rundherum in Bewegung zu sein oder die Bewegtheit in sich zu spüren und auszuprobieren, das sich hierin ausdrückt.

Sprechen wir doch mit dem Kind bewusst bei Gelegenheiten, wo es ziemlich langweilig ist, wo wir zum Beispiel auf etwas warten müssen, ein schnell selbst erfundenes Sprüchlein, wie:

Summ, summ, summ,
Brumm, brumm, brumm,
Wer fliegt denn hier herum?
Ach ist mir das dumm,
Dieses laute Gebrumm.

Wenn wir dazu noch ein paar lustige Gesten machen, so können wir das Kind in Kürze beglücken und es anregen, nach einigen Wiederholungen sehr schnell selbst Ähnliches zu versuchen. Vielleicht sind es erst nur Laute oder auch nur die Geste allein, die das Kind nachahmt.

So können wir am Kind selbst erleben, wie real die Worte wirken, wenn sie in Verbindung mit vielen anderen Sinneswahrnehmungen stehen, wie aber auch schon die einzelnen Laute ihr eigenes Wesen und Wirken haben.

Eine ganze Reihe heutiger Eltern lassen sich nicht mehr mit Mutter und Vater anreden, sondern mit ihrem Vornamen. Vornamen kann ein Kind jedoch erst ziemlich spät artikulieren. Wenn es noch eine «Mama» hat, kann es recht schnell seine innigliche Freude und Verbundenheit zur Mama, aus dieser frühen seelischen Empfindung kundtun. Recht bald folgt dann auch das Papa. Mama, Papa und Ich – das sind «Namen», die auf der ganzen Welt nur ein einziges Mal vergeben werden.

Dem Kind zur Sprachgewandtheit helfen

Die Kinder finden mehr oder weniger schnell ihre eigene, ganz persönliche Sprache. Im Allgemeinen werden die ersten Worte und Sätze als Babysprache bezeichnet. Manchmal sind es solch herrliche Wortbildungen, dass man als Erwachsener schnell in Versuchung gerät, diese Neuschöpfungen auch zu benutzen. Wird aber zu großen Teilen oder generell diese Babysprache von den Erwachsenen gesprochen, fehlt dem Kind das Sprachvorbild. Es fehlt ihm die Gelegenheit, sich in die reichen Möglichkeiten der Muttersprache einzuhören.

Da im Gesprochenen, wie anfänglich schon erwähnt, immer ein Teil dessen mitschwingt, was in der Seele des Sprechenden lebt, kann das Erlebnis des Zuhörers sehr vielfältig sein. So verschieden wie die Seelenstimmung sein kann, so verschieden ist auch die menschliche Sprache gefärbt. Ein Teil davon überträgt sich auf den Zuhörer. Der innere Seelenraum kann weit sein, kraftvoll und freilassend. So wird sich beim Zuhörer der Seelenraum kräftig und weit ausbilden können und der Mensch wächst seelisch über sich hinaus. Das wird der Zuhörer als wohltuend erleben. Anders ist es, wenn die Sprache unbeseelt ist, eng und oberflächlich bleibt. Dann sind die Worte unbelebt und berühren oder erreichen den Zuhörer nicht wirklich.

Gekünsteltes, Gepresstes und Verfremdetes, vor allem aber Unwahres erlebt besonders das Kind mit seiner ganz offenen Seele als Verunsicherung. Es wird sehr schnell merken, dass man ihm etwas vormacht. Auf der Suche nach einem Charakter, dem es nachstreben kann, wird es enttäuscht. Es wird sich vielleicht einen anderen Erwachsenen als Vorbild suchen.

Treten solche seelischen Einengungen oder das Erlebnis eines Desinteresses zu oft auf, ergeben sich leibliche und seelische Störungen und Verzögerungen, die sich als Sprachstörungen beim Kind zeigen können. Durch die enge Verschmelzung von Sprache und Bewegung werden sich auch die eigentlichen Bewegungsabläufe als ungelenk, unbeholfen und unsicher zeigen. Wiederum müsste eine eventuell notwendige Therapie versuchen, nicht nur bei einzelnen logopädischen Sprachübungen anzusetzen, sondern zudem aus der Bewegung zu arbeiten und vor allem auch die Atmung einzubeziehen.

Handfertigkeit und Sprache

Über die Bewegung und deren Wichtigkeit beim Spracherwerb ist nun einiges beschrieben worden. Im Speziellen möchte ich noch einmal auf die Fingerfertigkeit und die Tätigkeiten der Hände als direkte Beeinflussung des Spracherwerbs eingehen. Die Hand kann im Laufe des Lebens unwahrscheinlich geschickt werden. Denken Sie nur an das Fingerspitzengefühl eines Chirurgen oder an die Fingerfertigkeit einer Musikerin.

Die Hand kann jemanden liebevoll berühren, aber sie kann auch pressen oder schlagen. Sie kann Botschaften beim Händedruck empfangen, Wärme oder Feuchtigkeit, einen zarten oder festen Griff spüren.

Wie ist es nun mit unserem Sprechorgan? Auch hiermit können wir Botschaften aussenden. Der Bereich im Gehirn, der für die Sprache zuständig ist, liegt sehr nahe an dem für die Koordination der Hände zuständigen. Andre Leroi-Gourhan sieht einen direkten Zusammenhang zwischen den Fähigkeiten der Hand und der symbolischen Sprache.[9]

Die Sprache formt sich ihr Organ. Die Entwicklung des Gehirns ist zu großen Teilen von der Geschicklichkeit der Hände abhängig. Dabei wird die linke Hirnhälfte von der rechten Hand beeinflusst und die rechte Hälfte von der linken Hand.

Die Hände (auch der Mund) betasten und ergreifen die Gegenstände, um eine Vorstellung von ihnen zu bekommen. Nach wiederholtem Ertasten kann ein Baby den Gegenstand wieder erkennen und später auch zuordnen.

Auch bei der Sprache ist das Wiedererkennen die Grundlage. Je mehr wieder erkannt wird, umso mehr kann von dem Gesprochenen be-halten werden. Vieles vom Gesprochenen wird das Baby in der ersten Zeit vergessen, weil es noch nicht verstehen kann. Aber die Person, die mit ihm spricht, wird an der Sprache wieder erkannt. Ihre seelische Individualität wird durch die Sprache wahrgenommen. Die Worte «greifen» und «begreifen», «behalten» und «entfallen» weisen auf beide Möglichkeiten hin, auf das sensomotorische und das intuitive Verstehen. Sie weisen auch auf ein aktives Verhältnis des Kindes zu seiner Umgebung hin.

Wie weit das Merken vom Gesprochenen mit dem Bewegen, im Besonderen mit der Tätigkeit der Hände, in Beziehung steht, kann sehr schnell an der sprunghaft ansteigenden Vergesslichkeit der Schüler in den Schulen und dem Zunehmen der Menge der «Knöpfchendruck-Spielgeräte» erlebt werden. Dazu gehört auch, dass das Gehörte nicht mehr wahrgenommen, nicht mehr aufgenommen werden kann, um schließlich in die Tat umgesetzt zu werden. Wenn man die angebotenen Spielgeräte für die Kleinsten bis zu den Älteren daraufhin betrachtet, was die Kinder noch selbst daran tun können, bleibt erschreckend wenig gutes Spielzeug übrig. Es fängt bei der Puppe an, die, mit Batterie betrieben, alles kann, wenn man das Knöpfchen drückt. Die Plastiktrinkflaschen für die Puppen können nicht mehr von den Kindern mit Flüssigkeit gefüllt werden, sondern sie sind raffiniert doppelwandig. Die Flüssigkeit darin «verschwindet» langsam, man braucht nur die Flasche in Trinkstellung zu bringen. Wie schön, wenn die Flasche aufgeschraubt werden könnte und wieder gefüllt werden müsste ... Ferngesteuerte Schiffe, Autos oder Flugzeuge sind altbekannt. Es braucht nichts mehr selbst vom Kind «erfunden», gebaut oder hergestellt zu werden, es gibt alles. Es ist raffiniert ausgeklügelt, dass alle Tätigkeiten per Knopfschalter oder durch winzigste Handgriffe erledigt werden. Jegliches komplizierte oder geduldige Reparieren der Spielzeuge entfällt. Die Produktion ist so angelegt, dass das Spielzeug entweder funktioniert oder durch Neues ersetzt werden muss, von allen modernen programmierten Spielen mal ganz abgesehen. Dadurch ist jedoch zu wenig Bewegung und Geschicktwerden der Hände möglich, die Merkfähigkeit des gesprochenen Wortes kann nicht genügend gepflegt werden.

Die Verbindung der Hände mit dem Sprechen zeigt sich aber noch öfter. Sucht man zum Beispiel einen Gegenstand, den man verlegt hat, sucht man meist mit den Händen in Verbindung mit den Augen. Fallen einem Worte nicht ein, ist es die Handgeste, die Ersatz schafft. Noch deutlicher ist es bei einer Fremdsprache, deren man nicht kundig ist: Man muss die Hände benutzen, um sich verständlich zu machen.

Prof. Dr. Mariella Kolzowa hat in ihren Untersuchungen zur Sprachentwicklung[10] viel über die Zusammenhänge von Handtätigkeit und Sprechen geforscht. Sie kommt zu dem Ergebnis, dass der Stand der Sprachentwicklung immer im direkten Verhältnis zum Entwicklungsstand der Feinmotorik der Finger steht und daran bestimmt werden kann, ohne dass man das Kind sprechen gehört hat.

Diese Zusammenhänge sollten uns Pädagogen hellhörig werden lassen. Wie viel mehr sollte auf wirkliches Spielen geachtet werden, denn bei vielfältigem ungestörtem Spiel sind es hauptsächlich die Hände und Finger, die tätig werden. Dazu gehört Klettern, Kneten, Formen, Ballspiele, Murmelspiele, des Weiteren natürlich alle Haus- und Gartenarbeiten und vieles andere. Aber auch beim selbstständigen Anziehen, Essen, Trinken oder Knoten binden (!) wird die Feinmotorik entwickelt. Nicht zuletzt fördern differenzierte Fingerspiele die Artikulation und das Ineinander*greifen* von Sprache und Denken, und es wird Wachheit in den Sprechvorgang gebracht.

Entwicklung der Beziehungsfähigkeit

Jacques Lusseyran wurde 1924 in Paris geboren. Mit acht Jahren erblindete er durch einen Unfall. Während der Besatzung Frankreichs schloss er sich der Resistance an und wurde deshalb verhaftet. Mit 20 Jahren kam er in das KZ Buchenwald bei Weimar. Nach 15 Monaten, im April 1945, war er bei der Befreiung unter den Überlebenden.

Lusseyran wurde später gebeten, die Geschichte seines Leben zu erzählen, was er anfangs ablehnte. Als er aber weiter gebeten wurde, besonders zu beschreiben, warum er das Leben liebe, wuchs sein zunächst zögerliches Interesse, weil das ein Thema sei, «umso mehr, als mich diese Liebe zum Leben nie verlassen hat, nicht im Leiden, nicht in den Schrecken des Krieges, nicht einmal in den Gefängnissen der Nazis; im Glück so wenig wie im Unglück ...»[11]

Über seine wunderbare, erfüllte Kindheit schrieb er, dass seine Eltern ihn liebten und er sie liebte. Das war ein Geschenk des Himmels! Die Beziehung zwischen sich und seinen Eltern erlebte er als ein Glücksgefühl von «getragen sein».

«Meine Eltern – das war Schutz, Vertrauen, Wärme. Wenn ich an meine Kindheit denke, spüre ich noch heute das Gefühl der Wärme über mir, hinter mir und um mich, dieses wunderbare Gefühl, noch nicht auf eigene Rechnung zu leben, sondern sich ganz, mit Leib und Seele, auf andere zu stützen, welche einem die Last abnehmen.»

Mein Wunsch für alle Kinder dieser Welt ist, dass ihnen eine Liebe erwächst, wie sie Lusseyran hier so zärtlich und stärkend beschrieben hat. Eine Liebe, die sie nie verlässt und die ihnen ein Gefühl vermittelt, noch nicht auf eigene «Rechnung» leben zu müssen, sondern ihre Energie für sich selbst nutzen zu dürfen.

Beziehungsentwicklung durch Anteilnahme

Im ersten Lebensjahr lernt das Kind sich zu orientieren. Durch seine Schritt für Schritt erworbene Leibeserfahrung und anfängliche Körperbeherrschung lernt es auch gleichzeitig sich selbst kennen, die ersten Erfahrungen mit sich selbst werden in dieser Zeit gemacht. Das Kind «überwindet» die Schwerkraft, es lernt sich aufzurichten und schließlich das Gleichgewicht zu finden und zu halten. Es kann nun stehen und gehen. Seine Hände benötigt es nicht mehr in erster Linie zum Festhalten, sie sind jetzt frei. Auch von einer gewissen Abhängigkeit von anderen Menschen hat es sich begonnen zu befreien, denn einige seiner Ziele kann es schon selbstständig erreichen. Immer bewusster setzt es seine körperlichen Fähigkeiten ein. Es ist zunehmend in der Lage, Handlungen nach seiner Wahl auszuführen. Eine gewisse Freiheit ist erreicht!

Dazu werden alle Kräfte benötigt, die ihm zu Verfügung stehen. Jedes fremde Wollen, also alles, was der Erwachsene gerne vom Kind möchte, was es vielleicht lernen oder können sollte, wäre ein störender Eingriff in diesen Aufbauprozess.

Beim kleinen Kind sind Leib, Seele und Geist in der Betrachtung noch viel weniger zu trennen als beim Erwachsenen. Durch die Willensbildung, das heißt, durch Bewegungs- und Sinnesentwicklung, aber auch Leibespflege, werden Seele und Geist sich entsprechend mitentwickeln. Aus dieser Sicht ist eine der wichtigsten Aufgaben des Pädagogen, dem Kind die dafür nötigen Freiräume zu bieten. Diese Freiräume werden nicht nur im wörtlichen Sinne für die körperliche Betätigung gebraucht, sondern eben auch auf seelischem und geistigem Gebiet. Für die körperliche Entwicklung ist ein angemessener Erfahrungsspielraum und Bewegungsraum nötig, seelisch ist es Zeit und Raum für ein rücksichtsvolles Miteinander, für die Nähe zueinander. Für das Geistige bedarf es möglichst vieler Gelegenheiten, bei denen das Kind Interesse für die Welt und dabei auch für andere Menschen entwickeln kann. Die Aufmerksamkeit des Erwachsenen, die er auf das Schaffen dieser Freiräume richtet, kann gleichzeitig dazu dienen, eine tief greifende Beziehung zwischen sich und dem Kind aufzubauen. Jedes Kind wird verschiedene bewusste oder unbewusste Bedürfnisse auf diesen drei Gebieten haben.

Wir Erwachsenen haben die Verantwortung für unsere Kinder übernommen. Es wird wichtig für sie sein, welche Beziehung wir aufbauen, wie wir diese pflegen, welchen Wert wir als Erwachsener selbst einer Beziehung beimessen. Wir werden auf jeden Fall Vorbild für das Kind sein. Das Kind wird sich zu einem großen Teil an unseren Taten und unserem Verhalten orientieren. Es liegt in unserer freien Entscheidung, was wir für unser Kind vorleben und vorbilden.

So sollten wir uns stets fragen: Sind unsere Handlungen und unser Verhalten unserem Kind gegenüber von Erwartungen, von Nützlichkeitsdenken, Erfolgsuchen, Rechtfertigungen geprägt? Sonnen wir uns einfach in der Position des Mächtigeren oder wird das Kind durch uns eine Beziehung erfahren, die dem anderen Menschen Entscheidungs- und Handlungsfreiräume lässt?

Die Fähigkeit, über sein Tun, seine Stimmungen und Gedanken nach-zudenken, ist spezifisch menschlich. Die Tiere haben diese Fähigkeit in diesem Maße nicht, sie sind ihren Trieben ausgeliefert. Wir Menschen aber sollten wissen, dass wir nicht bloß die Summe unsere Gefühle und Stimmungen sind. Wenn wir auch in mancher Situation meinen, vor Wut platzen zu müssen oder aus einem gewaltigen Schamgefühl heraus in den Boden zu versinken, so können wir doch bis zu einem gewissen Grad Herr über unsere Gefühle sein! Wir haben die Möglichkeit, bei äußeren Impulsen oder Reizen, die die Umwelt uns aufprägt, natürlich alle Menschen immer eingeschlossen, zu wählen und zu entscheiden, wie wir reagieren wollen.

Welch ein Gefühl, zu wissen, dass wir hier frei gestalten können! Wie gut, dass wir üben können, in Freiheit zu reagieren und vielleicht sogar schlechte Gewohnheiten in jedem Alter noch verändern zu können. Es ermöglicht aber auch, die Erfahrungen und die Wesensart anderer Menschen zu akzeptieren und ihnen freier gegenüber zu treten. Erst wenn wir unsere eigenen Gewohnheiten im Tun, Empfinden und Denken verstehen, werden wir reif sein, das Verhalten der anderen respektvoll und uneigennützig, also annähernd «objektiv» zu sehen.

Das Kind muss sich diese Freiheit, diese Unabhängigkeit erst erringen, wir Erwachsenen können ihm dabei behilflich sein. Wenn es für uns zu einer Realität geworden ist, dass *unsere* Kinder nicht unser Eigentum sind, sondern uns anvertraut wurden, dann können wir im Umgang mit ihnen besser dieses Ziel, Freiräume im weitesten Sinne zu bilden, ver-wirklichen. Wir werden nicht unsere Absichten oder unser Zweckdenken auf ihre Entwicklung projizieren wollen.

Die Schwierigkeit in der Erziehung wird sein, in sich ein Gespür für das Kind zu entwickeln: Wo werde ich Grenzen setzen, wo Halt geben, wo trete ich zurück?

Vieles muss das Kind lernen, um das Eigene überhaupt erst zu finden und es danach verwirklichen zu können. Gebe ich nicht die nötige Sicherheit und Form, kann das Kind schwer in seinem Innersten ankommen. Es kann sein Zentrum nicht gründen, woraus es später wirksam sein möchte.

Keine Grenzen setzen, keinen Halt geben ist so, als würde man einen Topf ohne Boden benutzen wollen: Alles fließt durch. Es kann nichts aufgenommen werden. Es ist eben nur Bewegung. Beim Kind kann dies sich durch ständige Unruhe zeigen. Jeder Halt jedoch, der nicht mit

Besonnenheit und im rechten Maß gegeben wird, kann sich beim Kind in Aggressivität und Gewalt oder zumindest Unzufriedenheit umwandeln.

Wichtig wird sein, sich in jedem Moment neu und bei jedem Kind anders zu fragen, wo zu helfen ist und wo unser Handeln ein Störelement in der kindlichen Entwicklung ist. Und die Frage muss mit dem Herzen gestellt werden! Ist das Interesse des Erwachsenen nur lauwarm, fühlt sich das Kind nicht getragen.

In den Kindern lebt etwa bis zum dritten Lebensjahr unbewusst ein sicheres Gefühl von seinem Ich und seiner Herkunft, ähnlich einem Traum. Dann erwacht langsam ein Wissen von sich. Das Kind beginnt zu ahnen: Ich bin ein Ich! Ich bin ein freies Wesen! Ich bringe mein Eigensein mit und möchte durch meine bewussten Handlungen zu einem Selbstbewusstsein gelangen. Lassen wir dieses Ich sich frei entwickeln!

Ich und Du

Das Kind fragt uns nicht durch Worte, sondern durch sein gesamtes Wesen: «Kannst du mich erkennen? Kannst du mich annehmen, wie ich bin?» Auf diesem seelischen Gebiet ist jedes Kind hochgradig sensibel und verletzlich. Es wird nötig sein, dass der Erwachsene ein Feingefühl für diese meist stummen Fragen des Kindes in sich entwickelt. Ist es doch ein Grundanliegen jeder Beziehung, füreinander da zu sein, ja, sogar zu erleben, die eigene Unreife, Unfähigkeit wird vom andern nicht nur mitgetragen, sondern liebevoll akzeptiert, ergänzt und ausgeglichen.

Richtig deutlich wird dieses feine Fragen im zweiten Lebensjahr. Da kann das Kind schon wirklich Fragen an den Erwachsenen stellen. Diese ausgesprochenen und auch die unausgesprochenen Fragen richten sich an die Außenwelt. Sie münden aber in die Urfrage: «Erkennst du mich?»

Gleichzeitig taucht eine andere Frage auf: «Wer bist *du*?» Dieses Du ist ganz umfassend zu sehen, vielleicht als Keimling des eigenen Weltinteresses.

Diese Fragen benötigen natürlich Antworten. Übliche Antworten von uns Erwachsenen haben schnell die Tendenz, etwas Endgültiges zu haben, das genannte Problem zu *erledigen*. Sie bringen in gewissem Sinne etwas zum Abschluss. Eine Akte des Wissens wird geschlossen. Doch was *erlebt* das Kind durch solche Antworten?

Wir sollten dem Kind immer noch etwas Raum für eigene Aktivitäten lassen. Muten wir ihm zu, Eigenes zu suchen und zu unserer Antwort

zu ergänzen. Das Kind wird die Probleme seinem Alter entsprechend abrunden und sich aktiv an die Weltgeheimnisse herantasten. Das eigene Finden von Antworten ist eine Fähigkeit, die zur Persönlichkeitsbildung nötig ist. Das Bilden und Stellen von Fragen zum richtigen Zeitpunkt ist die wichtigste Grundvoraussetzung dafür.

Werden diese Fragen immer von anderen vollständig beantwortet, kann es geschehen, dass ein Kind im späteren Alter in eine Art Abhängigkeit kommt, in eine Abhängigkeit von einer äußeren Zufriedenstellung mit wenig Eigenanteil. Es wird sich daran gewöhnen, dass alles von außen geregelt wird. Das wäre aber eine Befriedigung, die nicht glücklich macht, sondern Unselbstständigkeit und Unsicherheit hervorruft, weil die Dinge nicht selbst durchdrungen und erfahren wurden. Es kann dadurch später im Jugendlichen ein Gefühl entstehen, dass er die Antworten seiner Fragen nicht in sich findet. Er ist davon abhängig, dass ein anderer sie ihm gibt.

Vertrauen und Staunen

Das ganz kleine Kind ist noch am Anfang, erst am Beginn, eine Fragehaltung aufzubauen. Alles ist noch ein Staunen, ein Wahrnehmen der vielen verschiedenen Objekte und Prozesse. Dieses Staunen ist bei uns Erwachsenen meist schon etwas verloren gegangen. Wir können es in uns wieder hervorrufen, indem wir versuchen, wie mit Kinderaugen und -herzen die Welt zu erleben. Das würde für uns bedeuten, mit allen Sinnen wahrzunehmen, unsere Gefühle in uns zu erkennen, sie zuzulassen und sie den anderen mitteilen zu können. Vielleicht wird es auch in manchem Fall nötig sein, uns zu wandeln, um von dem Reden über die Dinge in das *Erleben* zu kommen.

In jedem Kind liegt der Zauber eines großen, angeborenen Vertrauens. Vertrauen in erster Linie zu den es umgebenden Personen, aber meist sehr schnell auch zu allen anderen. Es hat noch keine Erkenntnis von gut und böse. Dieses Vertrauen sollte nicht enttäuscht werden.

Die Sprache als Vermittler

Das zweite Lebensjahr ist für die Entwicklung des sozialen Verhaltens in der Biografie des einzelnen Menschen eine sehr bedeutende Zeit. Das Kind hat im ersten Jahr und sicher auch in der Schwangerschaft eine ganz innigliche Beziehung zu seiner Mutter und auch zum Vater aufgebaut.

Wird es schon im ersten Jahr von einer weiteren Person betreut, so wird dieser Erwachsene sich auch für die Beziehungsentwicklung des Kindes mitverantwortlich fühlen müssen. Das Kind wird auch ihm dieses Vertrauen entgegenbringen wollen wie den Eltern.

In dieser ersten Zeit kann das Kind seine Belange noch nicht in dieser Beziehung artikulieren. Es ergibt sich ein eher nonverbales Miteinander. Die Sprache der Körper ist das Fundament dieser Beziehung, jeder Beziehung überhaupt. Es gibt ja auch noch im Erwachsenenalter viele Situationen, die wir durch unseren Körper, durch Berührung tiefer und besser ausdrücken können als in der Sprache. In Zeiten, wo unsere Worte nicht die Fülle, die Tiefe und Intensität von dem, was wir empfinden, ausdrücken können, wird diese körperliche Kontaktaufnahme eine Hilfe sein.

Das ganz kleine Kind in dem ersten und zum Beginn des zweiten Jahres erlebt hauptsächlich durch den Körperkontakt die Tiefe der Beziehung zwischen sich und den Eltern.

Im zweiten Jahr vollzieht sich ein entscheidender Entwicklungsschritt, denn in dieser Zeit beginnt das Kind zu sprechen. Das Kind möchte nun zu seiner Körpersprache das wortgebundene Sprechen erlernen. Die Sprache ist ein weiteres wichtiges Werkzeug für ein gesundes Zusammenleben und für jede Form einer Beziehung.

Ich möchte ein Beispiel schildern, wie in diesem Alter das Kommunizieren auf körperlicher Ebene abläuft: Ein Mädchen von etwa anderthalb Jahren steht mit seiner Mutter in der Diele des Kindergartens. Es will die große Schwester abholen. Beim Warten entdeckt das kleine Mädchen nicht sehr weit entfernt etwas scheinbar sehr Interessantes. Da es der Mutter noch nicht mitteilen kann, dass es jetzt da hingehen möchte, auch noch nicht, dass es sich gleichzeitig nicht von ihr entfernen will, versucht das Mädchen es auf körperlicher Ebene. Es wird unruhig und beginnt langsam um die Mutter herumzulaufen. Die eine Hand hält sich dabei am Rock und an den Beinen der Mutter fest, zeitweise sind es sogar beide Hände. So umkreist es die Mutter ganz eng viele Male, als würde es sich anleinen und versichern: Du bist mein Fixpunkt, mein innerer Halt. Plötzlich, als ob es nun genug Sicherheit habe, wird die Mutter losgelassen und die Kreise werden größer. Dann läuft es direkt zum begehrten Objekt hin, berührt es, spielt damit. Dabei schaut es oft zu seiner Mutter, während es entdeckt und kommt schließlich fröhlich zurück.

Es war nur einen kurzen Augenblick von der Mutter entfernt, aber in der Gefühlswelt des Kindes spielte sich vieles in dieser Zeit ab. Zuerst ein Absichern: Du bist da. Bist du da? Schenkst du mir deine Aufmerksamkeit? Dann der Entschluss: Ich gehe entdecken. Ich löse mich von dir. Ich benötige aber einen Halt, einen seelischen Beistand. Schließlich nach dem Entdecken: Ich habe erlebt, etwas Unerreichbares konnte ich erfahren und nun habe ich etwas Neues entdeckt. Ich bin stolz. Und nach der Rückkehr: Ich bin zurück und freue mich. Teilst du meine Freude über die Entdeckung?

Der Beziehungsfaden zwischen Mutter und Kind kann aber auch bei einem solchen Vorgang zerreißen, das Kind findet nicht zurück und fängt an zu weinen. Nimmt die Mutter das Kind auf den Arm, findet es schnell in der Berührung seine Sicherheit wieder. Worte würden in dieser Übergangsphase nicht genügen.

Wenn durch eine unvorbereitete Trennung Ängste aufgetreten sind, braucht es bei manchen Kindern lange Zeit, bis sie wieder Vertrauen zu sich oder zu der Beziehung aufbauen.

Das Kind im Alter von etwa 18 Monaten – und auch später noch – spielt sehr gern Verstecken. Es versteckt sich selbst gern oder die Spielsachen werden versteckt. So übt es unter anderem, Vertrautes und Fremdes sowie Sichtbares und Verlorenes in einer gewissen Distanz zu sich selbst zu erleben. Das Suchen und Finden bereitet viel Freude.

Das Kind sucht aber nicht nur Gegenstände, sondern es sucht nach dem seelischen Verhalten der Erwachsenen und möchte sich danach richten. Es sind Erlebnisse, die jedes Kind benötigt, um seine eigenen seelischen Grenzen, seine Abgrenzung und Distanz zu den anderen zu finden. Man kann dieses Spielverhalten deswegen auch bei fast jedem Kind erleben, weil es zur gesunden Entwicklung gehört.

Auf uns Erwachsene wirkt dieses Spiel so simpel, dass wir ihm vielleicht wenig Beachtung schenken. Das Kind aber möchte gern seine Empfindungen und Erlebnisse mit dem Erwachsenen teilen. Man kann sogar den Eindruck bekommen, dass es ein mitfühlendes Vorbild in dieser Zeit sehr sucht. Vielleicht «prüft» das Kind den Erwachsenen, ob seine Empfindungen, sein «Mitfreuen» beim Finden auch echt ist. Das Kind ist ja noch sehr unsicher in seinem Gefühlsleben und seinen Absichten. Wird es aber mit genügend Respekt vor diesem unentwegten Üben an seinen Seelenqualitäten wahrhaftig begleitet, so wird es gestärkt. Sein Vertrauen zu sich und zur Welt wächst.

An diesen Beispielen kann man sehen, wie eng das Leibliche noch mit dem Seelischen verknüpft ist. Eine konkrete Empfindung braucht ihre Zeit, um sich zu entwickeln. Sie hat Anfang, Höhepunkt und Ende. Lässt man dem Kind genügend Raum und Zeit dafür, so hat es später die Möglichkeit, sie zu erkennen und es kann lernen, damit umzugehen.

Durch die innere, wahrhaftige Teilnahme des Erwachsenen fühlt sich das Kind ernst genommen und bestätigt. Das zu erfahren und zu wissen, ist das Wohltuende daran. Eine Beziehung kann sich von diesem gemeinsamen Austausch über Wahrnehmungen und Empfindungen nähren. Die Grundvoraussetzung dafür ist das Vertrauen zueinander.

Ein Kind nimmt noch anders wahr als wir Erwachsenen. Es kann noch alles ohne eigenes Urteil aufnehmen, einfach und natürlich, so wie die Dinge eben sind. Dafür nimmt es ganz intensiv und mit jeder Faser seines Leibes wahr. Uns fällt dieses wertfreie reine Wahrnehmen nicht immer leicht. Es mischen sich logischerweise immer gleich Urteile und Erkenntnisse hinein. Wir sehen und wissen schon, was ist – oder glauben es zumindest zu wissen – und ordnen es ein.

Als gute und fürsorgliche Eltern und ErzieherInnen wollen wir natürlich auch unseren Kindern zu einem guten Start ins Leben verhelfen. Wir kennen die Welt, auch ihr soziales Gefüge und im Besonderen das Bedürfnis, ein gutes «Image» zu haben.

Schnell entwickelt sich in uns eine Art Helferwille. Wir wollen, dass das Kind diesem Beziehungsgefüge gewachsen ist, dass es vor allem den Anforderungen des leistungsorientierten Umfelds gerecht wird, sich schnell und frühzeitig genug Wissen aneignet, um später anerkannt zu sein und gute Berufschancen zu haben. Frühförderungen auf den verschiedensten Gebieten gehören zu diesem Bereich, wie zum Beispiel Fremdsprachenunterricht oder Musik.

Wir Eltern, besonders Mütter, kennen vielleicht das Gefühl, dass wir uns durch andere Erwachsene im Kind oft selbst beurteilt fühlen. Besonders deutlich wird es, wenn das Kind «normale» altersentsprechende Entwicklungsschritte noch nicht gemacht hat und aus der Norm fällt. So kann unser eigenes Image manchmal schnell von dem beeinflusst werden, wie unsere Kinder lernen und vor allem, was sie wissen und können. Hauptsächlich fühlen wir uns in unserem Selbstwertgefühl angegriffen, wenn es zu Situationen kommt, wo wir meinen, vor anderen Eltern mit unserer Pädagogik «bestehen» zu müssen, wenn wir innerlich verunsichert sind und glauben, durch die Meinung der anderen bewertet zu werden.

Genauso wie unser eigenes Image beeinflusst werden kann, nämlich indirekt durch unsere Kinder, so ist dies auch umgekehrt möglich. Einen großen, entscheidenden Einfluss auf das Kind haben unsere Lebensziele, unsere Einstellungen zur Welt, am meisten aber unsere inneren Werte in Bezug auf das soziale Miteinander. Sie wirken auf unsere Kinder zurück.

Wenn wir uns selbst um Prinzipien wie vielleicht Geduld, Mut und Wahrheit im sozialen Miteinander bemühen, kann das in zwei Richtungen behilflich sein:

Erstens stärken wir uns selbst dadurch. Zweitens werden wir beginnen, unsere Kinder anders wahrzunehmen. Wir werden sie nicht mit anderen Geschwistern oder den Nachbarskindern vergleichen, sondern wir werden nach ihrem ganz eigenen Wesenskern suchen. Es kann sich ein Hineinlauschen, ein Zuhören in uns entwickeln, indem wir uns ganz zurücknehmen und eintauchen in den anderen, um zu erkennen, wer er wirklich ist.

Dem Kind kann durch unsere Einstellung Lebenssicherheit erwachsen, es wird eine unausgesprochene Botschaft, ein Lebensgefühl von sich selbst bekommen: Du bist im Grunde in Ordnung, du hast alle Gelegenheit und Zeit, alles Vertrauen, dich und die Welt kennen zu lernen! Eine Antwort auf deine Fragen wirst du mit Hilfe deiner Lebensgemeinschaften selbst finden können, wenn es an der Zeit ist!

Wenn ein Kind die Möglichkeiten hat, sich auf vielen Gebieten selbst auszuprobieren, wird es auch ein gesundes Verhältnis zu seinen unweigerlich auftretenden Misserfolgen bekommen. Eine solch hilfreiche Einstellung kann nur entstehen, wenn das Kind spürt, auch wenn mir etwas nicht gelingt, werde ich verstanden und geliebt. Innere Sicherheit und Mut zum Weiterüben bekommt das Kind durch diese Haltung des Erwachsenen. Es übt, zu seinen Fehlern und Misserfolgen zu stehen, jedoch mit der Einstellung, dass diese da sind, um daraus zu lernen.

Dies gibt wiederum die Kraft, auch im späteren Leben mit schwierigen Situationen umgehen zu können und nicht durch Minderwertigkeitsgefühle seine vorhandenen Werte zu unterschätzen.

Auch Teilen und Verzichten wird in solch einer Menschenbeziehung ein Kind auf gesunde Art und Weise lernen können.

Kindergeschichten

Am Ende des zweiten Jahres, oft erst im dritten Lebensjahr, zeigt sich eine weitere Entwicklungsstufe bei fast allen Kindern. Sie versuchen, mehr oder weniger befähigt, ihre Erlebnisse in Geschichten einzubauen.

Es gibt dabei zwei Wirklichkeiten zu unterscheiden: Die eine ist ein real wahrgenommenes Erlebnis im sinnlichen Bereich, das erzählt werden möchte. Die andere ist ein auf seelischer Ebene erlebtes, erfühltes, durchlebtes, vielleicht auch nur wie in einem Traum wahrgenommenes Ereignis.

Diese Geschichten können selbst wie Empfindungen verlaufen. Sie beginnen, können größere Pausen beinhalten, haben irgendwo ein Zentrum und laufen schließlich aus in einzelne bruchstückhafte Ergänzungen. Sie werden sehr gern erzählt und sind wichtig in der Entwicklung der Kinder. Wir als Zuhörer sollten sie ernst nehmen und wohl nur in seltenen Fällen dementieren oder ins Reich der Fantasie verweisen. Unser Ernstnehmen müssen die Kinder erleben. Alles, was Fantasie ist, beinhaltet Realitäten und «korrigiert» sich selbst durch das Leben.

Ich habe erfahren, dass ein dreijähriges Kind tiefe Geheimnisse in solche Geschichten legt. Einmal wurde mir von einem Froschkönig erzählt, der ganz in der Nähe des Hauses in einem Bach lebt. Der Froschkönig ist sehr schön und erzählt von einer anderen Welt, die es hier nicht gibt. Ganz spontan wollte das Kind mir den Froschkönig zeigen. Wir liefen sehr lange. Immer langsamer wurden die Schritte des Kindes, dann blieb es stehen und sagte mir ernst: «Der Froschkönig ist nicht mehr da, weil du mitgekommen bist!» Später, etwa nach einem halben Jahr, habe ich das Kind vorsichtig gefragt, ob denn der Froschkönig noch am Bach wohnt. Das Kind aber konnte sich an keinen Froschkönig mehr erinnern. Ein Kind in diesem Alter lebt eben in der Gegenwart, im Jetzt, noch ganz ohne Zeitvorstellungen.

Wenn die Kinder die Geschichte beim Erzählen nicht allein zu Ende bringen, wenn die Pausen zu groß werden, sind sie über kleine Hilfen froh. Man könnte dann fragen: «Geht denn deine Geschichte noch weiter?»

Manchmal werden die eigenen Empfindungen so erzählt, als hätte alles der Teddy erlebt. Wenn der Bericht gar zu mühsam abläuft, frage ich zum Beispiel, ob denn der Teddy noch etwas erlebt habe oder ob er dann eingeschlafen sei.

Ich konnte bei den Kindern diese Hilfe, dieses Nachfragen wie eine Erleichterung erleben, als wären sie dankbar für die Teilnahme. Auch eine ganz tiefe Vertrautheit und Nähe ließ sich bemerken, und nach einer solchen Erzählpause und Nachfrage kam die Bitte: «Erzähl du doch weiter!» Vielleicht liegt hierin auch noch eine andere Ebene, ein ganz zartes erstes Fragen: Wie ist deine Meinung dazu? Wie denkst du darüber? Was kann mir denn alles noch auf meinem Lebensweg passieren?

Diese Geschichten sind ein sehr zerbrechliches «Spiel» zwischen dem Erwachsenen und dem Kind, gleich einem Zuwerfen, Auffangen, Zurückgeben. Ich glaube, man kann das Kind hier leicht überfordern. Dem Kind muss die Möglichkeit offen bleiben, den Faden aufzunehmen oder sich zurückziehen zu können.

Im dritten Lebensjahr orientiert sich das Kind nicht mehr so ganz nur in dem sozialen Bereich zwischen Ich und Du, sondern es nimmt mehr Beziehung zur Umwelt auf. Sein Interesse wird jetzt auch den Gesetzmäßigkeiten der Welt gewidmet sein. Es werden Fragen entstehen, die den Elementarbereichen der Naturwissenschaft entspringen. Bei diesen Erlebnissen übt das Kind sich in Geduld und Mut. Die hier geübten Verhaltensweisen können später zu Lebensprinzipien werden.

Jedem Erwachsenen ist zu wünschen, dass er in seiner Kindheit erlebt hat, wie würdevoll man miteinander umgehen kann. Dadurch ist uns die Möglichkeit gegeben zu spüren, wie schön es ist, dass wir als Mensch nicht darin festgelegt sind, wie wir mit uns selbst, aber auch mit den anderen umgehen wollen.

Hat ein Kind diese zwischenmenschlichen Qualitäten erfahren dürfen, hat es den Erwachsenen als einen Menschen erlebt, der sich bemüht, seine Prinzipien zu erweitern, so wurde ihm eine sichere Ausgangsposition geschaffen. Darauf kann es später bauen und muss sich nicht selbst als Jugendlicher oder gar als Erwachsener alles von Grund auf erarbeiten. Dazu werden später viel mehr Kräfte und Zeit benötigt. Es wird schon allein deshalb schwieriger, weil mit wachsendem Alter schon Bahnen eingefahren sind, vielleicht auch schon Enttäuschungen, Unwahrheiten und Gewalt ihre Wirkung getan haben, welche erst als Barriere überwunden werden müssen.

Es wird sehr viel geklagt, dass die Kinder und Jugendlichen immer aggressiver werden, sogar sehr oft mit Rachegefühlen leben, aber auch mit großen Ängsten besetzt sind. Vielleicht könnte der beschriebene Weg eine Möglichkeit sein, der Gewalt und den Ängsten in den Kindern und Jugendlichen etwas durch unser eigenes Vorbild entgegenzuarbeiten. Es wird uns gelingen, wenn wir Erwachsenen uns befreien von dem Erfolgs- und Nützlichkeitsdenken in Bezug auf unsere Kinder, denn das lässt keinen Raum für innere Beweglichkeit, sondern es ist ein Wunschdenken, eine Erziehung nach einem Plan, der nicht im Wesen des Kindes wurzelt, sondern nur von außen aufgepflanzt wird. Genauso wie eine Beziehung zwischen zwei Menschen nicht nach Plan funktioniert, genauso wird eine solche Erziehung nicht erfolgreich sein. Es gibt keine Lebens*planung* für den Menschen. Diese Pläne sind abstrakt, sie haben nichts mit der jeweiligen Persönlichkeit und ihrer Einmaligkeit zu tun. Das Zweckdenken verhindert außerdem den Grundsatz einer Beziehung, nämlich den anderen Menschen durch unbefangenes Wahrnehmen wirklich kennen zu lernen.

Wenn das Kind bei den Bezugspersonen Stabilität, Vertrauen und Verlässlichkeit erleben kann, so ist dies eine Qualität, durch die es sich seelisch nähren kann. Dem kann im Erwachsenenalter eine Liebe entspringen, die dem Leben einen unumstößlichen Sinn gibt.

Lern- und Denkentwicklung

Es hat die ganze Nacht stark geregnet. Mutter und Sohn gehen Hand in Hand auf einem sehr pfützenreichen Feldweg entlang. Die Mutter blickt etwas träumend in die Landschaft, das Söhnchen dagegen ist hellwach. An einer Stelle, wo mehr Wasser als Weg ist, springt das Kind unerwartet mit beiden Füßen in die Pfütze. Die Mutter ist reichlich nass gespritzt und so überrascht, dass sie sprachlos stehen bleibt. Der Sohn aber sieht überhaupt nicht zur Mutter, sondern hockt sich hin und schaut ganz interessiert zu, auf welche Art und Weise über Rinnsale die Pfütze sich langsam wieder füllt. Gerade hat sich die Mutter so einigermaßen gefasst, da ist die Pfütze wieder voll und Sohnemann springt ein zweites Mal hinein. Nun schaut er immer wieder den schmutzigen Rock und die Beine der Mutter an, danach seine Füße. Die sind nur ein bisschen nass. So wandern seine Blicke immer wieder hin und her. Dann kommt: «Schau mal, Mutter, ist das nicht komisch, ich springe in die Pfütze und du bist nass!»

Sich kennen lernen

Im Kapitel «Empfängnis» (siehe Seite 18) wurde der Zustand der Frau in der Schwangerschaft mit einer Gastgeberin verglichen, die sich auf einen Besuch vorbereitet. Sie schafft Ordnung in sich, sodass *ihr* Gast sich wie zu Hause fühlen kann. Wie wandelt sich die Aufgabe der Eltern, wenn das Kind dann geboren ist! In der ersten Zeit ist es in keiner Weise selbstständig und die Eltern werden ihm Raum und Geborgenheit geben müssen.

Das Ich des Kindes, das aus der geistigen Welt gekommen ist, um sich mit dem Leiblichen zu verbinden, möchte sich nun inkarnieren. Es möchte sicher werden in seinem Körper und es möchte mit ihm Fähigkeiten entwickeln, um auch in seiner äußeren Umgebung sicher zu werden.

Sicher kann man in seiner Umgebung nur werden, wenn man sie gut kennt, wenn man sich auf sie verlassen kann, Vertrauen zu ihr entwickelt hat. Wie entwickelt man Vertrauen zu sich selbst? Wie erlangt man Sicherheit im Umgang mit sich und der Umwelt? Man muss recht viele Erfahrungen sammeln, man muss ungestört und möglichst frei probieren und erkunden können, man muss sich in jeder Hinsicht ertüchtigen.

Am Ende dieser Entwicklungsphase kann sich das Kind auf seinen Körper, seine Geschicklichkeit und seine Fähigkeiten verlassen und fühlt sich wohl dabei. In diesem Prozess werden immer wieder falsche Vorstellungen revidiert und Ideen weiterentwickelt. So kommt das Kind Schritt für Schritt den Dingen der Welt in ihrer Funktion und ihrem Sinn näher. Es setzt sich mit ihnen in Beziehung. Es ordnet seine Individualität gegenüber der allgemeinen Umgebung in kleinere und größere Weltzusammenhänge ein. Das ist ein anfänglicher Erwerb von Selbstsicherheit und Selbstvertrauen. Durch diesen Prozess der Erfahrungsbildung wird bei einem gesunden Kind immer die Neugier, die Freude und der Forschergeist erhalten bleiben und es möchte mit Interesse weiterhin lernen. Später wird es in der Lage sein, seinen «Platz» im Leben als sinnvoll zu empfinden.

Voraussetzungen zum Lernen

Die leibliche Entwicklung jedes Menschen beginnt im Mutterleib. Dort findet er ideale Voraussetzungen. Das heranwachsende Kind wird genährt, geschützt, gewärmt. Es ist nie allein, und die Mutter baut selbstlos und in fröhlicher Erwartung eine Beziehung zu ihm auf. Es hat einen ihm angepassten Freiraum, der den sich ständig verändernden Bedürfnissen gerecht wird. Insofern steht seiner leiblichen und auch seelischen Entwicklung im Normalfall nichts im Wege.

Im Mutterleib wirken die Bilde- oder Lebenskräfte, sie gestalten den Leib des Kindes. Diese Kräfte sind wie eine Sonnengabe, sie lassen alles wachsen und gedeihen und wirken auch dann noch, wenn das Kind geboren ist.

Unter der Voraussetzung, dass es weiterhin in rechter Weise genährt, geschützt und gewärmt wird, kann eine maximale Lernentwicklung erreicht werden. Eltern und ErzieherInnen können das Kind beim Lernen unterstützen. Sie können helfen, diese Grundbedürfnisse zu befriedigen und dem Kind genügend Möglichkeiten einrichten, seine Erfahrungen zu sammeln. Nur wenn ein Kind sich wohl fühlt im weitesten Sinne, kann es optimal lernen. Eine optimale Umgebung schaffen heißt aber nicht, dem Kinde alles zu erledigen und ihm alle Steine aus dem Weg zu räumen. Wenn Eltern ihr Kind noch im Schulalter selbst anziehen, damit es schneller geht, ist das keine wirkliche Hilfe. Schwierig für die Entwicklung des Kindes ist es auch, wenn es nicht lernt, auch auf etwas verzichten zu können.

Jedes Hervorbringen neuer Tätigkeiten, jedes Lernen ist mit Üben und somit mit Anstrengung und Mühe verbunden. Das ist gut so. Erst wenn man sich richtig angestrengt hat, wenn nicht alles leicht fällt, ja, wenn vielleicht noch Schmerzen dazu gekommen sind, ist beim Erreichen des Zieles die Freude auf jeden Fall unvergleichlich größer als ohne alle Bemühungen. Wie oft fällt ein Kind beim Laufen lernen hin! Wie schnell überwindet es das im Eifer des Lernens und wie stolz und glücklich ist es dann, wenn es allein das Laufen gelernt hat. Durch unermüdlichen Willenseinsatz etwas Vorgenommenes trotz Schwierigkeiten durchzuführen, ist vielleicht das Wichtigste, was ein kleines Kind für seine weitere Biografie lernen kann. Alle Widerstände, alle Anstrengungen, Verzicht oder eventuelle Schmerzen sind wie gute Lehrmeister.

Das Kind wird lernen, mit den unterschiedlichsten Lebenslagen zurechtzukommen.

So kann es später zum Beispiel mit Stress und Frustration umgehen, hat Sozialfähigkeit lernen können.

Lernen zu lernen

Das leibgebundene Lernen

Jedes gesunde Kind kommt auf die Welt mit einem starken Drang, sich selbst und natürlich die Umgebung durch seine Neugier zu entdecken. Mit dem Älterwerden summieren sich die Erfahrungen. Dieses unermüdliche Suchen nach dem eigentlichen Wesen und Sinn der Dinge vertieft sich stetig. Das Kind möchte die Welt mit all ihren Geheimnissen in ihrer reinsten Form erforschen und damit auch verstehen.

Viele Forschungsergebnisse der letzten Jahre haben gezeigt, in welch hohem Maße die ganz kleinen Kinder intuitiv über ihren Körper lernen. In den ersten Lebensjahren lernt das Kind ausschließlich durch Sinneserfahrung. Es nimmt mit dem ganzen Leib wahr. Gegenstände aus dem Umfeld, aber auch der eigene Leib, werden ertastet, geschmeckt, berochen und besehen. Man könnte sagen, sie werden aufgenommen und verarbeitet. Hauptsächlich wird in der allerersten Zeit mit dem Mund wahrgenommen. Wie langweilig wäre es da, wenn alles gleich *schmecken* würde, die Lust am Probieren ginge verloren! Bald kommt zum Mund die Hand und natürlich folgen Augen und alle anderen Möglichkeiten, um die Welt zu erfahren.

Das Kind scheut dabei keine Mühe. Sehr bald wirkt es auch aktiv auf die Umwelt ein und zieht alles zu sich heran. Es will die Gegenstände spüren, möglichst mit mehreren Sinnen. Nur mit dem, was es intensiv wahrgenommen hat, kann es sich verbinden, es wird für das Kind dadurch zu einer Realität. Selbst beim erwachsenen Menschen ist ein rein visuelles Wahrnehmen oft nicht ausreichend für einen echten Bezug zur Welt. Auch er möchte die Dinge, für die er sich interessiert, begreifen und spüren.

Das Hinschauen, besonders das In-die-*Augen-Schauen,* hat noch eine andere große Bedeutung. Sehr schön ist das beim Stillen zu beobachten. Wie oft schauen Kinder dabei unentwegt der Mutter in die Augen. Das ist wie ein Halt-Suchen. In den Augen des anderen Menschen kann man etwas von dessen Ich wahrnehmen. Die Augen sagen etwas über die Persönlichkeit aus. Es kann eine Beziehung aufgenommen werden. Manche Kinder benötigen noch mehr Halt und müssen sich zusätzlich am Körper der Mutter festhalten. Das gibt dann doppelte Sicherheit.

Das Kind macht seine Erfahrungen mit Personen und Gegenständen, ohne dass es schon weiß, was dies oder jenes ist. Es hat aber die Möglichkeit, aktiv den Sinngehalt dieser Wahrnehmungen intuitiv zu verstehen, Vorgänge nachzuahmen und sich damit zu verbinden. Nach und nach entfaltet sich so eine Art Vorstellungskraft, ein bildhaftes Gegenstandsbewusstsein. Dieses Gegenstandsbewusstsein ist die Summe aller aus eigenem Antrieb erlebten Sinneseindrücke und Wahrnehmungen und der daraus entstandenen Empfindungen und Vorstellungen.

In diesem Bemühen, das Wahrgenommene zum Verstehen umzuwandeln, *zeigt* sich der Wille des Kindes. Dieser bildet sich dabei weiter und stärkt sich. Das Kind will sich unentwegt bewegen und dabei seine angeborene Neugier, seine vorkonzeptionelle Begabung zu lernen, ausleben. Es wird jede Gelegenheit nutzen und mit großer Freude auf Entdeckung gehen. Durch all diese Sinneswahrnehmungen wird das Kind seelisch und geistig genährt. Wie bei jeder qualitativ guten Ernährung tritt auch hier ein wohliges Gefühl ein, nämlich eine immer sicherer werdende Vorstellung von dem, was die Welt und was man selbst ist. Die Vorstellungskraft entwickelt sich und damit die innere Sicherheit. Durch die Sinneserfahrungen entsteht nach und nach ein reiches Innenleben.

Wenn keine Störungen oder gar Gefahren drohen, sondern das Kind mit genügend Zeit und in Ruhe vieles untersuchen kann, wird man staunen, welche Konzentration es aufbringt. Auch Anspannung ist zu erleben. Nach diesem Aufnehmen werden Minuten der Besinnung eingelegt, indem das Kind die Objekte wegschiebt oder sich von ihnen abwendet, es löst sich. Es ist auch eine Entspannung oder Ruhehaltung am Leib zu beobachten. Diese Zeit ist kurz, gleich geht es wieder an das neue Untersuchen und Erforschen.

Dieses Wahrnehmen und Besinnen hat einen gestaltenden Charakter. Diese Tätigkeiten sind es, die indirekt das Gehirn mitgestalten und strukturieren. Das Kind ist nun in der Lage, die einzelnen wahrgenommenen Objekte, wenn sie klare Strukturen zeigen, kennen zu lernen und sie anfänglich zu verstehen. Es entwickelt sich aber auch mit fortschreitendem Alter die Fähigkeit, sich wieder daran zu erinnern und die Gegenstände je nach Bedeutung zu ordnen. Durch das körpergebundene intuitive Verstehen wird das Kind befähigt, das sinnlich Erlebte auch mit- und nachzuvollziehen. Was es erlebt hat, will es sofort in die Tat umsetzen. Diese verstehende und nachahmende Willenstätigkeit ist ein erster Schritt zum eigentlichen Lernen.

Natürlich kann man hierbei erleben, wie sehr sich das Kind am Erwachsenen orientiert. Alles an ihm wird es bis ins Detail nachahmen. Für das kindliche Lernen ist also ein Vorbild sehr wichtig, das selbst auf der Suche nach seinem eigentlichen Wesenskern ist und sich müht, ein ständig Lernender zu bleiben.

Ein mühsamer Lernschritt ist, den eigenen, noch ungeschickten Willen so zu lenken, dass ein allmähliches Koordinieren von Hand und Auge möglich wird. Dieses Ordnen und Koordinieren zieht sich durch alle Bewegungsabläufe, wobei der Eindruck entstehen kann, dass es gar nicht das Ziel ist, was die kleinen Kinder so gern erreichen wollen, sondern der Weg das Interesse weckt. Es kann auch sein, dass das Ziel gar nicht erreicht wird. Es ist ähnlich wie beim Spielen, das Kind hat Freude am Tätigsein und Bewegen, und diese Freude ist die Kraft, die die Entwicklung vorantreibt. Auf diesem Weg werden durch ständige Wiederholungen Fähigkeiten gefestigt und Erkenntnisse gesammelt.

Der angeborene Wunsch nach Vervollkommnung veranlasst das Kind, sich unbewusst selbst zu korrigieren. So wird zum Beispiel ein Gegenstand mit viel Mühe herangezogen, fest in die Hand genommen, kurz betrachtet und gleich wieder weggeworfen, um ihn mit neuer Aktivität wieder zu holen.

Viel Zeit und viel innere Ruhemomente werden für all diese Lernprozesse benötigt, um sich grundlegende geistige Fähigkeiten anzueignen.

Bis zum Ende des dritten Lebensjahres erwirbt sich das Kind durch seine Eigenaktivität ganz einfache Vorstellungen von Raum und Form, beginnt, Mengenverhältnisse etwas einzuschätzen und erarbeitet sich ein Verständnis für kausale Zusammenhänge.

Jean Piaget sagt: «Alles, was wir dem Kind beibringen, kann es nicht mehr lernen.»[12]

Selbst erworbene Fähigkeiten sind für das kleine Kind als ein Schatz zu sehen. Sie können durch nichts ersetzt werden, vor allem nicht durch Erklärungen oder durch «Vorbilder» auf irgendwelchen Bildschirmen. Hierbei hat das Kind nämlich keine Möglichkeit, sich körperlich zu betätigen. In diesem ersten Lebensalter sind aber die Koordinationsübungen nötig, sie sind die Voraussetzung für das spätere abstrakte Denken!

Immer öfter bleibt von den Wahrnehmungen eine Erinnerung zurück. Am Ende des ersten Jahres hat das Kind eine gewisse Merkfähigkeit entwickelt. Diese Merkfähigkeit ist noch ganz leibgebunden, denn das Kind erinnert sich nur an die selbst ausgeführten Tätigkeiten bzw. jene, die mit ihm ausgeführt worden sind, wie zum Beispiel das Essen. Es ahmt aus dem Erinnern nun seine Wahrnehmungen nach. Das heißt, es vollzieht jetzt innerlich die Vorgänge mit und kann sie später allein nachahmen, indem es zum Beispiel Gegenstände füttert oder die Bewegungen des Erwachsenen beim Essen nachvollzieht. So essen manche Kinder vielleicht erst mit den Fingern, später greifen auch sie zum Löffel und es wird so lange geübt, bis die Suppe in den eigenen Mund transportiert werden kann. Keine Erklärung könnte diesen Vorgang des Übens und Mühens ersetzen. Hatte das Kind kein Vorbild oder musste es durch Erklärungen lernen, bleibt dazu der Stolz und Freude über den Erfolg: «Das kann ich schon allein!», aus.

Und so sagte schon Konfuzius: «Erkläre mir, und ich vergesse! Zeige mir, und ich erinnere! Lasse es mich tun, und ich verstehe!»

Erwachen des Denkens

Im zweiten Jahr erwacht die Intelligenz, indem die Vorstellungstätigkeit sich schon etwas von der reinen Sinneswahrnehmung löst und beginnt, selbstständig zu werden. Vorstellen ist ein innerer Prozess. Durch schöpferische Kräfte wird der äußere Eindruck innerlich neu geschaffen, er wird zu eigen gemacht. «Vor-stellen» heißt aber auch, einen gewissen Abstand zum erlebten Eindruck einnehmen zu können. Die gewonnene Distanz ermöglicht einen Raum für *Eigenes*. Das beginnende Vorstellen geht dem Sprachgebrauch voraus, denn inhaltlich kann das Kind jetzt kleine Zusammenhänge verstehen. Der Ball ist zum Beispiel weggerollt. Schien er zuvor verloren, so weiß das Kind nun, dass es ihn wieder holen kann. Erst durch diese neue Art der Vorstellungstätigkeit kann sich darauf aufbauend ein Sprachverständnis entwickeln. Das Kind versteht die inhaltliche Zugehörigkeit des gehörten Wortes zu Vorgängen oder Dingen. Es hört und versteht erst das Wort und seinen Sinn, ehe es lernt, die Sprache zu gebrauchen. Es lernt, die Worte zu wählen und einzusetzen. Vorher ist es ein Probieren und Nachahmen einzelner Laute und Worte. (Siehe hierzu das Kapitel «Sprache» ab Seite 129.)

Man kann das Geschilderte schön erleben, wenn man ein Kind anziehen möchte und ihm dabei sagt, dass es die Hand reichen solle. Es reagiert meist recht freudig darauf. Obwohl es zu diesem Zeitpunkt erst wenig sprechen kann, hat es schon die Möglichkeit, sich etwas vorzustellen.

Zu dieser Zeit ist das Gehirn nur so weit entwickelt, dass das Kind ein verstehendes Denken hat. Das Denken im vollen Maße ist noch nicht möglich, so können zum Beispiel logische Abfolgen von Empfindungen noch nicht entwickelt werden. Das Kind bevorzugt jetzt bei seinem Spiel Handlungsabläufe, in denen es die einzelnen Lernschritte immer wieder unbewusst übt. Das aktive Verarbeiten von Vorstellungen und das Herstellen von Zusammenhängen bilden das Gehirn aus und strukturieren es. Nicht das Gehirn entwickelt das Denken!

Erste eigene Entscheidungen – die Warum-Fragen

Das Kind beginnt jetzt zu selektieren. Bestimmte Personen, Gegenstände und Spielarten werden bevorzugt. Es winkt gern dem Papa, wenn er geht, anderen Personen aber nicht. Das Kind kann entscheiden, je nach Stimmung oder Beziehung, ob es eine Handlung vollziehen möchte oder nicht. Immer stärker entwickelt es gewisse Vorlieben und ist in der Lage, nun auch deutlich zu machen, was es will. Es erlebt, dass die Dinge der Welt ein Eigenleben haben und getrennt von ihm sind. Es kann sich selbst etwas zurücknehmen oder absetzen und sein eigenes Wollen steuern und versuchen, sich durchzusetzen.

In diese Zeit, ans Ende des zweiten Lebensjahres, fällt auch die Entdeckung, dass einige Gegenstände mit gleichen Eigenschaften in Form, Farbe, Größe, zu kategorisieren sind. Ein sehr beliebtes Spiel ist jetzt, diese Dinge entsprechend zu ordnen und zu sortieren. Das hat weniger mit einem extremen Ordnungssinn zu tun, sondern zielt mehr auf ein Grundprinzip des menschlichen Denkens, nämlich das Ordnen nach bestimmten Kriterien.

Diese Phase des ersten selbstständigen Handelns und des Loslösens von der reinen Nachahmung endet mit den berühmten Warum-Fragen. Jetzt möchte das Kind mit seiner errungenen Gedankentätigkeit spielen. So, wie es im ersten Lebensjahr bestimmte Gesten und Bewegungen immer wiederholte, möchte das Kind nun durch dieses unermüdliche «Warum» ein wiederkehrendes Hören von bestimmten Worten und damit ein Erleben von gedanklichen Zusammenhängen genießen. Vielleicht ist es auch der Versuch, sich bestätigen zu lassen, was ihm schon sinnlich bekannt ist. Dem wird jetzt noch gedanklich ein unausgesprochenes aber absicherndes Fragen hinzugefügt: «Ist es immer noch so, wie ich es erlebt habe? Erlebst du das auch so?» Immer und immer wieder wird diese Frage gestellt, bis das Kind in sich eine Sicherheit gefunden hat und in seiner Entwicklung voranschreiten kann.

Bestimmt ist dem Kinde nicht damit geholfen, wenn dieses «Spiel» so verstanden wird, als hätte es einfach einen gesteigerten Wissensdurst und brauche viele ausführliche, dem Alter eigentlich nicht entsprechende Erklärungen. Es möchte einfach nur die Anteilnahme und Bestätigung des Erwachsenen genießen. Man sollte mit etwas erfrischendem Humor einfach mitspielen.

Wenn die Kinder eine Fähigkeit errungen haben, ist es plötzlich mit dem Üben vorbei. Der Prozess ist abgeschlossen und sogleich wird ein neues Übfeld erobert. Alle Entwicklungsstufen des Lernens sind natürlich individuell und bei jedem Kind unterschiedlich lang und intensiv.

Denken im dritten Jahr

Aufblitzen des Ichs

Ein herausragendes Erlebnis in der Kindheit ist wohl das plötzliche Entdecken der eigenen Individualität. Die Erinnerungsmöglichkeiten an unsere eigene Kindheit sind ja sehr verschieden. Manche Erwachsene, die sich im Zurückbesinnen geübt haben, können sich noch an diesen Augenblick erinnern, in dem sie plötzlich erlebten: Ich bin ein Ich. Weiter zurück als bis zu diesem markanten Auftreten des Ich-Erlebnisses können wir uns aber nicht erinnern.

Oft sagen die Kinder schon vor dem dritten Lebensjahr aus der Nachahmung heraus hin und wieder zu sich «ich». Bis dahin sagen sie nur den Vornamen zu sich: «Paul will trinken!» Im Übergang sagen sie oft auch beides, ich und den Vornamen. Aber wenn sie ein wirkliches Erlebnis der eigenen Persönlichkeit hatten, dann zeigt sich dies in einem unverwechselbar klaren Ich. Das erste Ich-Erlebnis ist insofern ein bedeutender Einschnitt in der Biografie, weil das, was wir als Mensch sind, das Einmalige und Individuelle, das wir mit dem Ich benennen, plötzlich zum ersten Mal *bewusst* wird. Manchmal wird dieses erste Ich-Erlebnis durch plötzlich auftretende, dramatische Ereignisse begleitet, bei denen wir ganz bewusst bemerken: Dieses Geschehen, dieses Ereignis gehört zu mir. *Das bin ja ich!*

Ab diesem Zeitpunkt wird diese Erkenntnis reichlich oft kundgegeben. Deutlich spricht das Kind es aus: «Ich will auch haben!» – nicht mehr: «Paul will auch!» Ich habe auch schon oft Kinder in diesem Entwicklungsschritt erlebt, die bis in die Leiblichkeit hinein diese Errungenschaft genießen, zum Beispiel die Treppe hinaufsteigen und bei jeder Stufe und bei jedem Schritt ein deutliches «Ich» sagen. So wichtig war es ihnen, und so gern wollten sie wieder und wieder ich sagen und es hören.

Die Trotzphase

Das Kind genießt das Wachwerden für das Eigene. Recht bald folgt ein anderes Ereignis, nämlich das Nein-Sagen und natürlich auch bis in die willentliche Handlung hinein ein unbedingtes *Nein*-Wollen. Diese Nein-Sage-Phase, auch Trotzphase genannt, ist zu sehen als ein enormes Lernen, mit seinem Willen und seinem eben entdeckten Ich umzugehen. Es ist wie eine dazugehörige Entdeckung: Ich bin ich, und ich will auch nur das, was ich will. Auf jeden Fall will ich anders als die Eltern. Das Kind schlägt durch dieses Nein einen Mantel als Schutz um das zarte Ich. Es versucht, sich zu behaupten, es setzt sich zum ersten Mal deutlich ab. Es ist wie ein willentliches, nochmaliges Abnabeln. Als Trost für die Eltern sei gesagt, dass sie diese seelisch-geistigen Abnabelungsprozesse noch öfter erleben werden, sie haben somit genügend Gelegenheit, es zu üben.

Diese Phase kann einige Monate dauern. Wenn sich das Kind genügend als Ich erlebt hat, ein zartes, aber vielleicht intensives Ich-Gefühl entwickeln konnte und dieses gefestigt hat, indem es selbst Grenzen setzte, ist es auf gutem Wege zu einem gesunden Selbstbewusstsein. Hat das Kind nicht diese Möglichkeit, muss es ein respektloses oder verständnisloses Verhalten der Erwachsenen ertragen, dann erzeugt das unter Umständen Unwillen, der sich im späteren Alter bis zu schlimmer Aggressivität oder zu Rachegefühlen steigern kann. Auch das Gegenteil kann eintreten: Das Kind fühlt sich allein gelassen, unverstanden und gedemütigt. Ich habe auch beobachtet, dass die Kinder, die sich bis dahin in ihren willentlichen Handlungen nicht so sehr erproben konnten, oft gar nicht so aktiv in die Trotzphase kommen oder sie viel später, dann aber untypisch und meist heftig, nachholen.

Der Mensch lernt in diesem ersten Trotzalter am Widerstand sein Ich-Bewusstsein zu entdecken und anfänglich zu lenken, so wie wir alle im Grunde am Widerstand erwachen. Wenn wir uns zum Beispiel stoßen, weil wir auf einen Gegenstand nicht geachtet haben, dann erwachen wir in diesem Augenblick durch den Schmerz und das Unwohlsein. Wir werden uns unseres Selbst bewusst. Zuerst tritt das natürlich an der schmerzenden Körperstelle auf, aber dann nehmen wir vielleicht wahr: Wir sind zu müde, zu wenig aufmerksam oder zu erregt!

In der Zeit des erwachenden Ichs beginnt das Kind sich als Persönlichkeit wahrzunehmen, die nun bewusst lernen will, eigene Entscheidungen zu treffen. Es sind natürlich aus unserer Sicht kleine Entscheidungen, die ganz aus der Nachahmung heraus getroffen werden. Die Ich-Kräfte werden erst im Jugendalter von 14 bis 20 Jahren so weit gereift sein, dass sie den leibgebundenen Willen aktiv ergreifen können, um willentlich wirklich eigene Entscheidungen zu treffen.

Das zu Beginn genannte Beispiel von Kindern, die von sich selbst sagen, dass sie nicht wollen können, zeigt die zwei Komponenten: Das Ich und das Nicht-Wollen, also die Ich-Kräfte und die Willenskräfte, die bei der Erziehung bedacht werden müssen. Dann ist es möglich, das Kind zu stärken, sodass es später im Jungendalter in Freiheit seine eigenen Entschlüsse fällen kann. Der Jugendliche weiß dann, was er tut, er schätzt die Folgen seines Handelns auch richtig ein und will dafür auch selbst die Verantwortung übernehmen. Mit diesem Anspruch zu handeln, ist ein hohes Ziel! Das ist die wirkliche Freiheit des Menschen. Wenn wir Eltern und ErzieherInnen dies als Ideal vor Augen haben, können wir auch genügend Geduld, Taktgefühl und Ideen aufbringen, um dem kleinen dreijährigen widerspenstigen Trotzkopf zu helfen.

In so einer Trotz-Situation ist es wichtig, dass wir den Widerspruch nicht persönlich, nicht als «Angriff» nehmen, sondern – wenn unsere Wachheit es zulässt – als Herausforderung oder Aufruf, wie denn das

Üben und Lernen in dieser oder jener Situation zu begleiten sei. Welche Ideen kommen uns jetzt, um diesen Widerstand des Kindes zu akzeptieren, allen Beteiligten aus der Blockade zu helfen und die Angelegenheit ruhig ausklingen zu lassen? Können wir die Aufmerksamkeit vom eigentlichen Brennpunkt auf etwas anderes ablenken? Oder bewirkt das Ablenken das Gegenteil? Vielleicht können wir die Trotzphase auch wie eine Kinderkrankheit sehen. Sie kommt und geht und hat ihre Berechtigung.

Die Trotzphase im dritten Lebensjahr ist insofern ernst zu nehmen, da sie äußerlich verdeutlicht, dass ab jetzt das erwachte Ich-Bewusstsein beginnt, dass alles, was bisher fast automatisch ablief, nun selbst zu bestimmen ist. Das Kind wird ab diesem Zeitpunkt eine persönliche Note bekommen. Auch diese Erkenntnis lässt uns noch einmal leichter mit entsprechender Würde dem kleinen Trotzkopf begegnen.

Gewohnheiten bilden als Vorstufe zum Denken

Durch die einsetzenden Erinnerungskräfte kann Vergangenes wieder hergestellt werden, indem der Mensch sich «be-sinnt». Es ist ein aktives Verinnerlichen, ein Wiederherstellen der Erfahrungen und Vorstellungen. Das Ich-Bewusstsein und die Erinnerungskräfte sind auf das engste verbunden. Geht die Erinnerungsfähigkeit verloren, so ist das eigene Ich-Erleben und Ich-Bewusstsein nicht mehr funktionstüchtig. Etwa im dritten Lebensjahr entstehen erst ganz zart, aber doch immer deutlicher werdend, eigene Gedanken und Vorstellungsbilder im Kind.

In diesem Alter ist immer das verstehende, also noch leibbezogene, nicht das logisch abstrakte Denken gemeint. Die eigentliche Denkentwicklung entsteht durch das Ablaufen mehrerer Prozesse im Menschen: Die Außenwelt wird durch Eigenaktivität wahrgenommen. Das Wahrgenommene wird als Impuls von den Nervenzellen, den Neuronen, die in den Sinnesorganen enthalten sind, bis zum Gehirn weitergeleitet. Im Gehirn werden die Impulse ins Bewusstsein gebracht, in die «Innenwelt». Nach und nach wird das Kind in der Lage sein, das neu Wahrgenommene durch Assoziationen mit dem schon Bekannten und Verarbeiteten in Verbindung zu bringen. Es entsteht durch viel innere Aktivität ein Wahrnehmungsinhalt, ein vorläufiges Weltbild, das auf Erfahrung beruht. Durch das Denken wird das Wahrgenommene der

Außenwelt zur menschlichen Innenwelt. Dieses Weltbild ändert sich ständig durch neue Eindrücke und Erfahrungen.

Ganz vereinfacht kann man sagen, dass unsere Nervenzellen unmittelbar nachdem sie entstanden sind, sich aktiv für ihre Umgebung «interessieren», indem sie Signale abgeben und auf ein Echo warten, auf einen möglichen Austausch. Wenn diese Neuronen oft genug Signale miteinander «gefunkt» haben, können daraus Funkleitungen, Vernetzungen entstehen. Solche permanenten Verbindungen herzustellen, ist das «Lebensziel» der Gehirnzellen, zumindest für die erste Zeit. Vernetzungen sind auch noch später möglich, aber nicht mehr in dem Maße wie beim kleinen Kind. Ohne ständiges körperliches Üben, bei dem der ganze Organismus beteiligt ist, geschieht nur noch Abbau.

Die so entstandenen Verbindungen werden Synapsen genannt. Durch diese Synapsen, die wie Überbrückungen zu verstehen sind, ist erst ein richtiger Austausch zwischen den Nervenzellen möglich. Der entscheidende Moment bei der Entwicklung der Vernetzung ist aber ein Impuls, der *nur* durch die Sinneswahrnehmung kommen kann. Ohne diese Impulse würden die Neuronenverbindungen ganz dürftig aussehen.

Grundsätzlich entstehen durch genetische Instruktionen nur einige Hauptverbindungen. Eine Vielfalt von Verbindungen entsteht in der Schwangerschaft im Embryo, aber auch dort nur durch Sinneseindrücke. Je mehr solcher Verbindungen im Gehirn entstehen, desto mehr ist ein vielseitiges bewegliches Denken und Erinnerungsvermögen möglich. Nur in den jeweiligen Zentren im Gehirn können durch entsprechende Impulse Neuronen untereinander verbunden werden, zum Beispiel können durch Impulse des Sehnervs nur im visuellen Zentrum Synapsen entstehen. Dasselbe gilt für das Sprachzentrum usw. Durch den überschwänglichen Drang nach Verbindung ist durch viele verschiedene sich wiederholende Sinnesimpulse eine Vielfalt von Synapsenbildungen möglich.

Bei einem dreijährigen Kind sind die Gehirnzellen doppelt so aktiv wie bei einem Erwachsenen, und damit ist auch bald der Höhepunkt, die aktivste Zeit erreicht. Nicht benutzte Verbindungen lösen sich auf. Durch die Erfahrungen, die das Kind macht, wird bestimmt, welche Verbindungen gestärkt und welche gekappt werden.

Diese Gehirnstrukturierung bzw. dieses Verarbeiten des Wahrnehmungsinhaltes ist nichts spezifisch Menschliches. Die gleichen Abläufe sind auch beim höher entwickelten Tier zu beobachten. Es sind allgemeine Abläufe, durch die das Wahrgenommene verinnerlicht wird und instinktmäßiges Verhalten entsteht. Sehr viel Weisheitsvolles wirkt durch diesen bloßen Instinkt, sodass die so genannten bedingten Reflexhandlungen sich daraus entwickeln können. In der Tierwelt kann beobachtet werden, dass ältere Tiere sich viel schlechter von einem Jäger erlegen lassen als Jungtiere. Bei den älteren Tieren haben weisheitsvolle Kräfte Fähigkeiten wie Vorsicht, Geschicklichkeit und Wachsamkeit durch erlebte Wahrnehmungen ausgebildet.

Beim Menschen können eine Reihe von Handlungen durch die Erziehung auch zu Gewohnheiten werden. Wird ein Kind zum Beispiel vor jedem Eigenerleben, vor jedem Sammeln von Erfahrungen gewarnt oder wird es sogar daran gehindert, kann eine negative Gewohnheit entstehen. Wenn das Kind zum Beispiel gerade das Pfützenwasser oder den Matsch auskundschaften will und es schnell weggezogen wird, vielleicht mit der Bemerkung: «Pfui, das ist doch schmutzig!» – oder es möchte über Bänke klettern und wird abgehalten mit dem Einwand: «Pass auf, du tust dir weh!», dann wird die Auswirkung sein, dass es sich passiv und gelangweilt zurückzieht. Es wird sich angewöhnen, sich vorzusehen vor dem, was es nicht kennt, und sich mit dem begnügen, was ihm erklärt wird. Zur Gewohnheit könnte werden: «Ich wende mich von Fremdem, Undurchschaubarem erst einmal ab und warte, was die anderen mir empfehlen.» Der Forscherdrang wird geschwächt. Das Kind gewöhnt sich durch solche Erlebnisse ein Verhalten an, das zu Bequemlichkeit und Oberflächlichkeit neigt. Hat man damit etwas Positives erreicht?

Man kann einen so erzogenen Menschen gut einschätzen und gegebenenfalls manipulieren. Es kann abgeschätzt werden, wie er in dieser oder jener Situation auf diesen oder jenen Umstand reagieren wird. Ganz besonders machen sich das Wirtschafts- und Werbeexperten zu Nutze. Wird in der Erziehung aus einem ganzheitlichen Menschenbild heraus das Kind erzogen, wird eine Berechnung in diesem Maße nicht mehr so leicht möglich sein.

Bedenkt man, dass im dritten Lebensjahr dieses ganz einmalige Ich im Kind aufleuchtet, so verfeinert sich das allgemeine Bild über die Denkentwicklung. Erst das Ich kann einen individuellen Vorstellungsinhalt aus dem schon erwähnten Wahrnehmungsinhalt bilden. Diese Ich-Kräfte ordnen das Aufgenommene, indem sie sich aktiv diesen Inhalten gegenüberstellen und sie zum persönlichen bewussten Eigentum des einzelnen Menschen wandeln.

Erst jetzt beginnt das Kind seine eigene Gedankenwelt aufzubauen, in der es sich hoffentlich recht kräftig in den Mittelpunkt stellt. Es möge sich wie ein König erleben, der sein eigenes Reich in Besitz genommen hat und es nun beginnt zu regieren.

Religiöses in der Erziehung

Fußspuren im Sand

Ich träumte eines Nachts,
ich ging am Meer entlang mit meinem Herrn,
und es erstand vor meinen Augen,
Streiflichtern gleich, mein Leben.
Für jeden Abschnitt, wie mir schien,
entdeckte ich im Sande
Fußspuren zweier Schreitenden.
Die einen waren mein, die anderen des Herrn.

Als dann das letzte Bild an uns
vorbei geglitten war, sah ich zurück
und stellte fest, dass viele Male
des einen Spuren im Sande nur zu sehen waren.
Sie zeichneten die Phasen meines Lebens,
die mir am schwersten waren.

Das machte mich verwirrt,
ich wendete mich fragend an den Herrn:
«Als ich dir damals alles übergab, o Herr,
was ich besaß, zu folgen dir,
da sagtest du, du würdest immer bei mir sein.
Doch in den tiefsten Nöten meines Lebens
seh ich nur ein Paar Spuren in dem Sand –
warum denn warst du nicht bei mir,
als ich dich so verzweifelt brauchte?»

Der Herr nahm meine Hand und sprach:
«Geliebtes Kind, nie ließ ich dich allein,
schon gar nicht in den Zeiten, da du littest
und angefochten warst.
Wo du nur ein Paar Spuren im Sand erkennst,
da hab ich dich getragen.»

Aus dem Irischen übertragen von Maximilian Bollinger.

Kräfte, die uns helfen können

In diesem Kapitel möchte ich mich der religiösen Erziehung widmen. Es liegt mir gerade an diesem Thema viel, vielleicht, weil es das Schwerste, aber sicher eines der Wichtigsten ist. Schwer ist es deswegen, weil es bei der Religiosität um Übersinnliches geht.

Viele werden sich die Frage stellen, wozu bedarf es einer religiösen Erziehung im Kleinkindalter, wenn sonst alles andere bedacht ist? An einigen Stellen in den vorangegangenen Ausführungen ist immer wieder darauf hingewiesen worden, dass das Kind aus der geistigen Welt kommt und dass es hier auf Erden anfangs noch fremd ist. Es sucht nach Vertrautem. Wenn es dieses Vertraute, das, womit es schon in der geistigen Welt zusammen war, wieder finden kann, wird ihm das Sicherheit vermitteln. Das kleine Kind hat noch eine zarte Ahnung, ein instinktives Empfinden für diese Geistigkeit in der irdischen Welt. Es hat noch die Gabe, hinter allen natürlichen Dingen und Prozessen jene nicht nur zu sehen, sondern zu erleben. Dem Kind ist die göttliche Welt noch vertraut und so selbstverständlich wie für uns Erwachsene Essen und Schlafen.

Das Kind ist aber abhängig davon, dass wir ihm helfen, den Kontakt aufrecht zu halten, diese Erlebnisse weiter zu ermöglichen. Wir Erwachsenen sind die Mittler zwischen dem, was das Kind erleben könnte an schöpferischen Kräften in der Natur und in sich selbst. Dabei sind wir eben nicht nur Mittler, sondern auch Vorbild. Aber wie können wir selbst ein Vorbild sein oder dem Kind Sicherheit geben? Wie sieht es in uns selbst mit der Religiosität aus? Das kleine Kind wird in uns suchen, welche Beziehung oder welches Verhältnis wir zu den übersinnlichen Dingen haben. Ob wir uns bemühen, die andere, die geistige Welt, die wir vielleicht noch nicht – oder nicht mehr – kennen, zu tolerieren oder zu akzeptieren. Sind wir bemüht, uns auf diesen Weg zu machen, kann das den Kindern schon ein Halt sein.

Das Kind möchte sich versichern, ob die göttlich-geistigen Kräfte auch in uns beheimatet sind, es möchte sie auch durch unser Handeln und Denken erleben. Dann wird es in sich ruhen können, weil es durch uns wieder einen Anschluss daran gefunden hat.

Damit die Religiosität zu einer stärkenden Lebenskraft im Kind erwachsen kann, ist einerseits in den ersten drei Jahren auf die Pflege und Entwicklung der Sinnesorgane zu achten, andererseits die eigene Beziehung zum Geistigen, zur Religion, durch Selbsterziehung zu klären, zu ergänzen oder zu erweitern. Dann wird das Kind nachahmen können, was wir ihm vorleben.

Welche Bedeutung hat die Pflege der Religiosität für die weitere Lebensführung des Kindes?

Das religiöse Leben kann das Willensvermögen im Kind stärken und als Möglichkeit zur Kraftentfaltung gesehen werden. Wenn jemand etwas ausführen will, benötigt er ein gewisses Maß an Kraft. Der bewusste Umgang mit der Religion wird immer etwas Willentliches sein, wir müssen wirklich etwas tun. Alles andere sind Gedanken oder Erkenntnisse, die vielleicht aus dem Tun entsprungen sein können. Wenn man nur weiß, dass ein Abendgebet für ein Kind heilsam sein könnte, ist noch nichts getan, sondern erst, wenn man wirklich versucht zu beten. Das Religiöse im Leben kann also eine Kraftquelle für die aktive Willensausbildung sein.

Kennen wir diese Quelle? Wie kann man mit etwas umgehen, es einbeziehen, das man nicht kennt?! Wer kennt schon die Kräfte, aus denen heraus zum Beispiel nach einer Naturkatastrophe Menschen, die alles verloren haben, ihr Haus wieder aufbauen? Woher nimmt ein Mensch die Kraft für den Neuanfang? Woher kommt sein Vertrauen? Warum hat vielleicht ein anderer Mensch, der durch einen Selbstmord sein Leben beendete, keinerlei Zukunft mehr für sich gesehen, keinerlei Sinn für sein Leben mehr gefunden? Ist das eine Erziehungs- oder eine Schicksalsfrage – oder beides?

Das kleine Kind ist selbst ein reines Willenswesen. Es will auf die Erde kommen. Es will zu den Eltern, die es sich ausgesucht hat. Es will gehen, sprechen und denken lernen. Um dies alles wirklich ausführen zu können, braucht es Gesundheit und enorme Kräfte. Unter allem anderen, was in der Erziehung wichtig ist, hat aus den genannten Gründen die Pflege des religiösen Lebens einen besonderen Stellenwert.

Unsere eigene Religiosität

Eltern geben uns Erziehern oft zu verstehen, dass sie selbst in keiner Weise religiös erzogen wurden, aber dass sie an Religion interessiert seien. Sie hätten es als Kind zum Beispiel geliebt, wenn ihre Großeltern sie mit in die Kirche genommen hätten. Auch schätzten sie es sehr, wenn die Großmutter ihnen religiöse Geschichten erzählte. «Das konnte eigentlich nur die Großmutter gut. Bei ihr ist es so richtig anheimelnd gewesen.»

Diese Eltern freuen sich dann oft, dass ihre Kinder bei uns im Kindergarten etwas Religiöses miterleben können. Dazu gehört zum

Beispiel, die Feste aktiv mitzugestalten. Fragt man Erwachsene, welche schönen Kindheitserinnerungen sie mit dem Feiern der Jahresfeste in ihrem Elternhaus verbinden, dann können einige von den feierlichen Festvorbereitungen erzählen, den Kirchgängen und schönen Augenblicken, die durch familiäre Rituale, auch spirituelle Rituale, entstehen konnten. Manche sagen, dass es als Kind so schön war und jetzt, wenn sie die Feste für ihre eigenen Kinder genauso gestalten wollen, es oft als leer empfinden. «Es ist nur noch Programm, das halt so abläuft.»

In diesen Schilderungen zeigt sich die Sehnsucht nach diesen Kindheitserlebnissen und nach den Möglichkeiten, das Göttlich-Geistige irgendwie zu erleben.

Es kann aber auch passieren, dass bei Eltern kein Verständnis dafür vorhanden ist, wie wichtig es für die Kinder ist, dass die Religiosität mit dem Alltagsleben aufs innigste und auf natürliche Weise verbunden ist.

Daraus ergibt sich ein Problem. Kinder reagieren sehr sensibel auf die Stimmungen der Erwachsenen und können dadurch schnell in einen Zwiespalt geraten: Sie möchten gern berichten, was sie erlebt haben, bemerken aber die ablehnende Stimmung ihrer Eltern, vielleicht auch die anderer Bezugspersonen.

Ich bin mir ganz sicher, dass kleine Kinder noch vieles erleben, was wir Erwachsenen nicht mehr so einfach oder eben gar nicht wahrnehmen können. Es wurde ja schon ausgeführt, dass es viele Kinder gibt, die ganz reale Erinnerungen an die «Heimat» haben, aus der sie vorkonzeptionell stammen. Es werden auch immer mehr Berichte dazu veröffentlicht. Auch die Erinnerungen an ein vorangegangenes Erdenleben von Kindern und Erwachsenen werden immer deutlicher und konkreter artikuliert.

Für kleine Kinder ist die geistige Welt ganz selbstverständlich. Für sie und auch für Erwachsene kann in Notsituationen die Realität einer geistigen Welt – zum Beispiel von Engelwesen – eine sehr entscheidende Stütze und Trost sein und Sicherheit geben.

Es gibt Kinder, die jeden Abend Ängste bekommen, sei es vor der Dunkelheit, vor dem Alleinsein oder auch vor bestimmten Erscheinungen, die sie bedrängen. Das können «Gespenster» sein, böse Wesen oder anderes. Kinder können davon gepresst werden und sich existenziell bedroht fühlen. Kleine Kinder können sich nicht oder nur sehr wenig darüber äußern. Sie weinen nur, werden unruhig und weigern sich ins Bett zu gehen oder in ihm zu bleiben. Hier ist intensive Hilfe nötig. Im Kapitel über das Schlafen wurden die Zusammenhänge zwischen den Erlebnissen am Tag im Wachzustand und der Art des Schlafens ausführlicher dargestellt (ab Seite 117).

Die Urbeziehung zur geistigen Welt kann aber auch schnell für die Kinder verblassen, wenn sie nicht durch uns und in uns gepflegt wird. Kann das Kind diese Beziehung nicht aufrecht erhalten, so können später Ängste und Trauer darüber entstehen, dass man im Leben keinen Sinn finden kann. Unsicherheiten, aber auch Unruhe oder Schwächen können auftreten.

Das Üben, der Umgang mit dem Spirituellen und die Pflege dessen kann für den Menschen stärkend und gesundend sein, auch wenn dieses Üben noch so bescheiden ist. Vielleicht ist es nur so kompliziert, weil wir es über Generationen verlernt haben, in uns diesen Gedanken lebendig zu halten.

Die gesundende Wirkung religiösen Lebens

Religiosität ist in unserer Zeit oft negativ besetzt oder hat zumindest einen altmodischen Beigeschmack. Schaut man aber genauer auf den Inhalt dieses Wortes, ändert sich der Blick: Religion kommt aus dem Lateinischen und bedeutet etwa «zurückbesinnen, sich wieder anbinden».

Das Religiöse möchte etwas in Einklang bringen zwischen dem Äußeren der Welt und dem Inneren des Menschen, auch zwischen dem Geistigen und dem Stofflichen.

Für eine religiöse Grundstimmung sind die gleichen Prinzipien prägend, die für jedes menschliche Zusammensein die Grundlage bilden. Es ist an erster Stelle die Liebe, in der die Dankbarkeit gegenüber allem Spirituellen verwurzelt ist. Zweitens ist es die Wahrhaftigkeit in unserem Handeln, Sprechen und Denken, die das Vertrauen entstehen lässt, und als Drittes die Ehrfurcht, die aufmerksame Hingabe, das gegenseitige respektvolle Schätzen des Gegenübers.

Jeder wird an sich gemerkt haben, dass dies die drei Grundqualitäten sind, die uns helfen können, schwere Lebenssituationen zu ertragen. In solchen Momenten kann jeder erleben, dass das aktive religiöse Leben ein Kraftquell sein kann, wie es im irischen Gedicht zu Beginn des Kapitels beschrieben ist. Kennen wir nicht alle die Situation, wo wir uns völlig allein fühlen, verlassen von allen guten Geistern? Wenn wir Vertrauen gewinnen könnten, dass wir in den allerschwierigsten Momenten unseres Lebens sogar getragen werden von den geistigen Wesenheiten, da, wo wir uns so allein und schwach gefühlt haben, wäre das nicht schön?

Wir erwachen aus dem Schlaf für das Geschehen am Tag. Wir schlafen ein, um in die Nachtwelt einzutauchen. Sind es nicht Begrenzungen und Abschlüsse, sondern Tore, durch die wir gehen, so treten wir wechselweise in einen anderen *Raum*, in dem wir eine andere Existenzmöglichkeit haben und doch die Beziehungen untereinander spüren.

Wir können dann auch die Geburt als ein Tor sehen, welches aus der geistigen Welt führt, und den Tod als Tor, welches uns zurück in die geistige Welt führt. Wir wissen, dass unser Handeln am Tag Auswirkungen auf unseren Schlaf hat und auch die Qualität des Schlafes und die der Regeneration unserer Kräfte Auswirkungen auf unser Vermögen am kommenden Tag hat. Wie das Aus- und Einatmen zusammengehört, so ist auch Tag und Nacht eine Einheit. So wie Schlafen und Wachen zusammengehören und in Beziehung zueinander treten, so kann das Leben auf der Erde und die Anwesenheit in der geistigen Welt als eine Zusammengehörigkeit gesehen werden, es kann unsere Existenz in ein Diesseits und in ein Jenseits ausgeweitet werden.

Wenn man diesen Gedanken des Eins-Seins dieser zwei Welten weiterverfolgt, so bekommt man ein anderes Verhältnis zu allen Lebenssinn-Fragen, zum Beispiel, warum diese Krankheit, diese Katastrophe, warum diese Begegnung? Warum die Verschiedenheiten im Schicksal der Kinder?

Vielleicht würden wir auch bewusster bei unseren Handlungen im Umgang mit den anderen Menschen sein, denn als Erwachsener muss ich für meine Taten einstehen, muss sie verantworten können und muss die Auswirkungen ertragen lernen.

Die Schutzengel

Kinder können viel von ihrem Schutzengel erzählen. Sie erzählen, dass sie ihn gesehen haben, mit schönen Flügeln. Oft erzählen sie, dass sie auf den Arm genommen und getragen wurden.

Einmal erzählte mir ein Kind, es hätte allein im Zimmer gestanden und wäre traurig gewesen, weil es so allein war. Da wäre «in echt» die Tür aufgegangen, sein Engel wäre hineingekommen, hätte sich zu ihm gebeugt und es geküsst. «Das war so schön!» Darüber wäre es so erstaunt gewesen, dass es vergessen habe hinzuschauen, wie der Engel aussieht.

Für die Vertrauensentwicklung des Kindes ist es dienlich, wenn Eltern und ErzieherInnen als Vorbild sich Gedanken zur Frage des Schutzengels machen. Wie realistisch kann jeder für sich damit umgehen? Wer noch keine Begegnung mit diesen oder ähnlichen Gedanken hatte, wird vielleicht durch sein Kind einen Anstoß bekommen.

In dem Gedicht am Kapitelanfang wird erzählt, dass der *Mensch* vom *Herrn* getragen wurde. Der Herr kann Vatergott, Christus, vielleicht aber auch der Schutzengel sein. Ich werde im Weiteren nur vom Engel sprechen, wobei jeder die Freiheit hat, sich diese Frage anders zu beantworten.

Der Engel jedenfalls könnte es nachts sein, der unsere Fragen beantworten möchte, dem wir unsere Probleme und Sorgen anvertrauen können. Ich meine hier wichtige Entscheidungsfragen, die wir durch die Mitmenschen nicht beantwortet bekommen, die wir mit uns allein klären müssen.

Wenn wir mit unserem Engel in Verbindung treten wollen, werden wir Vorbereitungen dafür treffen müssen. Wenn wir die «Sprache» der geistigen Welt erüben, können wir uns auch mitteilen.

Denken wir einmal an eine unbekannte Sprache eines unbekannten Landes. Hören wir sie, werden die einzelnen Worte uns fremd sein. Wir können sie auswendig lernen, aber das ist sehr schwer, solange die Worte ohne Bedeutung für uns sind. Erst wenn wir das Land bereisen, die Menschen dort und deren Gewohnheiten kennen lernen, verbinden wir Erlebtes mit den bloßen Worten. Entwickelt sich sogar eine Freundschaft, beginnen wir das Land zu lieben, können wir uns kaum noch vorstellen, dass diese Sprache bedeutungslos und fremd für uns war.

Ein gewisses Maß an innerer Ruhe und Konzentration schafft eine richtige Grundstimmung. Eine Gesinnung ist wichtig, die fern von jedem materialistischen Nützlichkeitsdenken ist, sondern eher die Bitte für jemanden anderen beinhaltet. Eine gute Möglichkeit der Besinnung ist abends in Form einer Tagesrückschau gegeben. Rudolf Seiner rät diesbezüglich, gedanklich bei dem letzten Eindruck, der letzten Tätigkeit zu beginnen und, ganz ohne zu beurteilen, nur als Betrachter, bis zum Morgen zu seiner ersten Tätigkeit zu kommen. Dabei kann man auch sein Problem vor sich hinstellen, dem Engel übergeben, dann geht man schlafen.

All diese Gedanken der religiösen Besinnung sind uns eigentlich nicht fremd. Oft sagen wir bei schwierigen Entscheidungen aus dem Gefühl heraus: «Das muss ich erst einmal überschlafen!» Ist das der Rest eines Gottvertrauens in uns? Ein unterbewusstes Vertrauen auf eine nächtliche Begegnung mit unserem Engel?

Viele Menschen fällen eine wichtige Entscheidung nicht gleich, sondern bitten um drei Tage Bedenkzeit. Vielleicht beinhaltet diese Gewohnheit ein unbewusstes Einbeziehen der nächtlichen Rücksprache? Die «Antwort» könnte eine plötzliche Idee sein, die uns im Laufe der nächsten Tage «einfällt» und die der Lösung des Problems dient.

Ist es uns ein Anliegen, ein Problem zu lösen, das wir mit einem Kind haben, können wir in dieser Stimmung auch versuchen, den Schutzengel des Kindes anzusprechen. Man kann sich das Kind vor die Seele stellen, ganz konkret, dabei vielleicht ganz bildlich die Situationen in sich wachrufen, die die Problemquellen sind. Hilfreich kann auch sein, die Not des Kindes in dieser Situation nachzuempfinden, die Ängste, die es erlebt hat, die Schwächen, das Nicht-Können, aber man kann sich auch vorstellen, woher solche Empfindungen kommen, welche Ursache sie haben könnten. Dann überlässt man dem Engel die Antwort.

Immer wieder: Selbsterziehung

Bei dem ganz kleinen Kind bis zum dritten Lebensjahr ist auch die religiöse Erziehung in aller erster Linie eine Frage der Selbsterziehung des Erwachsenen. Wie möchte er für sich Grundqualitäten der Religiosität, wie Liebe und Dankbarkeit, Wahrheit und Vertrauen sowie Ehrfurcht und Andacht pflegen? Diese religiöse Grundstimmung wird ihre Auswirkung auf die Sicherheit des Kindes, seine Freude, seine Gesundheit haben.

Jeder Mensch trägt mehr oder weniger deutlich ein Idealbild vom Menschen in sich. In einer Geschichte wird von einem Schatzkästchen erzählt, welches der himmlische Vater jedem seiner Kinder mit auf deren Erdenreise gibt. Später erst, wenn das Kind zurückgekehrt ist in die himmlische Heimat, darf es das Kästchen öffnen. Vorher hat das Kästchen die Gabe, bei den verschiedenen irdischen Prüfungen Kraft, Mut und weisheitsvolles Handeln zu schenken. Dann, beim Öffnen des Schatzkästchens, bemerkt das Kind darin das Ebenbild des väterlichen Hauses.

Ist es nicht ein Ur-Wunsch, den die Gottheit uns mitgegeben hat, ein Ebenbild von ihr zu werden, in aller Bescheidenheit von Erdenleben zu Erdenleben als einer Grundentwicklungsmöglichkeit?

Dieser Idealismus, der in uns lebt, den wir aus der geistigen Welt als «Schatzkästchen» mitbringen, zeigt sich als eine Antriebskraft in jedem Menschen.

Fehlt uns das Vertrauen zur geistigen Welt, werden wir auch nicht zu der Erfahrung kommen, dass alles seinen Sinn hat in unserem Leben, auch die Taten, die uns gering erscheinen. Fehlt das Vertrauen, werden wir später abhängig werden von Äußerlichkeiten. Mühsam werden wir uns vielleicht mit einem lieben Freund oder durch eine gute, die Eigenaktivität fördernde Beratung die Qualitäten erarbeiten müssen, die Sicherheit und Vertrauen in unser Seelengefüge bringen können.

Das kleine Kind kann sich einerseits durch Nachahmung diese religiösen Grundqualitäten des Erwachsenen, wenn er sich um sie bemüht, schon keimhaft aneignen, andererseits durch eine intensive leibliche Sinneserfahrung den Grundstein dafür legen, dass es in sich mit zunehmendem Alter Vertrauen, Liebefähigkeit und Ehrfurcht entwickeln kann.

Die vier Sinne

Durch Sinneswahrnehmung werden Empfindungen im Kind veranlagt, die wir als Seelentätigkeit bezeichnen können, etwas, was zwischen sinnlich und übersinnlich, zwischen bewusst und unbewusst hin- und herwebt.

An dieser Stelle sei noch einmal ganz besonders auf die vier Sinne, durch die der Mensch hauptsächlich seine Leiblichkeit wahrnimmt, verwiesen: den Tastsinn, den Lebenssinn, den Bewegungssinn und den Gleichgewichtssinn. Durch diese Sinne nimmt der Mensch zudem die Außenwelt wahr und setzt sich mit dem Wahrgenommenen in Beziehung, sodass das Charakteristische der sinnlichen Dinge im Inneren des Menschen wirken kann. Dieses Charakteristische ist das, wodurch das Kind das Geistige, die Schöpferkräfte erleben kann. Es ist das, was es als Vertrautes hier auf Erden erleben *will*.

Diesen Vorgang kann man mit dem Klingen eines Saiteninstruments vergleichen. Wird eine Saite gezupft, so setzen sich die erzeugten Schwingungen nach innen fort, der Resonanzkörper schwingt mit und wir hören den Ton. Die Qualität des Tones hängt von der Art des Zupfens und unter anderem vom Material, von dessen Bearbeitung und Faktoren wie Spannung und Stärke der Saite ab.

Bei der Sinneswahrnehmung ist das ganz ähnlich. Durch die nach außen gerichtete schöpferische Aktivität des Menschen nehmen die Sinnesorgane Äußerlichkeiten auf, die die Leiblichkeit zum «Mitschwingen» bringen.

Rudolf Steiner spricht von einem Hereinstrahlen des Substantiellen der materiellen Welt in die Seele des Kindes, wodurch es sich durchdrungen fühlen kann. Es wird berührt von der Urschöpferkraft, aus der alles Materielle geworden ist, mit dem Sein als solchem.[13]

Dass die Leiblichkeit «mitschwingt», ist keine Frage. Die Frage ist aber, *wie* sie mitschwingt. Bei der Sinnesentwicklung ist sehr entscheidend, *was* alles auf den kleinen Erdenbürger einstürmt. Wird zu heftig an der Saite herumgezupft, kann das zu Schäden führen, ein schöner Ton wird sich nicht einstellen. Außerdem muss man bedenken, dass die gedachte Saite vom kleinen Kind ja während der Benutzung noch fertig hergestellt und verfeinert wird. Taugt sie nichts mehr, gibt es keine schöne Musik. Ein zu schlechtes Zupfen verdirbt vielleicht das Instrument auf Dauer.

Durch den **Tastsinn** nimmt das Kind sich in der Welt wahr. Das Tasten scheint erst einmal nur Berühren der Gegenstände zu sein und doch ist es immer auch ein Sich-selbst-Erleben. Die Berührung löst eine mehr oder weniger bewusste Empfindung des Vertrauens oder des Unbehagens aus. Es ist das Eigenerleben, denn *ich* habe Freude oder *ich* bekomme Angst.

Sitzt ein Kind im sonnendurchwärmten Sand, so spürt es die Wärme, die Eigenschaften des trockenen, rieselnden Sandes. Aber es erlebt unterbewusst sich in seinem Verhältnis zu der Wärme, zur Konsistenz des Materials. Es ist immer auch ein Grenzgefühl, ein Erleben der eigenen Grenzen: Hier bin *ich*, da ist der Sand. Dieses unbewusste Wahrnehmen seines *Selbstes* erzeugt später ein Selbstvertrauen, ein Urvertrauen, welches auch Schicksalsschläge akzeptieren hilft. Es werden in solchen Situationen, je nach Temperament und Vermögen, Kräfte wachsen, durch die sichere und sinnvolle Handlungsfähigkeiten erworben werden. Über diese Kräfte sagt der Volksmund: «Da hat dir aber dein Engel geholfen!»

Beim **Gleichgewichtssinn** geschieht Ähnliches. Das Kind schult sich zum Beispiel durch Klettern. Vielleicht steigt es auf die Holzumrandung einer Sandkiste und richtet sich danach langsam auf. Es muss sich auf ein Auswägen seiner körperlichen Haltung konzentrieren, damit das Gleichgewicht gehalten wird. Es steht oft noch lange still, als würde es diesen gefundenen Gleichgewichtsruhepunkt der eigenen Leiblichkeit genießen. In vielen Spielen übt es sich darin, diesen Ruhepunkt zu finden. Es ist wie ein Auskosten, wie ein Suchen nach diesem In-sich-Ruhen.

Später wird der Mensch, der diese leiblich-sinnliche Erfahrung machen konnte, sie dafür nutzen, in sich einen seelischen Innenraum zu bilden. Dort wird er ihn bilden, wo er zur inneren Ruhe kommt, wo er durch sich erfährt, dass von dieser Ruhe Kräfte ausgehen, durch die er sich getragen fühlen kann. Die innere Ruhe ermöglicht es erst, in Beziehung zum Engel zu treten.

Der **Lebenssinn** zeigt dem Kind und sensibilisiert es gleichzeitig dafür, wie weit es seinen Körper durchdrungen hat, wie hoch sozusagen sein «Wohlgefühlstatus» ist. Er vermittelt den Grad an Zufriedenheit, wie weit sich das Kind in sich zu Hause fühlt. Findet es ein Stück geistige Heimat, kann es sein Schicksal annehmen.

Durch den **Bewegungssinn** nimmt das Kind wahr, in welchem Verhältnis sein Leib zu den verschiedenen Bewegungen steht. Es ist wie eine Feinabstimmung, bei der das Kind seine Bewegung selbst spürt und regulieren kann. Würde es die Bewegung nicht spüren, würde es den Boden unter den Füßen verlieren und wäre völlig irritiert.

Durch das Üben und Entwickeln des Bewegungssinns kann sich ein seelisches Freiheitsgefühl bilden. Der Mensch empfindet sich später durch seine Erfahrungen, die er durch vielseitige Bewegungsabläufe in seiner frühen Kindheit erleben konnte, als ein geistig-seelisch freies Wesen. Es wird ihm möglich sein, aus freiem Willen Verantwortung zu übernehmen. Nur durch den Gebrauch der Leiblichkeit erlangt er diese geistige Freiheit, nicht durch den Intellekt.

Leibespflege als religiöse Erziehung

Man kann von einer mehr den Leib, die Seele oder den Geist betreffenden Erziehung sprechen. Bei dem kleinen Kind ist eine solche Einteilung aber schlecht möglich, da alles sehr stark verwoben ist.

Rudolf Steiner spricht davon, dass die religiöse Erziehung beim ganz kleinen Kind fast ausschließlich Leibespflege im umfassenden Sinne ist.[14] Es ist damit die Körperpflege durch den Erwachsenen mit dem Wissen um die Kindesentwicklung gemeint. Dazu gehören auch alle Möglichkeiten der Sinneserfahrung.

Wir können dem kleinen Kind helfen, sich nach und nach in seiner neuen leiblichen Umgebung beheimatet zu fühlen, indem wir es mit Hingabe pflegen, indem wir es an seinem Leib unsere Güte spüren lassen. Diese Güte zeigt unsere innere Haltung und kann bestimmend und wegweisend für das Kind werden.

Es ist unendlich schwer, im Alltagsgeschehen eine solch liebevolle Hingabe aufzubringen. Vielleicht gelingt es aber einmal am Tag, bei einem Handgriff, bei einem Wort, ganz nur für das Kind anwesend zu sein. Der Erwachsene kann alles, was bei ihm sonst routinemäßig abläuft, bewusst mit einem Gefühl der Güte durchdringen. Auch kann er, wenn er möchte, in sich ein Verständnis für die Lage entwickeln, in der sich dieser kleine Mensch jetzt noch befindet. Dieser eine Moment am Tag kann eine Wirkung wie ein bewusst erlebter Sonntag nach einer arbeitsreichen Woche haben.

Erweitern wir diese im gewissen Sinne dienende Pflege für das Kind auf die Umgebung, achten wir auf die richtige Wärme, Ernährung, Schlafpflege (immer mit dem Hintergrund, nicht das *Was* spielt die große Rolle, sondern das *Wie* des eigenen Bewusstseins), dann können wir dem Kinde große Dienste leisten. Es wird sich nach und nach in seinem Leib und damit auch geistig-seelisch wohlfühlen. Und das ist eine der Voraussetzungen für eine gesunde Entwicklung.

Seelische Geborgenheit durch Rhythmus

Durch die genannte Leibes- und Sinnespflege erlebt das Kind Geborgenheit. Dies weckt im Kind das Vertrauen zu sich und zur Welt. Geborgenheit erlebt das Kind auch durch rhythmische Gestaltungen. Das können die immer wiederkehrenden Jahresfeste, das Besondere an Sonntagen oder auch beliebige Ruhepunkte im Tagesgeschehen sein, bei denen vielleicht sogar ein andächtiges Element erlebbar wird. Diese Wiederholungen stärken den Willen des Kindes und vermitteln ihm Lebenssicherheit.

Jedes Wesen hat seinen Rhythmus, seine Zeit, seine Lebendigkeit. Diese *Lebendigkeit* kann man nicht physisch sehen, sie ist eine seelische Qualität. Man kann sich ihr nähern, indem man zu ihr in ein Verhältnis tritt, also selbst aktiv und lebendig bleibt. Man vergleicht, ist dem Geschehen mal näher oder mal weiter entfernt davon. Man *rhythmisiert* es so lange, wie man es noch in sich neu greifen kann. Aber hält man es fest, zerstört man die Lebendigkeit, es erstarrt zum Takt, es kann dogmatisch werden und es verliert auf jeden Fall seine heilende Kraft. Der Rhythmus wirkt heilend. Man nimmt einen Gedanken oder ein Geschehen auf, erkennt, verdichtet es, löst sich aber dann wieder und «entlässt» es, um den Vorgang neu zu schöpfen.

Zu diesen rhythmischen Ereignissen kann auch der Tischspruch gehören, den wir jedes Mal innerlich neu beleben müssen. Andernfalls läuft alles nur äußerlich als Programm ab, es ergäbe sich eher ein Takt und kein Rhythmus. Takt wirkt auf das Kind verhärtend, nicht gesundend. Auch jede Möglichkeit des Miterlebens der Jahreszeiten kann viel Lebendigkeit in den Alltag bringen, ebenso das Feiern der christlichen Jahresfeste.

Einiges der äußeren Dinge, die zum jeweiligen Fest dazugehören, ist in den ersten drei Lebensjahren noch nicht so wichtig. Ich glaube aber, gerade bei der religiösen Erziehung bewahrheitet sich der Grundsatz, dass der *Erwachsene* wissen sollte, warum er was tut. Jedes bloße Übernehmen von Ideen und Erfahrungen, von Gedankengut überhaupt, ist äußerlich vielleicht schön, aber das Kind sucht auch nach Inhalten, in diesem Fall nach dem Charakter der Feste, und nach der Gesinnung, aus der heraus gefeiert wird. Dies gibt ihm inneren Halt.

Ein Jahresfest wird auf einer individuellen Tradition aufgebaut sein. Diese Tradition sollte es auch behalten. Aber es ist, wie schon erwähnt, von Mal zu Mal neu zu greifen, zu beleben und zu verdichten. Dabei sollte man sich auch lösen können von Altem und für neue Entdeckungen offen sein. Offen dafür sein, die Ideale, die jedem Fest innewohnen, zu erkennen und sich ihnen vielleicht von Jahr zu Jahr weiter zu nähern. Um den Eltern zu helfen, die noch keine dieser Tradition kennen oder die Fragen zu den einzelnen christlichen Jahresfesten haben, die wir im Kindergarten feiern, ist es günstig, in Elternabenden oder Gesprächskreisen die Möglichkeit zu geben, Gedanken dazu auszutauschen. Auch können die Eltern sich natürlich in Büchern orientieren oder die ErzieherInnen schreiben konkret einige ihrer Gedanken in kleinen Mitteilungen nieder. So kann sich jeder nach seinen Möglichkeiten mit dem jeweiligen Fest in ein Verhältnis setzen, kann sich vielleicht mit diesem oder jenem Gedanken anfreunden und innerlich beschäftigen. Die Kinder merken sehr schnell, wie lebendig, selbstverständlich und ehrlich die Eltern und ErzieherInnen mit dem Fest umgehen. Ist ein Bemühen vorhanden, werden die Kinder selbst tätig, aktiv aus dem heraus, was sie leiblich-sinnlich erlebt haben. Später werden sie ein sicheres Bewusstsein für das Geistige, das Ideale in allen Dingen der Welt finden können. Es wird in ihnen ein Grundvertrauen wachsen, ein Gottgrundvertrauen. Dieses Vertrauen ist eines der wichtigsten Anliegen religiöser Erziehung. Es wird stärkend für ein Kind sein, sodass es später Vertrauen zu sich und seinen Handlungen haben kann. In ihm kann sich ein Bewusstsein dafür entwickeln, dass die Welt für es handhabbar und gestaltbar ist und alles seine Werte hat!

Ich füge ein Beispiel bei, wie etwa ein solches Fest inhaltlich vorbereitet werden könnte.

Wenn ich im Mai aus dem Fenster schaue, sehe ich unseren alten Birnbaum. Er ist ganz weiß mit ein paar kleinen grünen Tupfen. Es sieht so aus, als läge ganz dick Schnee auf den Zweigen, weil die Blüten luftig rund um die kleinen Zweige spielen. Sie sind fast alle aufgeblüht.

Schau ich unter den Birnbaum auf die Wiese, so strahlen da unzählige goldgelbe Löwenzahnblüten in der Sonne den weißen Blüten am Baum entgegen.

Ist das nicht eine wunderbare Jahreszeit? So viel Schönheit und Blütenvielfalt offenbart sich und ganz viele Vogelstimmen durchtönen den Frühling. Schwerfällig fliegen die Hummeln, leichter die Bienen, auch sind schon die ersten Schmetterlinge zu sehen. In dieser so herrlichen Zeit möchten wir das Himmelfahrtsfest mit den Kindern feiern.

Himmelfahrt! Vierzig Ostertage münden ein in dieses Fest. Im Evangelium wird beschrieben, wie Christus nach dem Osterfest, der Auferstehung, in diesen vierzig Tagen immer wieder den Jüngern und ihm nahe stehenden Menschen erscheint. Sie können ihn mit ihren Sinnen wahrnehmen. Doch nach diesen Tagen fährt Christus auf einer Wolke in den Himmel. Er wird segnend empor getragen. Aber er geht nicht verloren für die Menschheit, sondern bleibt weiterhin mit den Menschen, der Erde und auch dem Himmel verbunden und wirkt weiterhin kräftigend und segnend. So wird es bei Lukas 24, 50 bis 53 anschaulich beschrieben.

Ich staune immer wieder, wenn im Frühling die Pflanzen auf ihre individuelle Art aus der Erde wachsen. Mit welch einer Kraft durchdringt ein zarter Keim oft eine ganz harte Schale oder das feste Erdreich.

Welch ein Wunder erlebt man beim Aufblühen einer noch grünen Tulpenblüte. Innerhalb von Stunden wird das ganze Blütenblatt beim Öffnen rot bzw. gelb. Es entfaltet sich und wird dabei noch enorm größer. Welche Kräfte wirken da? Sind es diese Himmelskräfte?

Wenn wir überhaupt diese Kräfte wahrnehmen können, die fortdauernd segnen und sich mit der Erde verbinden, dann vielleicht an solchen geschilderten Erlebnissen.

Haben wir auch solche Kräfte in uns? Vielleicht sind es die Kräfte, die uns aufmerksam werden lassen. Vielleicht auch jene, die wir benötigen, um den anderen Menschen wirklich zu verstehen, zu lieben. Ihn auch dann noch zu verstehen, wenn er anders ist als es mir recht ist.

Wie können wir uns vorbereiten, um mit den Kindern dieses schwierig zu greifende Fest zu gestalten? Am besten ist es, wir gehen hinaus in diese schöne blühende Natur. Die Blüten, die sich dem Himmel und dem

Sonnenlicht öffnen, sind oft wie ein Gefäß gebildet, welches bereit ist, etwas aufzunehmen. Dies können wir für uns als Bild nehmen, wenn wir uns auf den Weg begeben, um die Himmelskräfte wahrzunehmen und sie in uns aufzunehmen versuchen.

In der Bibel steht geschrieben, dass eine Wolke Christus vor den Augen der Jünger wegnahm. Es ist eine gute Möglichkeit, in den zehn Tagen der Himmelfahrtszeit einmal bewusst mit den Kindern die Wolken zu beobachten. Sie verändern manchmal schnell ihre Form und ein anderes Mal ruhen sie lange an gleicher Stelle am Himmel. Auch die Farben am Morgen- und Abendhimmel verändern die Wolken schön.

Das Himmelfahrtsfest als solches droht mehr und mehr verloren zu gehen. Vielleicht gelingt es uns, es ein wenig in uns zu beleben, indem wir gemeinsam wandern gehen.

Ich wünsche uns allen viele Möglichkeiten, wieder ein wenig diese Himmelskräfte in sich und in der Natur zu entdecken. Besonders in dieser Zeit, wo so viel Sinnloses, Gewalttätiges passiert, wollen wir mehr Zeit und Zuwendung unseren Kindern schenken. So können wir der Angst und dem Schrecken, die zum Greifen nahe sind, vielleicht etwas entgegenstellen. Vielleicht kann das den Kindern eine kleine Hilfe sein.

Himmelfahrt kann so neu in unser Bewusstsein treten und muss nicht ersatzweise zum «Männertag» umfunktioniert werden.

Zum Ausklang

«Wäre ich ein König und wüsste es nicht, so wäre ich kein König.» So kann man es bei Johannes Tauler (1300 – 1361) lesen.[15]

Wie ist es mit uns Menschen, wissen wir genügend über uns, um wirklich Mensch zu sein? Ich habe versucht zu beschreiben, welche Bedeutung es für das Kind hat und welche Wirkungen sich im späteren Leben zeigen können, wenn es in Würde ins Leben begleitet wird, besonders in den wichtigen ersten drei Jahren. Erst wenn uns die Verantwortung bewusst wird, wie wir in das Schicksal des Kindes mit unserem Handeln eingreifen, werden wir genügend Aktivität entwickeln, um in den jeweiligen Momenten vom Kind abzulesen, was gerade richtig ist. Wir werden uns bemühen, mit der uns möglichen Liebe dem Kind Mut und Vertrauen zu sich und der Welt zu vermitteln. So kann es als Erwachsener aus seiner erworbenen Freiheit mit Lusseyran vielleicht sagen: «Mich wird die Liebe zum Leben nicht verlassen, im Glück so wenig wie im Unglück.»[16]

Anmerkungen

1 Friedrich Fröbel, zitiert aus: *Die Würde des kleinen Kindes. Pflege und Erziehung in den ersten drei Lebensjahren*, hrsg. von Michaela Glöckler. Persphone, Kongressband Nr. 2, Dornach / Stuttgart o.J., S. 85.

2 Vgl. Rudolf Steiner, *Die Erneuerung der pädagogisch-didaktischen Kunst durch Geisteswissenschaft.* Dreizehnter Vortrag vom 10. Mai 1920, Basel. Gesamtausgabe 301. Dornach ⁴1991, S. 202 ff.

3 Steiner, Rudolf, *Die gesunde Entwicklung des Leiblich-Physischen als Grundlage der freien Entfaltung des Seelisch-Geistigen. Weihnachtskurs für Lehrer, Dornach 1922.* Siebter Vortrag vom 29. Dezember 1921, Dornach. Gesamtausgabe 303. Dornach ⁴1987, S. 124.

4 Ebda., S. 129.

5 Vgl. Albert Soesman, *Die zwölf Sinne – Tore der Seele.* Stuttgart ⁴2000, S. 216.

6 Vgl. Jean Piaget, «Das Erwachen der Intelligenz beim Kinde». In: Ders., *Gesammelte Werke in 10 Bänden*, Band 1, Stuttgart 1987.

7 Zitiert nach Peter Lutzer, *Der Sprachsinn. Sprachwahrnehmung als Sinnesvorgang*, Stuttgart 1996, S. 43.

8 Vgl. Gisbert Fanselow und Sascha W. Felix, *Sprachtheorie. Eine Einführung in die Generative Grammatik. Grundlagen und Zielsetzungen.* Tübingen 1990.

9 Vgl. Andre Leroi-Gourhan, *Hand und Wort. Die Evolution von Technik, Sprache und Kunst.* Frankfurt am Main ³2000.

10 Vgl. Mariela Kolzowa, in: *Der Kinderarzt*, Heft 6, 7; Jg. 1975.

11 Jacques Lusseyran, *Das wiedergefundene Licht. Die Lebensgeschichte eines Blinden im französischen Widerstand.* München ¹²2002, S. 7.

12 Jean Piaget zitiert aus: Remo H. Largo, *Kinderjahre. Die Individualität des Kindes als erzieherische Herausforderung.* München ⁴2001.

13 Vgl. Henning Köhler, *Vom ängstlichen, traurigen und unruhigen Kindern. Grundlagen einer spirituellen Erziehungspraxis.* Stuttgart ⁴2001, S. 68 f.

14 Vgl. Rudolf Steiner, *Die pädagogische Praxis vom Gesichtspunkte geisteswissenschaftlicher Menschenerkenntnis.* Gesamtausgabe 306, Dornach ⁴1989, S. 50 ff.

15 Johannes Tauler, zitiert aus: Christoph Lindenberg, *Vom geistigen Ursprung der Gegenwart.* Stuttgart 1984, S. 163.

16 Jacques Lusseyran, *Das wiedergefundene Licht*, a.a.O., S. 7.

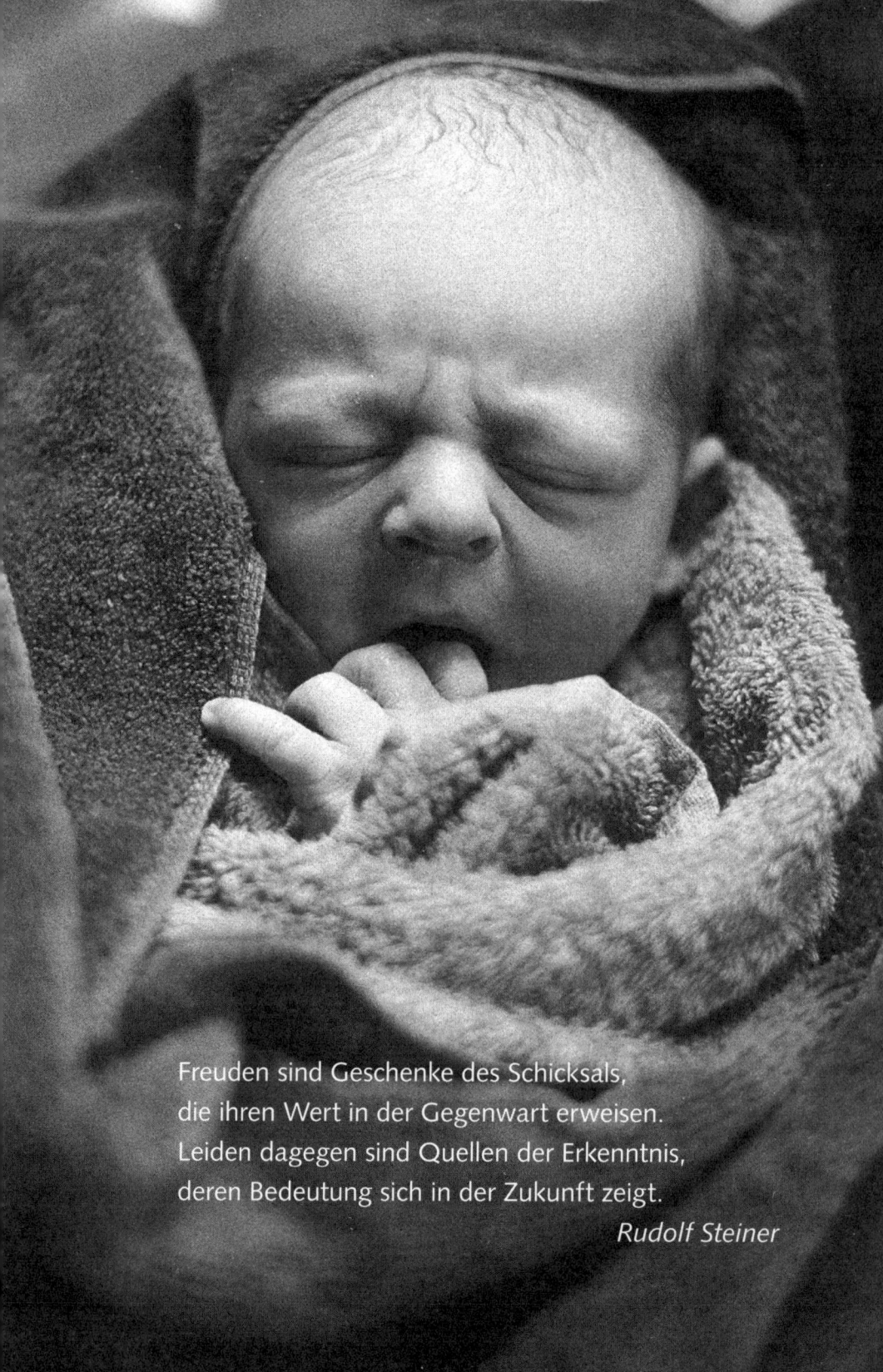

Freuden sind Geschenke des Schicksals,
die ihren Wert in der Gegenwart erweisen.
Leiden dagegen sind Quellen der Erkenntnis,
deren Bedeutung sich in der Zukunft zeigt.

Rudolf Steiner

Ins Leben begleiten – Gesundheit und Krankheit in der Entwicklung des kleinen Kindes

Solange das Kind gesund ist, können wir uns für eine Begleitung ins Leben einsetzen, die zum Kind und zu uns passt. Aber wenn es krank wird, gelten dann andere Maßstäbe? Müssen wir dann das tun, was medizinisch notwendig scheint, uns als Eltern aber meist wenig Spielraum lässt? Und was ist letztlich wirklich notwendig? Die Zeiten sind im Grunde vorbei, in denen die ärztliche Meinung eine absolute Autorität hatte, aber wir trauen uns noch lange nicht, uns wirklich mit-verantwortlich auf das Terrain der Gesundheitserziehung und Krankheitsbehandlung zu begeben. Nicht nur die Schwangerschaftsvorsorge und die Erziehung, auch das Thema Gesundheit und Krankheit in der Entwicklung des kleinen Kindes will von uns aufgegriffen werden, darf oder soll seine individuelle Färbung bekommen. Es gibt keine Kinder, die nie etwas mit Erkrankungen zu tun haben. Es bleibt nur die Frage, wie wir damit umgehen und wie wir die Individualität des Kindes in einem solchen Moment respektieren. Jedes Kind will nämlich auf seine Art durch Krankheit und Genesung hindurch ins Leben begleitet werden.

In diesem letzten Kapitel wird zuerst auf Faktoren, die fördernd und stärkend für die Gesundheit des heranwachsenden Kindes sind, eingegangen, um dann das Kranksein im Kleinkindalter zu besprechen.

Nicola Fels

Entwicklung zur Gesundheit

Kann Krankheit auch gesund sein?

«Ob Junge oder Mädchen, Hauptsache gesund!», wird so häufig während der Schwangerschaft gesagt. «Wir wollen alles für die Gesundheit unseres Kindes tun! Wie können wir verhindern, dass es krank wird?», schließt sich dann oft als Frage an.

Es klingt alles so selbstverständlich, so einfach und so berechtigt, aber wissen wir wirklich, was gesund und was krank ist? Verstehen wir unter Gesundheit meist nicht nur die Abwesenheit von Krankheit – oder geht es um etwas ganz anderes? Und wenn dann auch noch jemand behauptet, dass es ganz gesund sei, wenn ein Kind (aber unter Umständen auch ein Erwachsener) mal krank ist, dann wird es mit den Definitionen ganz verwirrend. Wenn ein Kind nie Fieber bekommt, wenn es nie unter heftigem Durchwärmen seines Körpers sein Abwehrsystem aktiviert, seine Immunkräfte misst mit den Fremdstoffen aus der Umgebung – vielleicht muss man es dann krank nennen? Denn es kann Ausdruck eines gesunden Abwehrsystems sein, wenn ein Kind in der Lage ist, ab und zu gut Fieber zu entwickeln.

Wie so oft, hängt es bei der Beurteilung von gesund oder krank vom Ausmaß ab sowie von der Art der Krankheit. Es gibt Krankheiten, von denen man sagen kann, dass sie zu einer gesunden Entwicklung dazugehören (wenn sie gut begleitet werden!). Für manch andere Krankheiten ist das wiederum nicht oder nur schwer ersichtlich.

Gesundheit ist nichts Statisches. Wenn ein anderthalbjähriges sich wie ein dreijähriges Kind benimmt, ist das nicht unbedingt gesund, ebenso wenig ist ein dreijähriges mit der Entwicklungsstufe eines anderthalbjährigen Kindes gesund. Das bedeutet, wir Eltern und ErzieherInnen müssen versuchen, ein Gespür dafür zu bekommen, was für dieses Kind in dieser Phase gesund ist. Das kann aber in zwei Monaten schon wieder anders sein.

Auch die Vorstellung, dass Gesundheit das harmonische Gleichgewicht ist, die Mitte zwischen den Extremen, trifft nicht zu. So wie ein «gesundes» Jahr einen schönen warmen Sommer und einen kräftig kalten Winter hat, so ist es ein Zeichen von Gesundheit, wenn ein Kind die Unterschiede zwischen Hunger und Sättigung erleben darf, statt ständig irgendetwas zu essen oder zu trinken und weder echten Hunger zu spüren, noch richtig satt zu werden. Ähnliches gilt für Wachen und Schlafen: es ist gesund, wenn Kinder nach einem langen Spaziergang richtig müde und erschöpft sind, um danach tief schlafen zu können. Die Sorge, man könne das Kind überanstrengen, macht es nicht gesünder.

Selbstverständlich ist auch hier das richtige Maß sowie der richtige Rhythmus wichtig, und auch dann sollte immer von der individuellen Situation eines Kindes ausgegangen werden.

Dies erfordert ein prozesshaftes Denken, wobei eine gute «gesunde» Entwicklung immer mal wieder durch Krankheitsphasen, Engpässe, Widerstände und Extreme führt.

Letztendlich kommt es auch noch darauf an, zwischen den Entwicklungsschritten auf körperlicher, seelischer und geistiger Ebene zu differenzieren. Bei einer gesunden Entwicklung müssen diese drei Ebenen beweglich aufeinander abgestimmt sein. Zu der körperlichen Ebene gehört die Auseinandersetzung mit Umweltkeimen, die Ernährung, die Entwicklung des Immunsystems, die koordinierte Bewegung usw. In den seelischen Bereich fällt die Gefühlsentwicklung, die einen Wechsel zwischen zum Beispiel Freude und Trauer oder Gemeinsamkeit und Einsamkeit fördert, bei der man lernt, sich manchmal abzugrenzen und dann wieder zu öffnen. Die geistige Entwicklung ist im frühen kindlichen Alter noch schwer zu beurteilen, sie hängt mit der Integrität und der Stimmigkeit der Lebensrichtung zusammen und mit der Frage: «Wer bin ich – wie passt dasjenige, was ich gerade mache und durchmache, zu mir?» Eine Frage, die das ganze Leben hindurch gestellt werden kann.

Es zeigt sich, dass die Entwicklung zur Gesundheit des Kindes sehr viel mit der Einstellung der Eltern und ErzieherInnen zur eigenen Gesundheit zu tun hat. Dies meint nicht nur, dass die Kinder diese Einstellung nachahmen, sondern beinhaltet auch die Frage: «Wie viel traue ich diesem Kind zu, wie viel mute ich ihm zu, was hat das mit dem Vertrauen zu mir, meinem Mut und meiner Angst zu tun?» So gilt auch für die Gesundheitserziehung, dass sie mit der Selbstwahrnehmung anfängt.

Ernährung

Warum ernähren wir uns und unsere Kinder? Womit ernähren wir uns? Ist es wirklich so, dass es um Eiweiß, Fette, Kohlenhydrate, Vitamine und Spurenelemente geht? Der Körper wäre dann wie ein Vehikel, das von außen mit Brenn- und Baustoffen versorgt werden muss. Eine eher mechanistische Sichtweise des Körpers erlaubt die Orientierung an den Nährstoff-Tabellen mit den täglichen Mindestmengen und der Analyse der einzelnen Produkte (100 g Möhren enthalten 25 kcal / 1,1 g Eiweiß / 4,8 g Kohlenhydrate, 0,2 g Fett / 7 mg Vitamin C / 0,4 mg Eisen usw.).

Letztendlich braucht ein heranwachsendes Kind Nahrung für die Entwicklung seines Körpers, aber ebenso für die seiner Seele und seines Geistes. Ganz trennen lassen sich diese Bereiche ohnehin nicht, sie haben viel miteinander zu tun.

Bei der körperlichen Ernährung können drei Ebenen unterschieden werden, die sowohl für das Kindesalter als auch fürs spätere Leben zutreffen: Es geht um den sozialen Aspekt der Mahlzeiten, um die Betätigung der Sinne (Sehsinn, Geruchssinn, Geschmackssinn, Tastsinn, Lebenssinn) und um die Ernährung des Körpers im engeren Sinne, also darum, die Lebensprozesse (Wachstum, Regeneration, Fortpflanzung, Ausscheidung und Abgrenzung u.a.) zu unterstützen.

Ein stärkendes Element der Ernährung ist die abbauende Auseinandersetzung mit den fremden, teilweise noch vitalen Substanzen. Wenn ein Kind zum Beispiel eine Möhre isst, muss es dafür sorgen, dass es eigene Vitalität und Energie schafft. Die Möhre muss so sehr abgebaut und der «möhrigen» Vitalität entledigt werden, bis letztendlich nur deren elementare Substanzen übrig bleiben. Es ist der Vorgang des Abbauens der Möhre selbst, der im Organismus des Kindes eine stärkende, aufbauende und sättigende Reaktion bewirkt. Diese bis ins Innere sich abspielende Auseinandersetzung mit der Außenwelt ist für den kindlichen Organismus ernährend. Nicht in erster Instanz die jeweiligen Stoffe versorgen die Lebensprozesse des Kindes, sondern es ist die Kraft und körperliche Tätigkeit, die aufgebracht werden muss, um die Möhre zu verdauen, sie zu Eigenem zu machen. Für den Säugling gilt dies nur bedingt, denn mit der Muttermilch und der Nähe zur Mutter wird das Baby auch direkt, also ohne den vollständigen Abbau, ernährt.

Man kann auch sagen, dass der Körper sich bei jeder Mahlzeit selbst gesund macht. Die Selbstheilungskräfte des Organismus werden jedes Mal aktiviert, indem sie sich gegen die fremden Einflüsse der Nahrungsmittel wehren müssen.

Vor diesem Hintergrund ist es noch besser nachvollziehbar, warum frisches, biologisch vollwertiges Essen so viel nahrhafter ist als Produkte, die durch künstliche Düngerstoffe hochgezüchtet und durch Schädlingsbekämpfungsmittel geschwächt wurden. Nahrungsmittel, an denen nur wenig abgebaut werden muss, die wenig eigene Kraft und eigene Vitalität haben, fordern diese Selbstheilungs- und Aufbaukräfte des kindlichen

Organismus nur wenig oder zu wenig. Eine Möhre, die in einem gesunden Boden wachsen konnte und selbst so stark und vital ist, dass sie nicht von Schädlingen befallen wurde, die knackig und voller Geschmack ist, sie fordert nicht nur das Gebiss und die Geschmackssinne heraus, sondern auch die Stoffwechselorgane. Der Körper und seine Vitalität können daran wachsen.

Insbesondere trifft dies natürlich für die so genannten Gläschen mit Baby- und Kleinkindnahrung zu. Deren Inhalt wird in großen Fabrikanlagen und in großen Mengen gekocht und püriert, dann abgefüllt und für einen meist langen Transportweg haltbar gemacht. Natürlich bieten sie dem Kind qualitativ etwas ganz anderes, als wenn, jeden Tag frisch, Gemüse und Getreide von Mutter oder Vater speziell für dieses Kind zubereitet wird, um es dann damit direkt füttern zu können. Es ist nicht nur, dass man ausschließlich beim eigenhändigen Kochen sicher sein kann, was «drin» ist (nicht alle Zusatzstoffe brauchen beim Gläschen deklariert zu werden), es ist auch, dass während der eigenen Zubereitung anderes mit hineingegeben werden kann (Zuwendung), was in der unpersönlichen Fabrik kaum möglich ist. Dies gilt sowohl für die vollwertigen «Bio- oder Demeter-Gläschen» als auch für die sonstigen, obwohl sie natürlich ab und zu ganz praktisch sind.

Sehr hilfreiche und praktische Hinweise für eine gute selbst zubereitete Säuglingsernährung befinden sich in dem Buch *Säuglingsernährung* von Petra Kühne.[1]

Biologisch-dynamische Qualität

Es kommt also nicht primär auf die genaue Auflistung der Inhaltsstoffe, den Mindesttagesbedarf an Vitaminen, Eiweiß, Spurenelementen usw. an, sondern auf die – nicht in mg anzugebende – Vitalität der Produkte selbst. Drei Arten der Anbaumethoden sind hier zu unterscheiden: der konventionelle Anbau mit der Schädlingsbekämpfung, Düngermethode und den ggf. genetisch veränderten Sorten; die biologische oder ökologische Qualität, wobei auf die genannten chemischen Methoden verzichtet, aber unter Umständen auch mit Großflächenanbau produziert wird, und die biologisch-dynamische Anbaumethode (Demeter-Qualität), die mit organischen Präparaten (spezielle Herstellung, ähnlich wie bei der Homöopathisierung) die Pflanzen stärkt und schützt und die kosmische Konstellation bei Aussaat und Ernte berücksichtigt. Bei dieser letzten Methode wird am meisten auf die Qualität der Lebenskräfte geachtet, aber auch auf die Umgebung. Biologisch-dynamische Betriebe sind in der Regel kleinere gemischte Betriebe, die den Kreislauf von Landwirtschaft und Tierhaltung gewährleisten.

Ist es zu weit gedacht, wenn wir uns fragen, was die Folgen des Anbaus der unseren Kindern gegebenen Möhren für die Umwelt und die Erde sind? Es ist widersprüchlich, wenn wir einerseits für unser Kind das Beste wollen, es ernähren, pflegen und erziehen, aber andererseits durch die Art des Anbaus der Nahrungsmittel dem künftigen Wohnplatz dieses Kindes etwas von seiner Gesundheit rauben. Die konventionelle Landwirtschaft liefert nicht nur Produkte mit geschwächten Lebenskräfte, sie schwächt auch die Gesundheit und Lebenskraft der Erde. Wer auch langfristig etwas für die Gesundheit seiner und auch anderer Kinder tun möchte, berücksichtigt dies schon bei der Wahl dessen, was er kauft und damit unterstützt.

Immer wieder wird gesagt, biologische oder ökologische Kost sei so teuer und nur wenige könnten sich das leisten. Selbstverständlich kostet eine Anbau-Methode, die keinen Raubbau an der Zukunft ausübt, die arbeitsintensiv ist und keine Massenproduktion und Massenverarbeitung betreibt, mehr Geld. Zwei Aspekte sind dabei jedoch zu berücksichtigen.

Erstens: Warum wollen wir nur so wenig für Lebensmittel ausgeben? 1962 wurden noch 37 % der Gesamtausgaben der privaten Haushalte für Nahrungsmittel, Getränke und Tabakwaren ausgegeben, 1998 waren es nur noch 14 %. Für einen Liter Motoröl zahlen wir ohne Zögern bis zu 10 Euro, Salatöl sollte aber möglichst weniger als 3 Euro kosten. Wie viel ist uns unsere Ernährung wert?

Zweitens: Eine Studie der Universität Stuttgart-Hohenheim ergab, dass «Bio-Haushalte» für ökologische Lebensmittel durchschnittlich 40 % mehr ausgeben als für die entsprechenden konventionellen Produkte. Doch weil diese Haushalte in der Regel eine andere Lebensmittelauswahl treffen, vor allem weniger Fleisch, Süßigkeiten, alkoholische Getränke oder Genussmittel einkaufen, lagen ihre Gesamtausgaben für Ernährung sogar unter denen konventionell geführter Haushalte.[2]

Auf der Erde ankommen …

Als ein Ziel einer gesunden Erziehung kann formuliert werden: Das Kind soll auf der Erde ankommen, sich hier heimisch fühlen. So wirkt es verbindend und «erdend», wenn auch kleine Kinder einen Bezug zu dem bekommen, was sie essen. Können sie heute eigentlich noch sehen und erleben, dass Möhren in der Erde wachsen und nicht einfach so beim Supermarkt im Regal liegen? Wenn den Kindern dies erzählt oder im Bilderbuch gezeigt wird, hat das eine ganz andere Wirkung, als wenn sie es selbst auf einem Hof oder im eigenen Garten erleben, fühlen, sehen und schmecken dürfen. Solche Erlebnisse wirken gesundend, aber vor allem «erden» sie, d.h. sie stärken die Verbindung mit der Erde.

Viele der kleineren biologisch-dynamischen Höfe freuen sich, wenn Familien oder auch Kindergartengruppen und Schulklassen den Kontakt zu dieser Art der Pflege der Erde suchen und bei der «altmodischen» Hand-Ernte von Kartoffeln, Möhren oder Salat mithelfen. Kleine Kinder lieben es auch, gelegentlich auf einem Bauernhof zu sein, die großen Kühe zu sehen, zu riechen, zu hören oder die wogenden Getreidefelder zu sehen, die Aufregung und Freude der Ernte miterleben zu dürfen.

Im gleichen Zusammenhang steht das Zuschauen und spätere Mithelfen beim Kochen. So ist es doch ein großer Unterschied, ob das Essen aus einem Gläschen aus dem Schrank kommt oder ob Vater oder Mutter eine Möhre und etwas Lauch gewaschen, geschnitten und zusammen mit einem Händchen Hirse gekocht und dann fein zubereitet haben.

Unsere Kinder wachsen auf in einer Zeit, die sehr entfremdend wirken kann. Wenn wir nicht wachsam genug sind und immer wieder elementare erlebbare Bezüge herstellen und Verbindungen schaffen, dann kann das zur Folge haben, dass die Kinder ungenügend auf der Erde ankommen. Essstörungen, motorische Unruhe, Konzentrationsstörungen usw. können die Folge dieser Entfremdung sein. Die Kinder ruhen unter Umständen nicht genug in sich, fühlen sich ungenügend mit ihrem Körper verbunden und fremd auf dieser Erde.

Natürlich gibt es viele Faktoren, die zu einer solchen ungesunden Entwicklung führen können. Wenn wir durch den Umgang mit der Ernährung einen kleinen vorbeugenden Beitrag liefern können, sollten wir die Chance nicht ungenutzt lassen.

Abgrenzung

Wärme

Wenn ein kleines Kind in der warmen Mittagssonne auf einem heißen Stein eine kleine Eidechse weghuschen sieht, kann es sich ob ihrer Schnelligkeit erschrecken. Morgens in aller Frühe, wenn es noch kühl ist, ist dieselbe Eidechse sehr träge. Nicht, weil sie noch schläfrig ist, sondern weil sie noch zu kalt ist. Sie entwickelt keine Eigenwärme, sondern nimmt die Temperatur ihrer Umgebung an und diese erlaubt ihr mittags eine hohe Geschwindigkeit und Behändigkeit, morgens und nachts aber nicht, da in der Kälte alles nur langsam geht.

Die Eidechse ist kein so genannter Warmblüter, sie kann ihre eigene Wärme nicht regulieren, sondern ist abhängig von ihrer Umgebungstemperatur. Warmblütige Tiere und Menschen haben die besondere Fähigkeit, eine nahezu gleich bleibende Körpertemperatur zu halten, unabhängig davon, ob die Umgebungstemperatur höher oder tiefer ist (natürlich bis zu einer gewissen Grenze). Sie haben die Wärme verinnerlicht, haben einen eigenen «Wärme-Organismus» und sich auf der Wärme-Ebene von ihrer Umgebung emanzipiert.[3]

Höher entwickelte warmblütige Tiere beherrschen diese Fähigkeit noch viel besser als wir Menschen, aber dadurch auch einseitiger. Wenn wir nicht unsere Sommer- und Winterkleidung hätten, unsere Häuser, Wolldecken und Sonnenhüte, dann wären wir zu sehr den Temperaturschwankungen ausgeliefert. Wir müssen also bewusst etwas für unsere Wärme-Regulation tun. Bei Tieren ist es der Instinkt, der zum Beispiel einen Hund schneller atmen lässt, wenn es warm ist, und auch die Menschen versuchen über das Schwitzen, die Atmung usw. den Wärmehaushalt auszugleichen. Trotz dieser physiologischen Prozesse und trotz der so genannten Bekleidungs-Hilfsmittel gelingt es vielen modernen Menschen nicht, sich warm zu halten. Wie viele Menschen haben im Sommer und Winter kalte Füße und Hände und merken es kaum? Wer es nicht mal selbst bemerkt, leidet kaum daran und wird entsprechend wenig dagegen unternehmen. Kalte Füße und Hände haben aber erheblichen Einfluss auf den Rest des Organismus, so treten wesentlich häufiger Unterleibsstörungen, Blasenentzündungen und Infektionskrankheiten auf. Auch hat der Wärmehaushalt entscheidende Auswirkungen darauf, wie wohl sich jemand in seinem Körper fühlt, oder genauer formuliert, wie sehr er sich in seinem Körper fühlt! Wer freudig und präsent anwesend ist, der hat fast immer warme Füße. Wer dagegen müde und erschöpft oder auch ängstlich ist, fühlt sich nicht wohl in seinen Gliedern, in seiner Haut. Der Volksmund sagt, wenn jemand Angst hat, bekommt er kalte Füße, d.h. er möchte sich am liebsten aus sich selbst zurückziehen. Wer außer sich ist, wer zu viel in seiner Umgebung lebt und ungenügend in sich ruhen kann, wird auch eher zu kalten Füßen neigen oder sich mit hochrotem Kopf überhitzen.

Neugeborene sind noch viel weniger als Erwachsene in der Lage, ihre eigene Wärme zu regulieren. Diese Fähigkeit will erst gelernt werden.

Waren die Neugeborenen doch bis vor kurzem von der konstanten Wärme des Fruchtwassers im Mutterleib umgeben, erleben sie nicht selten nach der Geburt einen wahren «Kälteschock». Neugeborene sind somit sehr von der Umgebungstemperatur und damit natürlich von der Art ihrer Kleidung abhängig. Auch auf dieser Ebene sind sie noch sehr umgebungsoffen. Die Abgrenzungsfähigkeit bzw. die Fähigkeit, sich von der Umgebung zu emanzipieren, wird noch lange Zeit brauchen, um stärker entwickelt zu sein. Bis dahin gehört es zu den grundlegenden Aufgaben der jungen Eltern, darauf zu achten, dass das Kind, insbesondere das Neugeborene, ständig warme Hände und Füße hat. Die meisten Neugeborenen haben zu kalte Hände und sind zu dünn gekleidet, sowohl im Sommer als auch im Winter. Mit langärmeliger Unterwäsche aus Wolle oder Wolle-Seide können Neugeborene oder Kleinkinder nicht oder nur selten zu warm werden, da diese Materialien sehr gut wärme- und feuchtigkeitsregulierend sind. Es kommt auf die Mitte an, zwischen zu kalt und zu warm.

Viele Eltern werden durch die Vermutung verunsichert, dass Kinder, die zu warm angezogen sind, ein höheres SIDS-Risiko (plötzlicher Kindstod) haben. Dies gilt aber für zu kalt angezogene Kinder in gleichem Maße.

Der Einwand, dass Wolle für die Babyhaut zu kratzig sei, trifft auf die heute verfügbaren Produkte nicht mehr zu, besonders wenn es sich um die Mischung Wolle-Seide handelt. Von manchen Müttern wird auch kritisch nachgefragt, ob Wolle nicht zu unhygienisch sei, da man sie nicht auskochen oder warm waschen kann. Hierauf kann zur Beruhigung geantwortet werden, dass Wollunterwäsche nicht so oft gewaschen werden muss, da sie weniger schnell schmutzig wird als Baumwolle und mit dem normalen Wollwaschschongang absolut sauber genug wird.

Wie oben schon beschrieben, ist es eines der Ziele in der Erziehung, Kinder so zu begleiten, dass sie sich hier auf der Erde in ihrem eigenen Körper wohl und heimisch fühlen. Dies bedeutet, dass wir darauf achten müssen, dass zumindest die Körpertemperaturverhältnisse behaglich sind. Wenn aber die Erwachsenen bei sich selbst schon nicht bemerken, ob oder dass sie kalte Hände haben, werden sie es bei ihrem Kind auch nicht so schnell wahrnehmen. So können Kinder auch auf dieser Ebene ihren Eltern dazu «verhelfen», dass sie mehr auf ihre eigene Wärme achten. Wenn Kinder einen guten Wärmehaushalt haben, werden sie auch im Winter viel draußen sein können, ohne ständig zu kränkeln.

Langfristig wird es einer gesunden Entwicklung des Kindes sehr zugute kommen, wenn es sich von Anfang an wohl und warm in seinem

Körper fühlen kann und wenn ihm geholfen wird, allmählich seinen Wärme-Organismus selbst zu bilden und zu regulieren.

Reizüberflutung und Selbstbehauptung

Während der Schwangerschaft wird dem Ungeborenen nicht nur ein schöner Wärme-Schutz geboten, auch sonst lebt es in seinem sicheren Versteck, in seiner eigenen Fruchtblase hinter dem Mutterkuchen. Es ist durch das Fruchtwasser, die dicke Gebärmutterwand und die Bauchdecke gut von der Welt abgeschirmt. Lärm und Licht kommen nur sehr «verdünnt» und gedämpft beim Kind an, ansonsten ist es umgeben von den beruhigenden Geräuschen des mütterlichen Darmes sowie ihres Pulses. Es braucht sich noch nicht gegen zu viele Umgebungsreize zu wehren, seine direkte Umgebung übernimmt diese Abwehr. Mit der Geburt wird auch dies anders! Licht, bewegte Bilder, Formen, Farben, all dies bietet sich, gewollt oder ungewollt, dem neuen Erdenbürger an. Ähnliches gilt für die vielen neuen Geräusche, den Lärm, die verschiedenen Stimmen usw., die nun unvermittelt auf das Kind einströmen.

Nehmen wir einen medizinischen Vergleich: Während der ersten Lebensjahre (ca. bis zum sechsten, achten Lebensjahr) baut der Organismus seine Immunantworten auf Umwelterreger auf. Viele der so genannten Infektionskrankheiten (Husten, Schnupfen, Durchfall usw.) können zuerst unbehelligt den kleinen Organismus überraschen. Das Immunsystem entwickelt sich daran, lernt sich zu wehren, merkt sich vieles und kann sich dadurch immer besser abgrenzen und sich selbst behaupten. Selbstbehauptung heißt, hier bin ich, dies sind meine Grenzen, alles Fremde, was hereinschlüpfen will, nehme ich wahr und versuche, es von mir fern zu halten oder es zu verarbeiten. Auf körperlicher Ebene ist die Selbstbehauptung das Immunsystem. Es ist wie eine feine Wahrnehmungsfähigkeit, die zwischen dem unterscheidet, was gut für mich ist und zu mir passt, und dem, was mir schaden wird und was ich draußen lassen will oder wieder herausarbeiten möchte.

Neugeborene haben noch keine eigenen Immunantworten, die müssen erst erworben werden. Sie sind noch völlig unbedarft und wehrlos. Dafür haben sie aber den so genannten «Nestschutz» von der Mutter mitbekommen. Viele Antikörper, die die Mutter gegen Krankheitserreger hat, sind über die Plazenta zum Kind gelangt und bieten dem Kleinen solange einen Schutz, bis diese Antikörper zerfallen. In dieser Zeit, ca. acht Wochen nach der Geburt, kann das Neugeborene die Infektionskrankheiten, wogegen die Mutter Antikörper aufweist, nicht oder nur selten bekommen. Der Begriff «Nestschutz» drückt dies ganz plastisch aus.

Ähnlich ist es mit den Sinnesreizen. Uns Erwachsenen ist es zum Beispiel gegeben, selektiv zu hören: Wenn wir mit jemandem im Gespräch sind, hören wir die Autos auf der Straße nicht, den Rasenmäher des Nachbarn, die Musik des Sohnes oder das Ticken der Standuhr ebenso wenig. Dies ist das Ergebnis eines konzentrierten Zuhörens, was gleichzeitig eine Abgrenzung gegen unerwünschte Signale ermöglicht. Es ist wie eine Art Selbstbehauptung, vergleichbar mit der Aufgabe des Immunsystems: Das will ich hören, jenes nicht.

Auch dies muss sich im Laufe der Jahre erst entwickeln. Kleinkinder haben diese Fähigkeit viel weniger, sämtliche Eindrücke dringen über Auge, Ohr und andere Sinnesorgane in das Kind ein. Aber trotzdem scheinen sie auch hier so etwas wie einen Nestschutz zu haben. Denn scheint nicht vieles noch an ihnen vorbeizugehen, als ob sie zu verträumt sind, diese Sinnessignale der Außenwelt zu registrieren? Wie froh können wir darüber sein. Diese Stimmung, die manchmal etwas abwertend «verträumt» genannt wird, hält bei manchen Kinder nicht nur einige Wochen an, sondern kann sogar Monate oder Jahre lang wie eine Wolke um das Kind weben. Sie stellt einen sehr segensreichen Schutz gegen die vielen, zum Teil aufdringlichen Umweltreize dar. Was im Zusammenhang mit dem Immunsystem der Nestschutz ist, ist hier diese «verträumte» Stimmung, die das Kind gegen Reizüberflutung schützt. Nur scheinbar steht dies mit der Aussage, dass Neugeborene und Säuglinge so offen und ungeschützt sind, in Widerspruch. Natürlich sind sie in Bezug auf (Sinnes-) Eindrücke auch schutzlos, offen und verletzbar. Der hier gemeinte Nestschutz ist sehr unterschiedlich stark ausgeprägt und schützt natürlich nicht hermetisch. Außerdem gibt es auch Kinder, die zu verträumt sind und sich zu lange in ihre eigene Welt zurückziehen.

Was ist das Charakteristische an Träumen? Man kann daraus geweckt werden, und dann ist der Traum meist recht unvermittelt zu Ende. Ein verträumtes Kind lebt mehr in seiner Innenwelt, es ist bei sich und mit sich zufrieden. Ein waches aufgewecktes Kind lebt stärker in seiner Umwelt, nimmt deren Signale wahr und wird immer mehr davon haben wollen. Es ist weniger bei sich und immer seltener mit sich zufrieden. Es liegt natürlich zum Teil an den Menschen in seiner Umgebung, ob ein kleines Kind noch etwas länger in seiner heilsamen und schützenden Traumwelt leben darf oder ob es schon recht früh für die so genannte Wirklichkeit geweckt wird. Zum Teil hängt es aber auch mit der Konstitution zusammen, ob es sich um ein waches keckes Kerlchen oder um einen verträumten Lockenkopf handelt.

Wenn Kinder zu früh den Nestschutz des «Verträumtseins» verlieren, sind sie noch lange nicht in der Lage, selbst zu selektieren, auf was sie sich einlassen wollen und was besser draußen bleiben sollte. Sie sind all dem ausgeliefert, was selbst für uns Erwachsene schon oft zu viel und zu anstrengend ist, insofern wir uns nicht schon an Überreizung gewöhnt haben.

Akustische Reize, wie Musikanlagen, Babykassetten, Spieluhren, aber auch Supermärkte, Geburtstagsfeste sowie zu viel und zu lautes Gerede, sind hervorragend dazu geeignet, ein Kind aus seiner verträumten Hülle zu wecken. Es wird dann zunehmend von solchen Eindrücken abhängig werden, kann zum Beispiel nur noch einschlafen, wenn die Spieluhr oder die Babykassette läuft! Es wird unruhig, wenn Stille um es herrscht. Die Eltern meinen dann oft, dass ihr Kind es genießt, wenn viel los ist. In Wirklichkeit ist es ein Teufelskreis: Zu viele Eindrücke führen letztlich dazu, dass das Kind zu wenig bei sich in seiner Traumwelt zufrieden sein kann, und so will es immer mehr, will ständig Neues geboten bekommen.

Ähnliches gilt auch bei den Eindrücken für das Auge: Viele schrille farbige Spielsachen, Puppen und Tiere, die quasi alles «drauf und dran» haben, überfordern die visuellen Fähigkeiten des kleinen Kindes. Das früh-wache Kind will einfach alles sehen und wird infolgedessen von der Bilderflut überschwemmt. Wenn ein Säugling in seinem Kinderwagen liegt und ab und zu träumend hoch schaut, den Himmel sieht und manchmal die Äste eines Baumes, dann geht ganz anderes in ihm vor, als wenn er halb sitzend und nach vorne schauend die vielen sich schnell bewegenden Eindrücke verarbeiten muss. Wenn das Kind in einem Alter ist, in dem es mehr sitzt, kann ein Kinderwagen auch so eingestellt werden, dass das Kind rückwärts fährt und Blickkontakt mit dem schiebenden Vater oder der Mutter haben kann. Auch hier ist oft zu hören, dass das Kind es gerne hat, wenn es alles sehen und mitbekommen kann, ansonsten würde es so unruhig werden. Bei manchen Kinder ist der Teufelskreis schon soweit vorangetrieben worden, dass es erst ruhig wird und einschläft, wenn es durch einen lauten Supermarkt geschoben wird.

Ein kleines Kind weiß häufig nicht, was es mit den vielen bunten Spielsachen anfangen soll, weil es sich darin nicht wiederfindet. In dem Alter zwischen einem und drei Jahren steht die Nachahmung im Vordergrund, sodass es zum Beispiel gerne bei der Wäsche oder dem

Staubwischen mitmacht und sich so als Handelnder in der Welt erleben lernt.

Das Sorgen für diesen so genannten verträumten Nestschutz und die Erhaltung oder Herstellung einer reizarmen Umgebung kann dem Kind dazu verhelfen, mehr mit sich und in sich zufrieden zu sein und auch später einen Zugang zu seiner inneren Ruhe zu haben, anstatt von einer zur nächsten äußeren Anregung huschen zu müssen.

Aber wir wohnen nicht auf einer Insel, sondern mitten in einer Kultur, in der alles schnell gehen muss. Diese Gesellschaft ist alles andere als reizarm, und dieser Einfluss macht nicht vor der Haustür halt. Kinder wachsen in dieser Atmosphäre auf und für manche wird dieser Einfluss sehr prägend sein. Wir Erziehenden können versuchen, als Vorbild erst für uns selbst innezuhalten und nicht alles gleichzeitig machen zu wollen (zum Beispiel stillen, fernsehen und telefonieren).

Es zeigt sich auch hier, dass die Erziehung mit der Selbsterziehung anfängt. Solange wir noch keine Kinder haben, betrifft unser Umgang mit äußeren Reizen und innerer Anregung hauptsächlich uns selbst. Wenn unsere kleinen Kinder unseren Lebensstil nachahmen, ruht wesentlich mehr Verantwortung auf der Art, wie wir unser Leben führen. Fangen wir an, unser Leben anders zu gestalten, uns bewusste Momente der inneren Ruhe zu gönnen, Zeiten ohne äußere Ablenkung zu planen, bis wir bemerken, dass wir dadurch erst in die Lage kommen, echte innere Aufmerksamkeit für unsere Kinder zu empfinden. Sie brauchen dann vielleicht weniger beschäftigt zu werden, sondern fühlen sich selbst wahrgenommen und werden dadurch mehr bei sich selbst ankommen können.

Bewegung und Wahrnehmung

Während der frühen embryonalen Zeit sind es vor allem die Bewegungen des Wachstums von Rumpf und Gliedmaßen, die das Bewegungsmuster des Kindes prägen. So sprossen die Arme mit den Hände fast wie Knospen und Zweige von innen nach außen und machen dabei zum Schluss eine greifende, umschließende Bewegung. Dann folgt eine lange Phase, in der das Ungeborene sich recht ungestört bewegen kann, ohne zu viel an der Umgebung (Eihäute, Gebärmutterwand) anzustoßen oder sich von ihr eingeschränkt zu fühlen. Die Schwangere kann bei ihrem Kind Ruhe- von Wachphasen unterscheiden, manchmal spürt sie stundenlang nichts und dann ist es ein lebhaftes Bewegen, Recken und Strecken, Greifen und Treten, Drehen und Wenden. Gegen Ende der Schwangerschaft wird der Platz eng, das Verhältnis zwischen Fruchtwasser und Embryo dreht sich um, das Kind kann sich kaum noch strecken, die Beine sind hochgeschlagen, die Arme liegen gekrümmt am Körper. Da die Kraft des Kindes zunimmt, spürt die werdende Mutter es nun anders.

Das Kind wird in seiner Bewegungsfreiheit zunehmend eingeschränkt, ihm begegnet überall um sich herum Widerstand und Begrenzung. Wie fühlt sich das Ungeborene dabei: eingeengt oder geborgen und gehalten? Wenn ein kleines Kind ängstlich weinend angelaufen kommt oder außer sich ist, nehmen wir es fest in den Arm oder auf den Schoß, manchmal sogar in Embryonalhaltung. Wir bieten ihm viel Umhüllung, Halt und Geborgenheit, indem wir seine Bewegungsmöglichkeiten einschränken. Dann kommt es langsam zur Ruhe und kann wieder zu sich kommen, kann sich selbst wieder in der Begegnung mit dem umhüllenden Widerstand spüren. Es braucht die «Erinnerung» an die späte Embryonalzeit, um sich bald darauf wieder zu lösen und fröhlich wegzurennen.

Wie halten wir es mit der Bewegungseinschränkung und -förderung des kleinen Kindes? Die Geburt ist wie ein Spiegelmoment: Während der letzten Zeit vor der Geburt braucht das Kind die Enge, die feste Umhüllung, den Widerstand, während der ersten Zeit danach ebenso. Das enge Wickeln und «Pucken» (siehe Seite 83) ist wie eine Fortsetzung der Geste der letzten Schwangerschaftsphase. Im Laufe der nächsten Monate und Jahre wird die Begrenzung immer weniger, der Bewegungsradius sowie die Freude an der Bewegung wächst, vergleichbar mit den eher uneingeschränkten Bewegungsmöglichkeiten des Embryos im mittleren Schwangerschaftsabschnitt. Es ist, als ob die Hemmung und Bewegungsbegrenzung in der Säuglingszeit der späteren Entwicklung der Motorik und Koordination zugute kommt.

Dies zu verstehen, erfordert ein gewisses Umdenken, denn normalerweise wird heute viel in die frühe Bewegungsförderung des Kindes investiert. Durch Babyschwimmen, motorische Frühförderung und unterschiedliche Kleinkindgruppen wird das Kind dazu angehalten, möglichst früh in Bewegung zu kommen, davon ausgehend, dass auf dem Boden einer frühen motorischen Koordination die motorische sowie psychosoziale Weiterentwicklung gefördert wird. Bei Kindern mit einer Entwicklungsverzögerung oder Erkrankung kann eine solche Förderung auch sehr notwendig sein. Bei der Frühförderung wird das Kind von außen dazu veranlasst, sich zu bewegen. Statt zu warten, bis das Kind von sich aus sich umdreht, hinsetzt, krabbelt oder läuft, wird versucht, dies zu beschleunigen. Dies bedeutet jedoch, dass der Impuls für diese oder jene Bewegung nicht primär vom Kind ausgeht, sondern von außen veranlasst wird. Vor allem in Hinblick auf das Umdrehen, Hinsetzen und das Aufrichten und Laufen ist es aber von großer Bedeutung, zu warten, bis das Kind selbst die Initiative ergreift, um sich vom Bauch auf den Rücken zu drehen, sich hinzusetzen oder sich hinzustellen. Säuglinge, die sich noch nicht selbst hinsetzen können, sollten demnach nicht in einen Kindersitz gesetzt werden. Kinder, die noch nicht laufen, brauchen keine «Gehhilfe»! Sie «wissen» selbst am besten, wann der Zeitpunkt gekommen ist, den großen Schritt von der Horizontalen in die Vertikale zu nehmen – immer vorausgesetzt, dass es sich um eine normale, gesunde Entwicklung handelt.

Wenn statt der frühen Förderung das Kind in der Säuglingszeit sogar in seiner Bewegungsfreiheit gehemmt («gepuckt») wird und auch in der Folgezeit die Begrenzungen seiner Bewegungsfreiheit spüren darf, kann die Kraft, mit der es später in die Bewegung kommt, reifen und größer werden.

Entwicklung durch Krankheit

Kann Krankheit auch gesund sein?

Eingangs wurde gesagt, dass das Kranksein manchmal auch gesund sei. Natürlich muss klar zwischen solchen Krankheiten unterschieden werden, die – wenn sie in guter Begleitung durchgemacht werden – für die Entwicklung und Reifung des Kindes förderlich sind und solchen, die nicht unbedingt als «Entwicklungshilfe» angesehen werden können und die sich vielleicht durch eine entsprechende Erziehung, Ernährung und Umgebung verhindern lassen. Aber auch dann können natürlich Krankheiten, die für das Kind bedrohlich oder gar lebensbedrohlich sind, nicht immer vermieden werden. Das Krankheitsschicksal eines Kindes liegt nicht nur in unserer Hand. Wir haben nur einen gewissen Einfluss, manches lässt sich nicht verhindern. Krankheiten kommen oft unerwartet und stellen uns vor große Rätsel. Warum muss mein Kind diese Krankheit jetzt bekommen? Könnte das doch noch einen verborgenen Sinn haben?

Aber es kann auch vorkommen, dass Eltern oder ErzieherInnen schon länger im Voraus ahnen, dass das Kind etwas ausbrütet, was ihm vielleicht im Nachhinein zugute kommen wird.

Die meisten Erkrankungen, die im Kindesalter auftreten, sind solche, die die Entwicklung und Reifung des Kindes fördern. Es sind Krankheiten, die oft mit Fieber einhergehen, Krankheiten der oberen Luftwege (Husten, Schnupfen, Ohrenentzündung), des Magen- und Darmtrakts (Durchfall, Übelkeit, Erbrechen) oder der Haut (meist in Zusammenhang mit den klassischen Kinderkrankheiten wie Masern, Röteln, Windpocken). Diese Krankheiten haben als Geste, dass zuerst das Kind in seiner Entwicklung scheinbar «zurückgeworfen» wird, es spielt, rennt und lacht nicht mehr, sondern wird still, anhänglich, legt sich hin, läuft nicht mehr und schläft deutlich länger. Alles Zeichen einer früheren Entwicklungsstufe. Das fiebernde, hustende Kind will, dass die Mutter ständig da ist, etwas vorliest oder einfach nur bei ihm sitzt und es in die Arme oder auf den Schoß nimmt.

In vielen durchorganisierten modernen Familien, wo beide Eltern arbeiten, kann dies schwierig werden. Das Kind braucht Zeit, in Ruhe krank sein zu dürfen und in Ruhe wieder zu gesunden, bis es nach vielleicht einer Woche wieder zeigt, dass es «alles wieder kann» und manches vielleicht dazugelernt hat.

Wer hat aber heute noch die Zeit und vor allem die Ruhe, sein Kind so zu pflegen, dass es in seiner eigenen Geschwindigkeit oder Trägheit seine Erkrankung auskurieren kann? In einem vollgeplanten Leben in einer Hochgeschwindigkeitskultur, mit vielen Terminen und vor allem so genannten «sinnvollen» Tätigkeiten, bekommt diese Art, mit Krankheit umzugehen, weder viel Verständnis noch genügend Platz. Was für einen Sinn soll es haben, in Ruhe zu warten, bis das Fieber sinkt, vielleicht mal Wadenwickel zu machen, Trinken zu geben und einfach ohne äußere Tätigkeit neben dem Bett zu sitzen, während so viel «Wichtiges» zu tun ist? Hiermit haben wir es häufig so schwer, obwohl wir vielleicht ahnen, dass es gut und auch «sinnvoll» wäre. Aber da gibt es ja die Zäpfchen, die das Fieber schnell senken, und dann scheint kein Grund mehr zu bestehen, dem Kind eine Pause zu gönnen und es noch einige Tage zu Hause zu lassen, statt es wieder in den Kindergarten zu bringen. Es gibt auch Kinder, die selbst schon schnell sagen, dass sie wieder aufstehen, herumrennen und unbedingt wieder in den Kindergarten gehen möchten. Dies muss aber nicht immer bedeuten, dass das Kind schon ganz auskuriert ist. Es kann auch Ausdruck davon sein, dass es nicht die Ruhe und das Umfeld finden konnte, sich auf sein Kranksein einzulassen.

Das Kind kann es so gut gebrauchen, eine «Ruhe-Schleife» einzulegen, bevor es wieder einen neuen Bogen nach vorne macht. Als Bild eignet sich der Verlauf der Planeten am Himmel: Nach einer Vorwärtsschleife folgt eine kleinere rückwärts verlaufende Schleife, um dann wieder einen größeren Sprung nach vorne zu machen.

Die Rück-Entwicklung in Form von Anhänglichkeit, nicht mehr zu spielen und zu rennen, sondern gefüttert werden zu wollen usw., dies alles scheint seine Berechtigung und seinen Sinn zu haben, nämlich für die Weiter-Entwicklung.

Fieber als Hilfe?

Wenn ein Kind ein paar Tage (hohes) Fieber gehabt hat und dies aus eigener Kraft überwindet, ohne Fieberzäpfchen oder ggf. Antibiotika, dann hat es selbst etwas geschafft. Häufig ist zu beobachten, dass es anschließend einen großen Entwicklungsschritt vollzogen hat, es kann zum Beispiel auf einmal laufen, ist nachts trocken geworden oder hat in der Schule einen Schritt vorwärts gemacht. Außerdem hat es nicht nur seine Abwehrkräfte und sein Immunsystem herausgefordert und gestärkt, sondern sich auch intensiv mit dem Individualisierungsprozess seines Körpers auseinander gesetzt.

Nicht die Höhe des Fiebers ist von primärer Bedeutung, sondern die Frage, wie geht es dem Kind, wie gelingt es ihm, sich mit Fieber auseinander zu setzen, wie überwindet es mit Hilfe des Fiebers einen Infekt? Unsere Aufgabe dabei ist, wahrzunehmen, wann ein Kind Hilfe von außen braucht, wann es gefordert, wann ihm zugemutet – im positiven Sinne von Mut geben – werden kann, eine Krankheit selbst zu überwinden.

Deshalb würde man manchen Kindern «gönnen», mal richtig zu fiebern und in Ruhe krank sein zu dürfen, um dann wieder selbst gesund zu werden und Kräfte daraus zu schöpfen.

Aber da lauert die Angst! Selbstverständlich haben viele Eltern Angst um ihre Kinder, aber wir sollten uns klar machen, dass diese Angst sich auf die Kinder überträgt. Diese merken unter Umständen noch viel früher als die Eltern selbst, dass die Angst waltet. Wie kann ein krankes Kind in

Ruhe fiebern, sich füttern und vorlesen lassen, um dann wieder gestärkt zu genesen, wenn die Mutter oder der Vater Angst und Unsicherheit ausstrahlen? Was ein solches Kind sucht und braucht, sind Eltern, die voller Zuversicht bewusst und wach beim Kind sind, es begleiten, pflegen und wahrnehmen. So bekommt das Kind die Gewissheit, dass die Eltern bei ihm sind, aufpassen und in Ruhe dafür sorgen, dass alles wieder gut wird.

Natürlich ist dies für uns Eltern ein Lernprozess. Wir können das meist nicht von Anfang an. Je mehr wir das Kind kennen lernen, Zeit und Momente erleben, wo wir sehen und spüren, wie stark es ist, desto mehr Vertrauen können wir ihm entgegenbringen und somit unsere Ängste abbauen.

Warum jetzt?

«Warum wird unser Kind jetzt krank? – Wo hat es sich nun wieder angesteckt?», fragen Eltern oft. Irgendwie ist es gut, dass Krankheiten in Wirklichkeit nicht nur eine Ursache haben und dass diese Ursachen nicht so eindeutig sind. Der Mensch ist nicht linear, er reagiert nicht immer in der gleichen Weise. So gibt es Kinder innerhalb einer Familie, in der mehrere Geschwister Windpocken haben, aber eines der Kinder bekommt sie nicht, es wartet noch und macht erst ca. ein Jahr später die Windpocken durch, zu einem Zeitpunkt, wo es kaum eine Chance hatte, sich anzustecken. Warum? Viele Fragen nach dem Warum von Krankheiten können nicht logisch beantwortet werden. Wer eine solche Frage einige Zeit unbeantwortet mit sich herumträgt, kann dadurch vielleicht etwas offener für eine Antwort werden, die aus einer unerwarteten Richtung kommt. Natürlich gehört die Antwort auf der Ebene des Virus auch dazu, aber ob ein Kind für einen Virus oder eine Bakterie «offen» ist, das hängt von ganz anderen Faktoren ab! Ob ein Kind krank wird, liegt nicht in erster Instanz an äußeren Umständen (Ansteckung), sondern an der inneren Verfassung. Anders formuliert: Ob es, von einer höheren Warte aus gesehen, gerade eine Krankheit «gebrauchen» kann. Wer stabil und widerstandsfähig ist, ist weniger anfällig als jemand mit einer Erschöpfung. Aus der alltäglichen Perspektive gesehen kommt eine Krankheit fast immer unpassend («Das können wir aber jetzt gar nicht gebrauchen!»), vor allem für die Eltern, weil die ihren Tagesablauf ganz umstellen müssen. Aber vielleicht ist gerade dies der Grund, das Kind zieht die Notbremse, es stellt sich selbst «ungewollt» in den Mittelpunkt.

So sind es die sozialen Faktoren, die innere entwicklungsdynamische Situation des Kindes sowie die äußeren Umstände, die zusammenkommen und eventuell eine Krankheit ermöglichen. Deshalb ist es gar nicht verkehrt, wenn die Eltern nach dem «Warum jetzt?» fragen, die Antwort hat wahrscheinlich auch mit ihnen selbst zu tun.

Monokausales (durch eine Ursache bedingtes) Denken entstammt der leblosen Mechanik (eine Scheibe zerbricht durch einen verfehlten Ball usw.). Bezogen auf die lebende und komplexe Menschennatur trifft dies derart nicht zu, es bedarf eines integrativen oder ganzheitlichen Denkens, das die verschiedenen Seins-Ebenen des Menschen berücksichtigt. Und wenn eine Krankheit nicht monokausal entsteht, kann die Therapie auch nicht monokausal ausgerichtet sein. Sie muss die körperliche, seelische, geistige und soziale Ebene beachten. Wenn Eltern ganzheitlich mit Krankheit und Gesundheit ihrer Kinder umgehen wollen, sollten sie auch (Kinder-)Ärzte suchen, die sie auf diesem Wege begleiten können. Ein sehr wertvolles und praktisches Buch zu diesem Thema ist die *Kindersprechstunde*,[4] die sehr konkret und detailliert auf Erkrankungen im Kindesalter eingeht und Voraussetzungen für eine gesunde Entwicklung sowie pädagogische Fragestellungen berücksichtigt.

Wie viel ist «zu-Mut-bar»?

«Wie viel kann ich meinem Kind denn zumuten?», ist eine häufig gestellte Frage. Wie viel Mut haben die Eltern selbst und wie viel Mut können sie ihrem Kind geben? Einem Kind viel zumuten heißt, Vertrauen haben, dass es seinen Weg gehen wird und ihm dazu Mut schenken.

Natürlich soll nicht leichtsinnig und blauäugig bei jedem Fieber nur abgewartet werden, bis alles gut wird und das Fieber wieder sinkt. Ob ein Kind ernsthaft krank ist, hängt aber nur bedingt von der Höhe des Fiebers ab, viel mehr ist die Gesamtverfassung des Kindes entscheidend: Trinkt es noch, isst es noch, wie reagiert es, wie munter oder trüb ist es usw. Von diesen und ähnlichen Wahrnehmungen hängt es ab, ob Eltern sich dazu entscheiden, ärztliche Hilfe in Anspruch zu nehmen. Der Einsatz von äußeren pflegerischen Anwendungen, wie Wickel, Kompressen oder Einreibungen, ist sehr hilfreich. Diese können vom Arzt empfohlen werden oder die erfahrenen Eltern kennen sich damit aus und wenden sie selbst an.[5] Zudem gibt es wertvolle anthroposophische,

homöopathische oder auch naturheilkundliche Heilmittel, die begleitend und unterstützend (statt unterdrückend) verabreicht werden können. Außerdem sollte im Verlauf der Erkrankung gut darauf geachtet werden, ob und wann doch mit stärkeren Mitteln eingegriffen werden muss, um eventuellen Komplikationen vorzubeugen.

Die Kunst der Begleitung eines kranken Kindes besteht darin, die Mitte zwischen Angst und Leichtsinn (falsch verstandenes «Gottvertrauen») zu finden. Um Vertrauen in das innerste Wesen seines Kindes haben zu können, müssen wir auch selbst bei unserem innersten Wesenskern sein, es zumindest versuchen. Sowohl Angst wie auch Leichtsinn lenken uns davon ab. Insofern ist die Begleitung der eigenen kranken Kinder eine sehr wertvolle Herausforderung für die Eltern selbst, um den Weg nach innen zu gehen – ebenso kann dadurch die Beziehung zwischen Eltern und Kind intensiviert werden.

Impfungen

Wie sehr möchten wir unsere Kinder manchmal vor Schwierigkeiten, Leid, Enttäuschung, Schmerz und Trauer schützen! Wir tragen diesen Wunsch in uns, obwohl wir wissen, dass das letztlich gar nicht möglich ist und für die Kinder auch gar nicht gut wäre, da sie doch durch solche Erfahrungen lernen und weiterkommen. Zurückblickend wissen wir, dass auch im eigenen Leben die schmerzvollsten oder verzweifeltsten Momente uns geholfen haben. Deshalb sollten wir versuchen, die Kinder und später die Jugendlichen ihre eigenen Erfahrungen machen zu lassen, alles natürlich im Rahmen des Zumutbaren.

Bei den Kinderkrankheiten sehen viele Eltern das anders. Da wird versucht, das Kind vor den Risiken, die mit einer solchen Krankheit verbunden sein können, zu schützen, indem es geimpft wird. Wenn die Krankheit nur als sinnlose Behinderung und risikoreiche Belästigung betrachtet wird, ist es sogar nachvollziehbar, wenn die Möglichkeit der Impfung wahrgenommen wird. Wenn die Krankheit nur Negatives in sich birgt, warum soll man sie dann nicht verhindern, wenn die Impfung als solche arm an Nebenwirkungen ist? Hier stoßen zwei Welten aufeinander: der pragmatische, auf das äußere gerichtete Blick und der Blick, der auch auf die inneren Entwicklungsvorgänge des Kindes achtet.

Wer ein Gespür für den Sinn einer Krankheit als «Entwicklungshelfer» hat und den in diesem Kapitel beschriebenen Aspekt bezüglich Gesundheit und Krankheit nachvollziehen kann, der wird das Thema Impfen anders angehen als derjenige, der es als seine Aufgabe sieht, Krankheiten so gut wie möglich zu vermeiden.

Jegliche Impfung kategorisch abzulehnen ist aber genauso gedankenlos, wie brav alle Impfungen nach Schema durchführen zu lassen. Das bewusste Leben in einer Welt mit so vielen technischen Möglichkeiten fordert uns dazu auf, dass wir uns in diesem Fall mit den Vor- und Nachteilen der einzelnen Impfungen auseinander setzen sowie mit dem Verlauf und den Risiken der jeweiligen Krankheiten. Erst dann können wir uns bewusst für oder gegen diese und jene Impfung entscheiden und für diese Entscheidung selbst die Verantwortung tragen.

Es ist die Konsequenz – oder darf man sagen die Frucht? – unserer modernen Kultur, dass wir durch das große medizinisch-technische Angebot in die Entscheidungspflicht genommen werden und in vollster Verantwortung einen individuellen Weg gehen müssen. Wer sich dieser Entscheidungspflicht entziehen will, kann folgsam tun, was üblicherweise empfohlen wird. Es ist aber die Chance unserer Zeit, sich gut zu informieren, um dann in eigener Verantwortung dasjenige zu entscheiden, was in der spezifischen Situation als das Richtige erscheint. Die Brisanz der Impffrage sowie die Notwendigkeit, diese Frage sehr individuell anzugehen, wird sehr umfassend zum Beispiel im Buch *Schutzimpfungen selbst verantwortet* behandelt.[6]

Wer sich bewusst auf die Frage einer Impfung einlässt, beschäftigt sich mit der Zukunft des Kindes. Es sind diesbezüglich zwei Ebenen zu unterscheiden. Die eine ist die der Statistik, Wissenschaft, Krankheitsursachen usw. So gibt es Eltern, die ihre Entscheidung für oder gegen Impfungen auf dieser Ebene treffen, es sei aus Angst vor statistischen Risiken der Impf-Nebenwirkungen oder aus Angst vor den Krankheitsrisiken. In beiden Fälllen handelt es sich um eine «Negativ-Entscheidung» gegen Impfungen oder gegen Krankheiten. Dies ist möglicherweise genauso wenig als individuelle Entscheidung zu deuten, wie die derjenigen, die aus Gottvertrauen alle Impfungen, aber auch alle mühsamen Überlegungen bezüglich Impfungen ablehnen.

Die andere Ebene ist die der individuellen und auch innerlich bewegten Beschäftigung mit Fragen nach Schicksal, Krankheit, Vorbeugung und Gesundheit. Wer sich auf dieser Ebene mit der Impffrage beschäftigen will, muss sich natürlich auch intensiv mit den medizinisch-fachlichen Erkenntnissen auseinander setzen, welche ausführlich und objektiv in dem zuvor genannten Buch beschrieben sind. Wer sich dann in dieser Frage wie auch immer entscheidet, tut dies «positiv» mit Mut für das künftige Leben des Kindes.

Anmerkungen

1   Petra Kühne, *Säuglingsernährung,* herausgegeben von dem Arbeitskreis für Ernährungsforschung e.V., Bad Vilbel.
2   Karl von Koerber, Jürgen Kretschmer: «Sind Öko-Lebensmittel ihren Preis wert?», in: *Lebendige Erde* 5/2002, S. 24 ff.
3   Mit Dank an Armin Husemann für den Hinweis auf die Eidechse und deren Wärmeregulation.
4   Wolfgang Goebel; Michaela Glöckler, *Kindersprechstunde. Ein medizinisch-pädagogischer Ratgeber: Erkrankungen – Bedingungen gesunder Entwicklung – Gesundheit durch Erziehung.* Stuttgart ¹⁴2001.
5   Praktische Hinweise zur Handhabung von Wickeln u.a. siehe *Kindersprechstunde,* a.a.O., S. 593 ff.
6   Wolfgang Goebel, *Schutzimpfungen selbst verantwortet. Grundlagen für eigene Entscheidungen.* Stuttgart 2002.

Die Geschichte der Perle

Als Kind wohnte ich in einem Königreich. Ich wohnte im Haus des Königs und der Königin. Sie waren meine Eltern und sorgten für mich. Um mich herum war nur Liebe, alles war Licht. Ich brauchte nie zu schlafen. Das Dunkel hatte ich nie gesehen, Angst kannte ich nicht. Ich spielte im Hof und in den Gärten. Ich trank aus einer Quelle mit klarem Wasser, alles war gut. Die Kleider, die ich anhatte, glänzten in demselben Licht, schillerten in allen Farben, die es ab. Es war mein eigenes Lebenskleid, gewebt aus der Liebe meiner Eltern. Ein goldener Mantel gehörte dazu, der Mantel des Königskindes, geschmückt mit prächtigen Edelsteinen. So tanzte ich wie ein glitzerndes Licht im großen Licht.

Aber kann ein Mensch wirklich wissen, was Licht ist, wenn er das Dunkel nie gesehen hat? Kann man wirklich glücklich sein, wenn man nicht weiß, was Trauer ist? Ich hatte alles, aber ich verstand es nicht, und ich wusste nicht wirklich, wer ich war. Eines Tages wurde ich in den Königssaal gerufen. Meine Eltern sagten zu mir: «Jetzt wirst du ganz allein eine große Reise antreten. Wir werden dich gedanklich nicht verlassen, wir werden immer bei dir sein. Alles, was du für unterwegs brauchst, darfst du mitnehmen, so viel wie du tragen kannst. Aus den Schatzkammern darfst du Reichtümer und Macht mitnehmen. Nur das glänzende Lebenskleid und den goldenen Mantel musst du hier lassen. Du hast den Auftrag, in einem fernen und fremden Land deine eigene Perle zu finden. Die Perle aber wird in einer Höhle im Meer von einem Drachen bewacht. Wenn du mit deiner Perle heimkehrst, darfst du das glänzende Kleid wieder anziehen und unser Nachfolger im Königreich werden.»

Ich machte mich auf den Weg. Die wertvollen Liebesschätze meiner Eltern trug ich in einem Beutel auf dem Rücken. Da ich noch ein Kind war, gingen zwei Begleiter mit mir, um mir den Weg in das fremde Land zu zeigen. Der Weg ging nach unten, und zum ersten Mal bekam ich Angst, wohin ich kommen würde. Ich war auf dem Weg in ein fremdes Land, was könnte mir da nicht alles passieren?

Aber ich konnte nicht mehr zurück, wie sehr ich mir das auch wünschte. Meine zwei Freunde waren zu meinen Helfern geworden.

«Muss ich allein zu dem Drachen gehen?», fragte ich. Sie sagten, dass allein schon der Gedanke an die Liebe des Lichtreiches, aus dem ich kam, den Drachen werde einschlafen lassen. «Was ist mit der Höhle im Meer?», fragte ich ängstlich. Sie antworteten: «Wer ein Kind des Königreiches ist, braucht vor keiner Tiefe und keiner Dunkelheit Angst zu haben.»

An der Grenze zu dem anderen Land verabschiedeten sie sich und waren plötzlich verschwunden. Sie hatten sich wie in einem Nebel aufgelöst. Jetzt fing mein Abenteuer an. Ich weiß nicht mehr genau, wie es geschah, aber plötzlich war ich in dem anderen Land, irgendwo in einem Haus, in dem Menschen wohnten, die für mich sorgten. Ich war jetzt deren Kind geworden. Ab und zu wurde es dunkel, das nannte man die Nacht. Dann musste man schlafen. Ich bekam Kleider, aber nicht so wunderschöne, und sie hatten auch nicht alle Farben. Sie wurden schmutzig, wenn ich im Sand spielte. Ich wurde genauso schmutzig und musste mich waschen.

Meine neuen Eltern erzählten, wie alles hieß, und ich lernte die Sprache des Landes zu sprechen. Als ich größer wurde, vergaß ich alles von früher, vergaß auch meinen Auftrag, mit dem ich hierher geschickt worden war, meine eigene Perle in der Höhle des Drachen zu finden.

Ich lernte, so zu denken, wie es die Menschen dort taten, so zu handeln, wie sie es mich lehrten. Ich war zu ihrem Diener geworden. Ich sah aus, wie alle anderen auch. Ich trank ihren Trank des Vergessens.

Aber in dem Königreich des Lichtes wusste man alles, was mit mir geschah. Der König und die Königin schrieben mir einen Brief, der wie ein Adler zu mir flog. Sie schrieben: «Dies ist ein Brief von uns aus unserem Reich. Wache auf. Erinnere dich daran, dass du ein Königskind bist, erinnere dich an dein Lichtkleid. Denke an die Perle und an deinen Auftrag.»

Ich las den Brief. Wie konnte ich das vergessen haben. Ich musste im Namen der Liebe den Drachen besiegen. Ich fasste all meinen Mut zusammen, ging zum Meer und setzte mich vor die Höhle des Drachens. Er schaute mich an, und ich spürte, wie all meine Kraft aus meinem Körper gezogen wurde. Ich war völlig geschwächt, aber dann dachte ich an den Brief, an die Liebe, an die Kraft und das Licht des Königreiches. Während ich intensiv daran dachte, sah ich, wie sich die Augen des Drachens langsam schlossen, doch er schlief noch nicht. Ich wurde wütend auf das Tier und sofort öffnete er seine Augen wieder und war erneut hellwach. Fast wäre ich geflohen, über die Hügel, weit weg und für immer, aber dann erinnerte ich mich an den Brief, in dem stand, dass ich im Dunkeln und in der Gefahr meine Perle suchen musste. Ich rief: «Im Namen des Königs des Lichtes.»

Seine Augen fielen schlagartig zu, und er war in einen Tiefschlaf gefallen. Ich sprang sofort auf, meine Beine waren wieder stark, dann schlich ich vorsichtig in die Höhle hinein und nahm die Perle, die ich dort glänzen sah.

Mit meiner Perle kehrte ich zurück in das Land des Lichtes, aus dem ich gekommen war. Der Brief flog vor mir her und zeigte mir den Weg. Sein Licht erleuchtete meinen Weg, seine Liebe zog mich nach Hause. An der Grenze warteten meine zwei Freunde auf mich. Sie waren mir entgegengekommen und brachten mir mein Lichtkleid. «Ist das wirklich meines?», rief ich. Ich wusste es nicht mehr. Plötzlich erkannte ich es, und wie in einem Spiegel sah ich mich selbst darin. Würdevoll zogen sie es mir über. Ich wurde wieder ich selbst. Den goldenen Mantel durfte ich auch wieder anziehen. In diesen Kleidern lief ich auf die Pforte des Palastes zu. Ich spürte keine Angst mehr. Alles war gut abgelaufen. Ich dachte kurz an den Drachen, hielt aber meine Perle gut dabei fest.

Meine Eltern kamen mir entgegen und umarmten mich. Ich durfte jetzt vor dem König und der Königin mit meiner selbst gefundenen und eroberten Perle erscheinen.

Aus den «Thomasakten», 108 – 113, 3. Jahrhundert,
nacherzählt von Joanne Klink.

Weiterführende Literatur

Aaron Antonovsky, *Salutogenese. Zur Entmystifizierung der Gesundheit.* Hrsg. von Alexa Franke. Tübingen 1997.

Dieter Baacke, *Die 0- bis 5-Jährigen . Einführung in die Probleme der frühen Kindheit.* Weinheim 1999.

Brigitte Barz, *Feiern der Jahresfeste mit Kindern. Für Eltern dargestellt.* Stuttgart ⁶1996.

Dietrich Bauer, Max Hoffmeister, Hartmut Görg, *Gespräche mit Ungeborenen.* Stuttgart ⁵1999.

Erich Blechschmidt, *Sein und Werden. Die menschliche Frühentwicklung.* Stuttgart 1982.

Emil Bock, *Der Kreis der Jahresfeste.* Stuttgart ⁶1999.

John T. Bruer, *Der Mythos der ersten drei Jahre. Warum wir lebenslang lernen.* Weinheim 2000.

Gisbert Fanselow, Sascha W. Felix, *Sprachtheorie. Eine Einführung in die Generative Grammatik. Grundlagen und Zielsetzungen.* München 1993.

Michaela Glöckler (Hrsg.), *Die Würde des kleinen Kindes. Pflege und Erziehung in den ersten drei Lebensjahren.* Persephone, Kongressband Nr. 2., Dornach / Stuttgart o.J.

Dies., *Elternsprechstunde. Erziehung aus Verantwortung.* Stuttgart ⁵1999.

Wolfgang Goebel, Michaela Glöckler, *Kindersprechstunde. Ein medizinisch-pädagogischer Ratgeber. Erkrankungen – Bedingungen gesunder Entwicklung – Gesundheit durch Erziehung.* Stuttgart ¹⁴2001.

Alison Gopnik, Patricia Kuhl, Andrew Meltzoff, *Forschergeist in Windeln. Wie Ihr Kind die Welt begreift.* München ²2001.

Werner Hassauer, *Die Geburt der Individualität.* Stuttgart ³1995.

Marta Heimeran, *Von der Religion des kleinen Kindes.* Stuttgart ⁶1995.

Joanne Klink, *Früher, als ich groß war. Reinkarnationserinnerungen von Kindern.* Grafing ⁵2000.

Henning Köhler, *Vom Wunder des Kindseins.* Stuttgart 2000.

Ders., *Von ängstlichen, traurigen und unruhigen Kindern. Grundlagen einer spirituellen Erziehungspraxis.* Stuttgart ⁵2001.

Karl König, *Die ersten drei Jahre des Kindes. Erwerb des aufrechten Ganges, Erlernen der Muttersprache, Erwachen des Denkens.* Stuttgart ²1997.

Janusz Korczak, *Wie man ein Kind lieben soll.* Hrsg. von Elisabeth Heimpel und Hans Roos. Göttingen ¹²1998.

Ernst-Michael Kranich, *Anthroposophische Grundlagen der Waldorfpädagogik.* Stuttgart 1999.

Petra Kühne, *Säuglingsernährung*, hrsg. von dem Arbeitskreis für Ernährungsforschung e.V., Bad Vilbel.

Remo H. Largo, *Kinderjahre. Die Individualität des Kindes als erzieherische Herausforderung.* München 1999.

Frederik Leboyer, *Der sanfte Weg ins Leben. Geburt ohne Gewalt.* München ⁹1998.

Andre Leroi-Gourhan, *Hand und Wort. Die Evolution von Technik, Sprache und Kunst.* Frankfurt ³2000.

Jacques Lusseyran, *Das wiedergefundene Licht. Die Lebensgeschichte eines Blinden im französischen Widerstand.* München ¹²2002.

Peter Lutzker, *Der Sprachsinn. Sprachwahrnehmung als Sinnesvorgang.* Stuttgart 1996.

Bartholomeus Maris, *Sexualität – Verhütung – Familienplanung. Methoden, Entscheidungshilfen, Vor- und Nachteile.* Stuttgart 1999.

Ders. (Hrsg): *Die Schöpfung verbessern. Möglichkeiten und Abgründe der Gentechnik – ein Weg ohne Umkehr?* Stuttgart 1997.

Ders., Christa van Leeuwen, *Schwangerschaftssprechstunde. Medizinische, seelische und geistige Aspekte von Schwangerschaft und Geburt.* Stuttgart ²2002.

Abraham H. Maslow, *Motivation und Persönlichkeit.* Reinbek bei Hamburg o.J.

Günther Opp, Michael Fingerle, Andreas Freytag (Hrsg.), *Was Kinder stärkt. Erziehung zwischen Risiko und Resilienz.* München 1999.

Rainer Patzlaff, «Kindheit verstummt. Sprachverlust und Sprachpflege im Zeitalter der Medien», in der Reihe *Recht auf Kindheit – ein Menschenrecht*, Nr. 4., Hrsg. Internationale Vereinigung der Waldorfkindergärten e.V., Stuttgart.

Ders., *Medienmagie oder die Herrschaft über die Sinne.* Stuttgart 1999.

Ders., *Der gefrorene Blick. Physiologische Wirkungen des Fernsehens und die Entwicklung des Kindes.* Stuttgart ²2001.

Emmi Pikler, *Lasst mir Zeit. Die selbständige Bewegungsentwicklung des Kindes bis zum freien Gehen. Untersuchungsergebnisse, Aufsätze und Vorträge.* Zusammengestellt und überarbeitet von Anna Tardos. München ³2001.

Dies., *Friedliche Babys – zufriedene Mütter. Pädagogische Ratschläge einer Kinderärztin.* Freiburg ¹⁰2000.

Luise Schlesselmann, *Die christlichen Jahresfeste und ihre Bräuche. Hintergründe zum Feiern mit Kindern.* Stuttgart ³2001.

Albert Soesman, *Die zwölf Sinne*, Stuttgart ⁴2000.

Rudolf Steiner, *Gebete für Mütter und Kinder.* Dornach ⁷1994.

Jos Verhulst, *Der Erstgeborene. Mensch und höhere Tiere in der Evolution.* Stuttgart 1999.

Über die Autoren

Nicola Fels, Kinderärztin.
Geboren 1960, nach einem Pflegepraktikum im Gemeinschaftskrankenhaus Herdecke studierte sie in Hamburg Medizin und machte in Osnabrück die Facharztausbildung für Kinderheilkunde. Sie war als Schulärztin in der Waldorfschule Evinghausen tätig und praktiziert zur Zeit als niedergelassene Kinder- und Jugendärztin im Therapeutikum Krefeld. Verheiratet, vier Kinder.

Angelika Knabe, Erzieherin.
Geboren 1951, nach dem Fachschulstudium widmete sie sich ihrer Familie. 1990 gründete sie einen Waldorfkindergarten und engagierte sich für den Aufbau einer Kleinkindergruppe. Zudem arbeitete sie bis 1999 als Dozentin im berufsbegleitenden Seminar in Weimar und ist in beratender Tätigkeit in Thüringen und Sachsen-Anhalt sowie als Dozentin an verschiedenen Seminaren im In- und Ausland tätig. Verheiratet, sechs Kinder.

Dr. med. Bartholomeus Maris, Frauenarzt.
Geboren 1956, nach dem Medizinstudium
in Utrecht folgten mehrere Jahre der ärztli-
chen Tätigkeit im Gemeinschaftskrankenhaus
Herdecke. Für das Notärztekomitee Cap
Anamur arbeitete er in Afrika und Kurdistan
und ist seit 1997 als Frauenarzt in einer Praxis
im Therapeutikum Krefeld tätig. Verheiratet,
vier Kinder.
U. a. Autor der Bücher *Sexualität – Verhütung
– Familienplanung* und zusammen mit Christa
van Leeuwen *Schwangerschaftssprechstunde.
Medizinische, seelische und geistige Aspekte von
Schwangerschaft und Geburt.*

Bildnachweis

Seite 14   Bronwyn Kidd / Getty Images.

Seite 37, 192   Wolfgang Schmidt, Ammerbuch.

Seite 44   Aus: Bartholomeus Maris, *Sexualität – Verhütung – Familien-planung. Methoden, Entscheidungshilfen, Vor- und Nachteile.* Stuttgart 1999, Seite 24 (Illustration: Edgar Bayer, Stuttgart).

Seite 46, 48, 51 Aus: Johannes W. Rohen, *Morphologie des menschlichen Organismus. Entwurf einer goetheanistischen Gestaltlehre des Menschen.* 2. überarb. Aufl., Stuttgart 2002, Seite 66, 65, 69, (Illustrationen: Annette Gack und Martin Budschigk).

Seite 52   Aus: Jos Verhulst, *Der Erstgeborene. Mensch und höhere Tiere in der Evolution.* Stuttgart 1999, Seite 165.

Seite 53   Aus: Andreas Suchantke, *Metamorphose, Kunstgriff der Evolution.* Stuttgart 2002, Seite 22 (Illustration: Andreas Suchantke).

Seite 68   Judith, Martin und Michel Wolff, Stuttgart / Inge und Rolf Heine, Filderstadt. Das Bild stammt aus der Weleda-Broschüre *Die Welt des Neugeborenen* von Inge und Rolf Heine.

Seite 78, 105, 154, 175, 214 Atelier für Gestaltung Papenfuss, Weimar.

Seite 93   Aus: Armin J. Husemann, *Der musikalische Bau des Menschen. Entwurf einer plastisch-musikalischen Menschenkunde.* 3. durchges. Aufl., Stuttgart 1993, Seite 176.

Seite 100   Aus: Michaela Glöckler (Hrsg.), *Die Würde des kleinen Kindes. Pflege und Erziehung in den ersten drei Lebensjahren.* Persephone, Kongressband Nr. 2., Dornach / Stuttgart o.J., Seite 120 (Foto / «Haus des Kindes», Frankfurt).

Seite 107, 212   Angelika Knabe, Weimar
                  (Foto Seite 212 / «Dresdner Wiegestube»).

Seite 216   Astrid Rüggeberg, Stuttgart.

Die Geschichte der Perle (ab Seite 217) ist mit freundlicher Genehmigung des Aquamarin Verlages dem Buch von Joanne Klink, *Früher, als ich groß war. Reinkarnationserinnerungen von Kindern*, Grafing [5]2000, Seite 244 – 248, entnommen.